Sebastian Garbe

Solidarität mit Wallmapu

UNRAST

Für Macarena Valdés und Rubén Collío

Sebastian Garbe ist promovierter Soziologe und arbeitet zu post- und dekolonialer Theorie, sozialen Bewegungen und antikolonialem Widerstand. Er ist u.a. Herausgeber der im Unrast Verlag erschienen Titel *Kolonialität der Macht* (2013) und *Ch'ixinakax utxiwa – Eine Reflexion über Praktiken und Diskurse der Dekolonisierung* (2018).

Sebastian Garbe

Solidarität mit Wallmapu

Der transnationale Widerstand der Mapuche

UNRAST

Bibliografische Information der Deutschen Bibliothek
Die Deutsche Bibliothek verzeichnet diese Publikation in der Deutschen Nationalbibliografie; detaillierte bibliografische Daten sind im Internet über https://www.dnb.de abrufbar.

Sebastian Garbe
Solidarität mit Wallmapu
(Studien zur globalen Gerechtigkeit, Band 11)
1. Auflage, März 2024
ISBN 978-3-89771-189-1

www.unrast-verlag.de – kontakt@unrast-verlag.de
Mitglied in der assoziation Linker Verlage (aLiVe)

Umschlag: Su Rivas
Satz: Andreas Hollender, Köln
Druck: Multiprint, Kostinbrod

Inhalt

Vorwort und Danksagung

Das 50-jährige Gedenken an den Militärputsch gegen den Präsidenten Chiles, Salvador Allende, im Jahr 1973 stellt eine besondere Herausforderung für das vorliegende Buch dar: So erinnert uns dieser Jahrestag nicht nur daran, dass ein demokratischer Sozialismus historisch möglich ist, sondern auch, dass seine Gegner*innen bis zum Äußersten gehen, um ihn zu verhindern. Gleichzeitig erinnert dieser Jahrestag auch an die darauffolgenden Jahre und Jahrzehnte solidarischer Vernetzung zwischen Südamerika und Europa. In den letzten Jahren schien sich die Geschichte zunächst zu wiederholen, als das Land mit dem sozialen Aufstand von 2019, dem *estallido social*, erneut im Zentrum der internationalen Aufmerksamkeit stand und weltweit die Hoffnung auf einen demokratischen und sozial gerechten Wandel nährte. Im Anschluss stimmte eine überwältigende Mehrheit in einem auf den sozialen Aufstand folgenden Plebiszit im Oktober 2020 für einen Verfassungskonvent, in den im Mai 2021 eine beeindruckende große Zahl unabhängiger, progressiver, indigener und linksgerichteter Kandidat*innen gewählt wurde. Der historische Wandel schien seinen Lauf zu nehmen, als der linksorientierte Gabriel Boric schließlich im Dezember 2021 zum Präsidenten gewählt wurde und nicht wenige fühlten sich an den sozialistischen Aufbruch unter Salvador Allende zwischen 1970 und 1973 erinnert. Doch auf die überraschende Ablehnung des vom Konvent entworfenen Verfassungstextes im September 2022 folgte eine weitere Enttäuschung, als sich die Regierung Boric weit weniger progressiv als erwartet herausstellte. In Gedenken an Salvador Allende darf 50 Jahre nach dem Putsch daher gefragt werden, wie viel von der unter seiner Regierung entfachten Hoffnung noch übrig und zu welchem sozialen und politischen Wandel das Land vier Jahre nach dem estallido noch fähig ist.

Das vorliegende Buch möchte jedoch den Blick auf einen Zusammenhang richten, der unter Anbetracht dieses historischen Erbes und unter der aktuellen politischen Konjunktur leicht aus dem Bilde fallen könnte:

der historische und aktuelle Kampf der Mapuche in Wallmapu[1] um Autonomie und Selbstbestimmung, der durch internationale Allianzen und solidarischen Aktivismus über den lokalen Kontext Chiles hinaus geführt wird. Ob und inwiefern die Entwicklungen in Chile seit 2019 einen tiefgreifenden politischen und wirtschaftlichen Wandel im Land angestoßen haben, der auch positive Effekte auf die Beziehungen zwischen chilenischem Staat und Gesellschaft auf der einen und der Mapuche Gesellschaft auf der anderen Seite haben, wird versucht in einem Epilog zu beantworten. Dabei gehe ich davon aus, dass ein Blick auf Wallmapu helfen kann, die Grenzen und Möglichkeiten eines generellen sozialen, politischen und kulturellen Wandels in Chile zu beleuchten. Den Schwerpunkt des Buches bilden jedoch die vielfältigen solidarischen Beziehungen zwischen Wallmapu und Europa, welche allen voran von den Mapuche selbst und in Unterstützung durch nicht-indigene Akteur*innen gewebt werden.

Bevor die Suche nach Solidarität mit Wallmapu auf den folgenden Seiten beginnt, sind jedoch einige formale Bemerkungen erforderlich: Zitate aus ethnographischen Interviews mit den meisten Gesprächspartner*innen sind anonymisiert. Um den Lesefluss nicht zu stören, werden Zitate aus diesen Interviews daher teilweise ohne Quellenangabe aufgeführt. Einige Interviewpartner*innen werden mit vollem Namen genannt, weil sie entweder eine öffentliche Rolle als politische oder kulturelle Repräsentant*innen innehaben oder weil sie einen wichtigen Beitrag zu internationalen Solidaritätsbemühungen geleistet haben. Im Anhang findet sich eine genaue Auflistung der im Folgenden zitierten Interviews. Darin enthalten sind zudem Glossare der häufigsten Abkürzungen und der in Mapuzugun, der Sprache der Mapuche, verwendeten Wörter. Als Hinweise auf Ort und Sprache werden Wallmapu und Mapuzugun weiterhin großgeschrieben. Alle anderen Begriffe in anderen Sprachen als dem Deutschen, darunter auch Mapuzugun, werden nach ihren eigenen Rechtschreibregeln und in Kursivschrift verwendet. Soweit möglich,

---

1 Wallmapu ist der Name des historischen Territoriums der Mapuche in den südlichen Teilen des heutigen Chiles und Argentiniens. Auf der westlichen (chilenischen) Seite der Anden wird das Gebiet Gulumapu genannt, auf der östlichen (argentinischen) Seite Puelmapu. Obwohl sich diese Untersuchung hauptsächlich auf Gulumapu bezieht, werde ich weiterhin den Begriff Wallmapu verwenden.

werden die Begriffe in Mapuzugun nach dem von Raguileo Lincopil vorgeschlagenen Mapuche-Alphabet geschrieben (Berreta, Cañumil und Cañumil 2008).

Dieses Buch ist das Produkt zahlreicher inspirierender, kämpferischer und herausfordernder Begegnungen zwischen Europa und Lateinamerika und ist daher aus Solidarität entstanden, um Solidarität zu verstehen.

Allen voran möchte ich mich bei Alex Mora und Alina Rodenkirchen aus der Mapuche-Regionalgruppe in Köln für ihr Vertrauen, Unterstützung und Offenheit sowie beim Team der Göttinger Zentrale der *Gesellschaft für bedrohte Völker* (GfbV), allen voran Yvonne Bangert, bedanken. Die Erkenntnisse der folgenden Seiten gehen zurück auf die zahlreichen Begegnungen mit Mapuche und nicht-Mapuche-Aktivist*innen in Europa, insbesondere Llanquiray Painemal, Andrea Cotrena, Rafael, María und Rosario Railaf, Alex Hespe, Ronja und Adriane Lavieri – ihr alle habt zu diesem Buch mit eurem Wissen und eurer solidarischen Zuwendung beigetragen. Ich möchte Britt Weyde von der *Informationsstelle Lateinamerika* in Bonn und dem Team des Informationsbüros Nicaragua für ihre freundliche und großzügige Unterstützung meiner Archivarbeit danken. Der *Unrepresented Nations and Peoples Organisation* (UNPO) und Adveniat danke ich für ihre Einblicke und die Bereitstellung ihrer Kontakte. Und natürlich danke ich all den engagierten Aktivisten der Lateinamerika-Solidarität in ganz Europa, denen ich in den letzten Jahren begegnet bin.

Die Forschungsarbeit in Chile wäre nicht möglich gewesen ohne die Unterstützung meiner Freund*innen, *compañeras* und *compañeros*, Anna Piquard und Rayen Kvyeh, Vicente Painel und Jorge Huichalaf, Iris Mora und Familie, Gastón Manquecoy, Rubén Collío und Familie, Godofredo Cotrena, Ingrid Conejeros, Jaime und Griselda Huenchullán und Familie, Eric Catrileo und Familie, Fernando Díaz, Juan Fuenzálida, Luis Rodríguez Tupper und sein Team, Victor Carilaf, José Luis Calfucura, Pablo Calfuqueo und die gesamte Gemeinde Llaguepulli, Manuel und Ceferino Painiqueo und ihre Familien, Isabel Cañet, und Ingrid Wehr und ihr Team sowie meine chilenische Familie Cárcamo Calderón.

Ursprünglich als Doktorarbeit an der Justus-Liebig-Universität Gießen verfasst, möchte ich mich bei meinen beiden Betreuer*innen, Encarnación Gutiérrez Rodríguez und Olaf Kaltmeier für ihre kritische und ermutigende Begleitung bedanken, sowie bei meinen ehemaligen Kolleg*innen und Studierenden an der Justus-Liebig-Universität Gießen und dem *International Graduate Centre for the Study of Culture* (GCSC) für die finanzielle und logistische Unterstützung für meine Forschung. Der beständige kritische und kollegiale Austausch innerhalb meiner wissenschaftlichen und aktivistischen Netzwerke ist für diese Arbeit fundamental gewesen: Dazu gehören die Kolleg*innen der *University of the West Indies/St. Augustine*, der *Forschungsverbund Lateinamerika* der Universität Wien, insbesondere Tobias Boos und René Kuppe, das *Decolonising Development* Netzwerk, das *Convivial Thinking Collective*, die *Fachgesellschaft für rassismuskritische, postkoloniale und dekoloniale Theorie und Praxis FG DeKolonial e.V.*, das Forschungsnetzwerk *DFG Reconstructing Interdependencies – Postcolonial and Postsocialist Relations in the Framework of Cross-Border Interactions*, *frankfurt postkolonial*, und das *Decolonize!* Netzwerk. Insbesondere möchte ich mich bei meinen lieben Kolleg*innen an der Hochschule Fulda, Fachbereich Sozial- und Kulturwissenschaften, sowie am *Fulda Graduate Centre for Social Science* und Promotionskolleg *Human Rights & Social Justice* bedanken. Besonders erwähnten möchte ich dabei Eva Gerharz, Christina Kurdum, und Katharina Juszczak für die wunderbare Zusammenarbeit und kollegiale Unterstützung. Ein ganz besonderer Dank geht an Johann Erdmann für die Übersetzung des ersten Manuskriptes, Katharina Juszczak für die Unterstützung in der Formatierung und Thomas Billstein vom Unrast Verlag für die angenehme und unkomplizierte Zusammenarbeit. Schließlich möchte ich mich bei meiner Familie und Freund*innen, insbesondere meinen lateinamerikanischen Freund*innen zwischen Anden und Alpen sowie dem gesamten Fuchsbau bedanken. Der abschließende Dank gilt meiner Partnerin Johanna Roos für ihre liebevolle, zuversichtliche und geduldige Begleitung während dem Schreiben dieses Buches.

KAPITEL 1
Einleitung: Still Loving Solidarity?

Während die Kämpfe um Dekolonisierung für die Menschen im Globalen Norden eher abstrakt und weit entfernt scheinen, sind sie in den Gesellschaften des Globalen Südens ein wichtiger Bestandteil des Alltags. Vor allem indigene Gesellschaften leben weiterhin unter kolonialen Verhältnissen in formal unabhängigen Nationalstaaten.[2] Neben vielen anderen indigenen Gruppen sind die Mapuche im heutigen Chile und Argentinien wichtige Protagonisten in den Kämpfen um Dekolonisierung in Lateinamerika. In Chile bezeichnen sich laut der letzten Volkszählung (Instituto Nacional de Estadísticas 2017: 16), etwa 10 % der Bevölkerung als Mapuche, aber neuere Studien zeigen, dass sich heute immer mehr Menschen im Land als Indigene identifizieren (CIIR 2020: 9). Vor allem seit der formalen Rückkehr zur Demokratie in Chile 1990 ist der Kampf der Mapuche für die Dekolonisierung ihrer Territorien, für politische Autonomie und ökologische Gerechtigkeit sowie gegen staatliche Repressionen und Verfolgung national und international immer stärker in den Vordergrund getreten. Gleichzeitig hat ihr Kampf internationale Unterstützung und Solidarität von nicht-indigenen Akteur*innen und Organisationen aus der ganzen Welt, insbesondere von chilenischen Exilant*innen und der Mapuche-Diaspora[3], erhalten.

2 Diese Diagnose geht auf die Theorie der Kolonialität der Macht des peruanischen Soziologen Aníbal Quijano zurück, nach der in Lateinamerika im 19. Jahrhundert keine vollständige Entkolonisierung stattfand, sondern in formal unabhängigen Nationalstaaten koloniale Gesellschaftsverhältnisse im inneren bis heute reproduziert werden (siehe dazu Quijano 2014, Quintero und Garbe 2013).

3 Hier berufe ich mich auf ein kritisches und anti-essenzialistisches Verständnis von Diaspora nach Stuart Hall (2016 :41): »Das Verständnis der Diaspora-Erfahrung, um das es mir geht, wird nicht von Essenz oder Reinheit bestimmt, sondern von der Anerkennung notwendiger Heterogenität und Verschiedenheit; von einem Konzept von ›Identität‹, das mit und von – nicht trotz – der Differenz lebt, das durch *Hybridbildung* lebendig ist. Die Identitäten der Diaspora produzieren und reproduzieren sich ständig aufs Neue, durch Transformation und Differenz.«

Die Ende 2019 in Chile begonnene soziale Revolte hat das Land in jüngster Zeit erneut ins internationale Rampenlicht gerückt. Im Zuge dieser Proteste und den darauffolgenden Entwicklungen, die zur Wahl eines Verfassungskonvents im Jahr 2021, der Wahl einer linksgerichteten Regierung unter Gabriel Boric und der überraschenden Ablehnung einer emanzipatorischen, feministischen und ökologischen Verfassung führten, erhielten auch die Forderungen und die Situation der Mapuche-Gesellschaft mehr Aufmerksamkeit. So trug beispielsweise das ikonische Foto der größten Demonstration vom 25. Oktober 2019, wahrscheinlich die größte in der Geschichte des Landes, statt der chilenischen, die *wenufoye*[4], die Nationalflagge der Mapuche, in ihrer Mitte.

Diese Proteste und die soziale Revolte in Chile sind eine regionale Antwort auf global geteilte Krisenkonstellationen in unseren Gesellschaften. Innerhalb dieser Konjunktur und insbesondere seit dem Ausbruch der COVID-19-Pandemie und des russischen Überfalls auf die Ukraine scheinen sich alle darüber einig zu sein, dass wir mehr Solidarität brauchen. Diese scheinbar einfache Lösung ist jedoch so weit gefasst, dass sie widersprüchliche und konkurrierende Weltanschauungen, Überzeugungen und eine Vielzahl sozialer Praktiken und politischer Strategien umfassen kann. Es gibt keinen Konsens darüber, was Solidarität eigentlich ist – weder im öffentlichen, politischen noch im wissenschaftlichen Diskurs. Gleichzeitig verdient etwas über das sich alle einig sind, unseren berechtigten Zweifel. Denn wie jede soziale Praxis und politische Forderung ist auch die Solidarität nicht unumstritten oder unschuldig, sondern widersprüchlich und umkämpft. Vielmehr wirken unterschiedliche politische Überzeugungen und Ideologien, erkenntnistheoretische und kosmologische Perspektiven, ethische und moralische Rahmenbedingungen sowie soziale Strukturen innerhalb – und nicht außerhalb – dessen, was wir Solidarität nennen. Kurz gesagt, Solidarität ist genauso umstritten wie alle anderen sozialen Praktiken und Diskurse auch. Während die vielfältigen Krisen unserer heutigen Gesellschaften[5] mehr Solidarität verlangen,

4 Diese Flagge wird seit 1992 von den meisten Mapuche-Organisationen und Gemeinden akzeptiert und verwendet. Anstelle eines nationalistischen Symbols sollte die wenufoye eher als »Symbol der ideologischen Dekolonisierung« verstanden werden (Pairican 2019).

5 Ich stimme mit zeitgenössischen Diagnosen überein, die unsere Gesellschaften in einem Zustand ständiger und mehrfacher Krise und Prekarität sehen. Insbesondere beziehe

Der Schnappschuss der chilenischen Schauspielerin Susana Hidalgo vom 25.10.2019 wurde zum Symbol der landesweiten Proteste für ein plurinationales und interkulturelles Chile. Mauricio Lepin Aniñir aus der Mapuche Gemeinde Pelantaro im Süden Chiles hält auf dem Bild die Mapuche-Flagge *wenufoye* in die Höhe. Die zahlreichen Verletzungen auf seinem Rücken durch Gummigeschosse zeugen von der schweren Repression während dieser Wochen.

ist der Rahmen, wie wir Solidarität wahrnehmen, nicht nur verkompliziert, sondern auch vermachtet und hierarchisiert: So sind im Zuge der Proteste gegen das europäische Grenzregime *weiße*[6] Unterstützende öffentlich meist sichtbarer als geflüchtete Aktivist*innen; Geflüchtete aus der Ukraine werden an der Grenze zur EU nach Hautfarbe selektiert, während die Flucht aus anderen Kriegsregionen nach Europa fast verunmöglicht wird; und während der COVID-19 Pandemie wird vermeintliche Solidarität mit Gesundheitsarbeiter*innen durch Klatschen auf den Balkonen zelebriert, während die Gesundheitssysteme kaputtgespart und Konzerne durch staatliche Hilfen gerettet werden. Warum erhält also das Engagement oder der Aktivismus von gewissen Personen oder Gruppen so viel Prominenz? Wessen Geschichten erzählen wir, wenn wir Solidarität einfordern? Wer kann sich entscheiden, solidarisch zu sein und sind manche Gruppen aufgrund ihrer Vulnerabilität dazu verpflichtet? Und bedeutet das kritische Hinterfragen von Praktiken, die als solidarisch bezeichnet werden, eine Entsolidarisierung?[7]

All diese Fragen verweisen darauf, wie Solidarität durch ungleiche Handlungsmacht, Privilegien, Verletzlichkeiten und Sichtbarkeiten be-

---

ich mich auf die normalisierte Prekarität unter dem Neoliberalismus, vor allem nach der Finanzkrise im Jahr 2007 und der darauffolgenden politischen und sozialen Krise in der Europäischen Union, die aus der Austeritätspolitik resultiert. Die gegenwärtige politische Krise ist gekennzeichnet durch einen weltweiten Anstieg des Neofaschismus auf dem Rücken zahlreicher Migrations- und Fluchtbewegungen, die ihrerseits eine Folge der Krise der postkolonialen Nationalstaaten und der Auswirkungen der Klimakrise in Lateinamerika, Afrika und Asien sind. Gleichzeitig leisten antirassistische, dekoloniale und feministische Bewegungen auf vielfältige Weise Widerstand gegen diese Krisen. Schließlich hat die COVID-19-Pandemie die Verwundbarkeit und strukturelle Ungleichheit unserer Gesellschaften offenbart und eine anhaltende pandemische Krise mit lang anhaltenden Auswirkungen hervorgebracht.

6 Ich verwende den Begriff *weiß* und *Weißsein* gemäß der Definition von Ruth Frankenberg (1997: 1), die ihn als eine Positionierung strukturellen Vorteils und rassifizierten Privilegs definiert. *Weißsein* ist dabei ein Standpunkt, von dem aus *weiße* Menschen auf sich selbst, auf andere und auf die Gesellschaft schauen. Schließlich bezieht sich *Weißsein* auf eine Reihe von kulturellen Praktiken, die in der Regel unmarkiert und unbenannt sind. Aufgrund dieser Verwendung werden die Begriffe *weiß* und *Weißsein* hier und im Folgenden kursiv gesetzt.

7 Diese und andere Fragen habe ich mit Studierenden in einem Seminar im Sommersemester 2019 an der Justus-Liebig-Universität mit dem Titel »Still Loving Solidarity?« aus einer dekolonialen und antirassistischen Perspektive diskutiert.

einträchtigt wird und dadurch umkämpft ist. Dieses Buch geht davon aus, dass dies alle Fälle ›externer‹ Solidarität oder Solidarität mit anderen – eine Art von Solidarität, bei der die Gruppe, die sich solidarisch verhält, nicht von denselben Mechanismen der Ausgrenzung oder Diskriminierung betroffen ist wie die Gruppe, auf die sich die Solidarität richtet – betrifft. Viele zeitgenössische Bewegungen für soziale Gerechtigkeit – ob sie nun antirassistisch, feministisch oder dekolonial sind – kämpfen gegen diese Mechanismen der Diskriminierung, Unterdrückung, Verfolgung, Verletzung usw. auf der Grundlage ihrer gemeinsamen Verwundbarkeit. Gibt es also einen Horizont für die Solidarität zwischen Gruppen, die diese Verwundbarkeit nicht teilen und darüber hinaus ungleichen Zugang zu Ressourcen und Privilegien haben? Und wenn es einen Horizont gibt, wie sieht er in der Praxis aus? Welche Möglichkeiten der Solidarität gibt es für einen *weißen* US-amerikanischen Bürger mit der #blacklivesmatter-Bewegung und wo sind ihre Grenzen? Was bedeutet es, die sogenannte Willkommenskultur in Deutschland nach 2015 nicht nur zu proklamieren, sondern auch in die Praxis umzusetzen? Sind symbolische und öffentliche Handlungen, wie das Applaudieren für die Beschäftigten im Gesundheitswesen auf unseren Balkonen in den ersten Monaten der COVID-19-Panik wirklich Ausdruck von Solidarität? Was ist eine Position der Solidarität für cis-Männer in feministischen Kämpfen wie #metoo und #niunamenos? Was bedeutet es für *weiße* Menschen, für Dekolonisierung einzutreten, und welche Art von Aktionen verlangt eine solche Absicht?

Dieses Buch stellt den gegenwärtigen transnationalen Solidaritätsaktivismus der Mapuche und mit den Mapuche als einen internationalen Kampf um Solidarität mit Wallmapu vor und diskutiert dabei die Grenzen und Möglichkeiten der Solidarität zwischen Gruppen, die nicht die gleiche Betroffenheit aufweisen. Bei diesen beiden Gruppen handelt es sich einerseits um indigene Mapuche und ihre Gemeinden, Organisationen und Diaspora in Europa und andererseits um nicht-indigene, meist *weiße* europäische Akteure und Organisationen, die ihre Solidarität mit den Mapuche bekunden und ihre Unterstützung auf vielfältige Weise anbieten. Doch wer genau sind die Akteure und Protagonist*innen dieser Solidaritätsbemühungen, welche Handlungsfähigkeit haben sie und wessen Handlungen werden (un-)sichtbar gemacht? Und werden

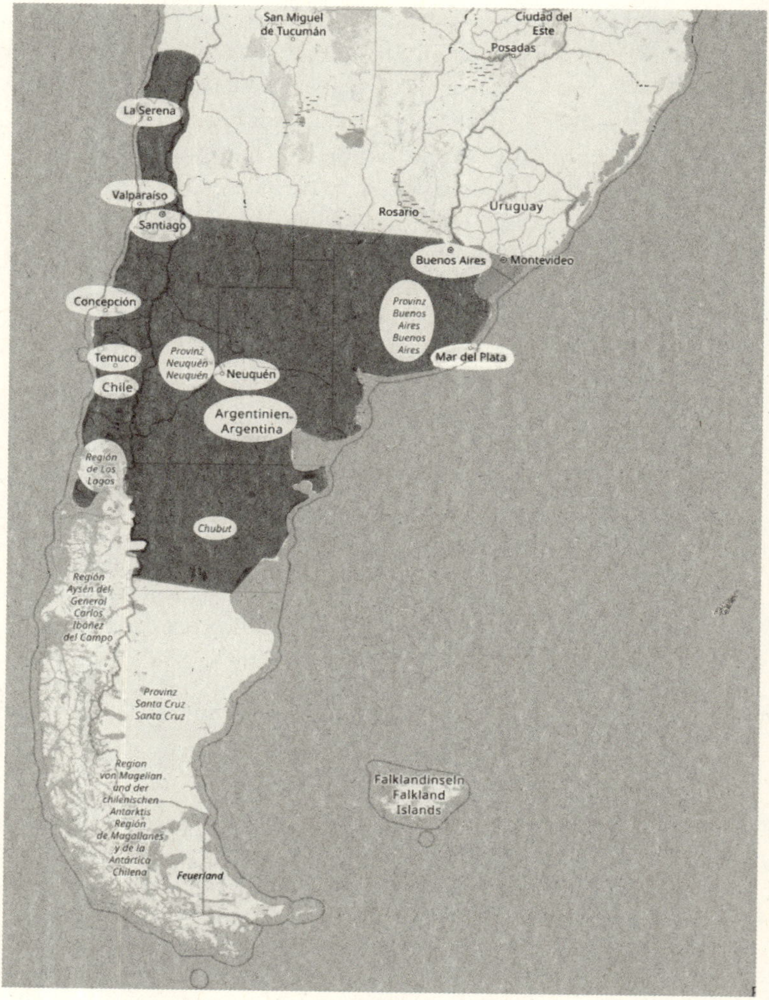

Das Wallmapu erstreckte sich im 16. Jahrhundert während der Kolonisierung der Amerikas über weite Teile des heutigen Chiles und Argentiniens. Auf der chilenischen Seite reichte das Gulumapu vom Fluss Copiapó im Norden bis zur Insel Chiloé im Süden. Auf der argentinischen Seite in Ost-West Ausdehnung von Mendoza bis nach Buenos Aires im Norden und bis in die südlichen Provinzen von Neuquén und Chubut. In dieser Abbildung ist das ehemalige Territorium des Wallmapu vom 16. Jahrhundert auf die heutige politische Karte des südlichen Südamerikas projiziert (eigene Abbildung).

diese Solidaritätsbemühungen in Europa gemeinsam oder unabhängig von den Mapuche in Wallmapu koordiniert? Gleichzeitig ist es interessant zu fragen, welche Art von Solidaritätsaktionen diese verschiedenen Akteur*innen durchführen und ob und wie sie die Mapuche in Wallmapu tatsächlich unterstützen. Haben sich diese Aktionen im Laufe der Zeit verändert? Wenn wir davon ausgehen, dass die Kämpfe für Dekolonisierung für die Menschen im Globalen Norden eher abstrakt und weit entfernt sind, wäre es von weiterem Interesse zu untersuchen, wie nicht-Mapuche-Akteur*innen ihre Beteiligung an Solidarität und Lobbyarbeit selbst wahrnehmen. Welche Beziehung haben sie zu den Mapuche und was sind ihre politischen Überzeugungen? Welche Rolle spielen koloniale Stereotype in den Beziehungen zwischen Mapuche und nicht-Mapuche und wie wird damit umgegangen? Wenn schließlich viele zeitgenössischen Aufrufe zur Solidarität als leere Phrasen kritisiert werden, was bedeutet dann Solidarität für die beteiligten Akteur*innen in der gelebten politischen Praxis? Und welche Art von Beziehungen bauen diese untereinander auf? Verändern die Begegnungen in Solidarität diese Beziehungen?

Dies sind einige der Fragen, die in dem vorliegenden Buch auf der Grundlage einer aktivistischen Ethnografie, die ich zwischen 2014 und 2018 durchgeführt habe, diskutiert werden (Garbe 2022). In diesem Zeitraum habe ich selbst an Mapuche-Solidaritätsveranstaltungen in Europa teilgenommen und 17 leitfadenorientierte Interviews mit Mapuche und nicht-Mapuche Akteur*innen aus der Solidaritätsszene geführt. Auf zwei Reisen nach Chile habe ich mit insgesamt 33 Gesprächspartner*innen die internationalen Solidaritätsbeziehungen mit Europa kritisch diskutiert und mich selbst als Menschenrechtsbeobachter vor Ort engagiert. Dadurch betrat ich multiple und verwobene Beobachtungs- und Teilnahmeräume internationaler Solidarität. Gerade dies ist der Vorteil ethnografischer Vorgehensweisen im Gegensatz zu anderen empirischen Methoden. Dabei interessierten mich vor allem die Grenzen und Möglichkeiten von Solidarität zwischen diesen Gruppen (Mapuche und nicht-Mapuche) vor dem Hintergrund der rassifizierten, geschlechtsspezifischen und kolonialen Hierarchien und Unterschiede zwischen ihnen. Daher werde ich Solidarität nicht in abstrakten Begriffen diskutieren, sondern mich auf ihre konkreten sozialen und politischen Ausdrucksformen beziehen, die ich während dieser Forschung beobachten konnte. Dabei folgte ich einem methodologischen Ansatz, den ich als Ethnografie in und über Solidarität bezeichne[8]: ›in Solidarität‹ beschreibt mein politisches Engagement innerhalb des Solidaritätsnetzwerkes, u.a. als Menschenrechtsbeobachter. Das konstante Reflektieren und Hinterfragen meiner Rolle als nicht-indigener Unterstützer eröffnete mir dadurch neue Verständnisräume meiner Forschungsfrage. Dies verlangt gleichermaßen eine sensible Balance mit kritikfähiger Distanz. Darauf verweist ›über Solidarität‹ und bezeichnet die Ethnografisierung eines bestimmten sozio-politischen und kulturellen Phänomens. Das sind in diesem Falle die vielfältigen Formen, Begegnungen, Verständnisse und Praktiken von (internationaler) Solidarität zwischen den Mapuche und nicht-indigenen Unterstützenden. Diese Ethnografie mit mehreren Standorten, Netzwerken und Engagements beinhaltete meine aktive Teilnahme an Solidaritätsnetzwerken, die es mir ermöglichten, Akteur*innen, Orte und Prozesse der Solidarität zwischen Europa und Chile zu begleiten und miteinander ins Gespräch zu bringen. Ein weiteres Schlüsselelement dieses Ansatzes ist die Idee einer »ethnografischen Übersetzung«, die einen kritischen Austausch verschiedener Wissensbestände und -traditionen ermöglichen soll, ohne deren Unterschiede und die dazwischen existierenden Hierarchien zu leugnen (Casa-Cortés, Osterweil, and Powell 2013; Gutiérrez Rodríguez 2010a).

Auf dieser Grundlage stellt dieses Buch verschiedene, aber komplementäre Bereiche der Solidarität mit Wallmapu vor: Zunächst schlägt das zweite Kapitel eine kurze Geschichte internationaler Solidarität als Nord-Süd Verhältnis vor, das vor allem im 20. Jahrhundert eine zentrale politische Praxis internationalistischer Politik wurde. Der gegenwärtige Solidaritätsaktivismus mit Wallmapu basiert allerdings, wie Kapitel 3 argumentiert, auf einem historisch, intellektuell und politisch begründeten Autonomieverständnis der Mapuche. Kapitel 4 führt im Anschluss den Kontext der Menschenrechtsverletzungen, insbesondere der indigenen Rechte, in Wallmapu ein, auf welche die transnationalen Allianzen und Solidaritätsaktionen reagieren. Durch diese Allianzen wird der Kampf und der Widerstand der Mapuche in Wallmapu transnationalisiert (Kapitel 5) und vielfältige internationale Solidaritätsbeziehungen über

8 Für eine ausführliche Besprechung dieses Forschungsansatzes siehe Garbe (2023).

Wallmapu hinaus gewebt (Kapitel 6). Anschließend werden verschiedene internationale Solidarisierungsstrategien vorgestellt: dazu gehören die Informationspolitik und der digitale Aktivismus der Mapuche (Kapitel 7), translokale Protestformen (Kapitel 8), ökonomische Formen der Solidarität (Kapitel 9) und die Bemühungen der Mapuche, über solidarische Beziehungen im Dialog mit anderen Akteur*innen zu sein (Kapitel 10). Daran anschließend richtet sich der Blick auf die sich solidarisierenden, nicht-indigenen Akteur*innen: Zunächst wird es darum gehen, wie deren Privilegien innerhalb der Solidaritätsarbeit wahrgenommen und verhandelt werden (Kapitel 11) und mit welchen politischen Überzeugungen sie ihren Aktivismus und Solidarität begründen (Kapitel 12). Schließlich werden auch die kolonialen Stereotype gegenüber indigenen Gesellschaften, welche diese Akteur*innen in die Solidaritätsarbeit hineinbringen, kritisch diskutiert (Kapitel 13). Das letzte Kapitel widmet sich schließlich den zwischenmenschlichen und persönlichen Begegnungen in Solidarität zwischen Mapuche und nicht-Mapuche, wodurch ein kritisches Verständnis von Solidarität in Dialog mit Perspektiven der Mapuche entworfen wird (Kapitel 14). In der Schlussfolgerung (Kapitel 15) wird dieses kritische Verständnis von Solidarität schließlich mit dem Konzept der ›verwebenden Solidarität‹ zusammengefasst und der Epilog (Kapitel 16) diskutiert die Bedeutung der gegenwärtigen Entwicklungen in Chile seit 2019 für die Mapuche Gesellschaft.

Anhand dieser Struktur möchte dieses Buch einerseits den vielfältigen Formen und Strategien internationaler Solidarität mit Wallmapu zwischen 2010 und 2020 vorstellen und andererseits die darin begründeten Solidaritätsbeziehungen zwischen den einzelnen Akteur*innen differenztheoretisch und differenzkritisch diskutieren. Gerade der letzte Aspekt ist für ein kritisches und aktualisiertes Verständnis von Solidarität über Grenzen hinweg fundamental. Ursprünglich war ich davon ausgegangen, dass Solidarität mit den Mapuche in Europa in erster Linie von nicht-indigenen Akteur*innen und Organisationen ausgeübt wird. Ganz im Gegenteil, fand ich mich zu Beginn meiner Forschung in einem Szenario vor, in dem (diasporische) Mapuche-Akteur*innen und Organisationen eine bedeutende Rolle spielten und das Solidaritätsnetzwerk, seine Aktionen und Ziele formte und gestaltete. Das bedeutet, dass internationale Solidarität mit den Mapuche in erster Linie eine Art von Solidarität ist, die von Mapuche-Akteur*innen selbst ausgeübt und anschließend von einer Vielzahl verschiedener nicht-Mapuche-Akteur*innen und Organisationen unterstützt wird. In diesem Buch wird Solidarität daher einerseits als Beziehung, Begegnung und zwischenmenschliche Erfahrung zwischen Mapuche und nicht-Mapuche (europäischen wie chilenischen) betrachtet; andererseits wird Solidarität hier zugleich als ein dichtes Feld transnationaler Allianzen, Menschenrechts- und Lobbyarbeit zur Unterstützung des Kampfes der Mapuche in Chile verstanden, in dem all diese Akteur*innen mit unterschiedlichen Positionen, Privilegien, Ressourcen, Motivationen und Zielen teilnehmen.

Als Ergebnis schlägt dieses Buch ein empirisch und theoretisch fundiertes sowie kritisches Verständnis von (internationaler) Solidarität vor, welche die beteiligten Akteur*innen trotz ihrer Unterschiede miteinander in Verbindung setzt und ihre Beziehungen unter Berücksichtigung ihrer historisch und strukturell heterogenen soziokulturellen und politischen Erfahrungen transformiert. Solidarität als transformative und kreative Beziehung ist somit offen und ohne Garantien, hat aber das Potenzial, Beziehungen zu schaffen, die auf Gegenseitigkeit und Horizontalität beruhen. Wenn diese Beziehungen in enger Interaktion und langfristig aufrechterhalten werden, erzeugen sie neue und heterogene soziale Beziehungen unter den beteiligten Akteuren, welche das politische Verhältnis im Aktivismus übersteigt. Als Diskussionsbeitrag zu den gegenwärtigen Debatten und Suchen nach internationaler Solidarität möchte das Buch dadurch nicht nur Licht auf die zeitgenössischen politischen und sozialen Ausdrucksformen der Solidarität zwischen Mapuche und nicht-Mapuche werfen, sondern auch auf andere Fälle von Solidarität zwischen ungleich situierten Gruppen inspirieren. Damit sollen einerseits die Erfahrungen und Kämpfe der Mapuche um internationale Solidarität für andere Kontexte nutzbar gemacht und andererseits antirassistische und dekoloniale Diskussionen über Solidarität mit einer empirisch fundierten Fallstudie bereichert werden. Auf diese Weise soll Solidarität als ein entscheidendes und dringend benötigtes Instrument für heutige Kämpfe um soziale Gerechtigkeit in Zeiten multipler Krisen und für gerechtere und dekolonisierte Formen der Vergemeinschaftung und Konvivialität (Gutiérrez Rodríguez 2015) aktualisiert werden.

KAPITEL 2
Eine kurze Geschichte der (internationalen) Solidarität

Ein Anliegen dieses Buches ist es, ein Verständnis von Solidarität auf Grundlage seiner historischen Genese zu aktualisieren. Allgemeine Definitionen von Solidarität gehen von der Grundannahme aus, dass Solidarität stets ein bestimmtes Maß an Kohäsion zwischen Gruppenmitgliedern mit bestimmten normativen Zielen hat (Bayertz 1998: 11–12). So vermittelt Solidarität zwischen der Gemeinschaft und dem Einzelnen, ist dadurch eine Form der Vergemeinschaftung und bringt positive moralische Verpflichtungen mit sich (Scholz 2008: 18–19). Eine breit akzeptierte konzeptionelle Differenzierung der unterschiedlichen Dimensionen von Solidarität (Laitinen und Pessi 2015; Scholz 2008), der ich hier ebenfalls folge, wurde von Kurt Bayertz (1998) vorgeschlagen und differenziert Solidarität als a) eine moralische und universelle Idee, b) bürgerliche Verpflichtungen, staatliche Verantwortung und Fürsorge innerhalb des modernen Nationalstaates, c) einen Begriff, der soziale und gemeinschaftliche Bindungen beschreibt und schließlich d) politische Solidarität im Kampf für soziale Gerechtigkeit betrachtet. Im Verlauf des Buches werde ich mich vor allem auf die soziale und politische Dimension von Solidarität beziehen.

Die politische Dimension verweist bereits auf ein Verständnis von Solidarität, das internationale oder intranationale Allianzen innerhalb politischen und soziokulturellen Kämpfen beinhalten kann (Süß und Woyke 2021) und Verbindungen zwischen Akteur*innen schafft, die im Einsatz für ein bestimmtes Ziel und meist gegen einen politischen Antagonisten entsteht. (Bayertz 1998; Scholz 2008). Ein solches Verständnis von Solidarität beschreibt in der Regel die Erfahrungen internationaler oder innerstaatlicher Bündnisse unter und zwischen Kollektiven, die eine bestimmte politische Ideologie oder Klassenposition teilen. Dennoch haben sich nur wenige Studien darauf konzentriert, was mit solchen politischen Solidaritäten geschieht, wenn die beteiligten Akteur*innen und

Eine grafische Darstellung der von Kurt Bayertz (1998a) vorgeschlagen Differenzierung in a) universelle Solidarität der gesamten Menschheit (links oben), c) staatlich oder institutionell vermittelte Solidarität (rechts oben), c) vergemeinschaftende oder soziale Solidarität (links unten), und schließlich d) politische oder kämpferische Solidarität (rechts unten).

Gruppen nicht den gleichen Hintergrund, die gleiche Verletzlichkeit, Privilegien und den gleichen Zugang zu Ressourcen haben.[9] Dies wirft die Frage auf, wie mit Unterschieden innerhalb von solidarischen Kämpfen umgegangen werden kann. Das Fallbeispiel der Solidarität mit Wallmapu soll nicht nur einen Beitrag zu den Diskussionen über die Grenzen und Möglichkeiten von Solidarität über Unterschiede hinweg leisten, sondern auch zeigen, dass solidarische Beziehungen nicht nur politische, sondern auch soziale Verhältnisse zwischen den Akteur*innen begründen (siehe Kapitel 14).

9 Die vielleicht prominenteste Kritik an einer universellen Vorstellung von Solidarität kommt aus der kritischen feministischen Theorie. Vor allem Schwarze Feministinnen und Feministinnen aus dem Globalen Süden, wie bell hooks, Angela Davis, Audre Lorde, oder Chandra Talpade Mohanty, haben die Allgemeingültigkeit von Frausein und geschlechtsspezifischen Erfahrungen in unterschiedlichen Kontexten infrage gestellt (Davis 1983; hooks 1986; 2015a; Lorde 2019; Mohanty 1988). In dieser Tradition werden vermeintlich universelle Erfahrungen als partikulare Positionalitäten und Interessen dekonstruiert. Für eine Übersicht zu Schwarzer Feministischer Theorie siehe Kelly (2019).

Dennoch haben einige Autor*innen verschiedene historische Ausdrucksformen von Solidarität und politischen Allianzen in den letzten Jahrhunderten zwischen Gruppen und Akteur*innen jenseits derer Unterschiede ausführlich beschrieben. Dazu gehörten rassifizierte, koloniale oder ethnische Differenzen oder auch Unterschiede aufgrund einer anderen Staatsbürgerschaft oder Klassenzugehörigkeit (Conway, Dufour und Mason 2021; Featherstone 2012; Gandhi 2006; Linebaugh und Rediker 2013;). Die Unterschiede innerhalb von Solidaritätsbeziehungen in den Blick zu nehmen, trägt dazu bei, die Handlungsfähigkeit derjenigen Gruppen zu würdigen, welche die eigentlichen politischen Protagonist*innen in einem gemeinsamen Kampf sind, aber eben oftmals zum Schweigen gebracht oder vergessen wurden – zum Beispiel diejenigen, die in den 1960er-Jahren an den Studierendenprotesten in Westdeutschland teilnahmen (Seibert 2008; Slobodian 2012). Diese Beispiele bringen nicht nur Akteur*innen, die zum Schweigen gebrachten und vergessenen wurden, in das Archiv historischer Solidaritätserfahrungen ein, sondern bereichern auch die Debatte, indem sie unterschiedliche Organisationsformen und Praktiken der Solidarität sowie politische Analysen aus einer anderen Perspektive oder andere Schwerpunkte der Kämpfe mit einbeziehen. Der Bereich der Solidarität mit Wallmapu möchte auch zeigen, wie Mapuche-Akteur*innen selbst die Protagonist*innen der Transnationalisierung ihres Kampfes sind und das internationale Solidaritätsnetzwerk durch ihre Ideen und Konzepte prägen (siehe Kapitel 3). Die eben erwähnten kritischen historischen Ansätze zeigen auch, wie zum Beispiel in der zweiten Hälfte des 20. Jahrhunderts kolonisierte oder indigene Menschen parallele Kämpfe gegen Rassismus und Kolonialität innerhalb der gemeinsamen Kämpfe in Solidarität mit Menschen aus dem Globalen Norden oder *weißen* Aktivist*innen geführt haben. Darüber hinaus wurde der Widerstand gegen Rassismus und Kolonialität unter den gemeinsamen Zielen einer nationalen Befreiung im Globalen Süden oder des sozialistischen Internationalismus subsumiert oder sogar zum Schweigen gebracht. Nach dem Fall der Berliner Mauer wurden sie als eigenständige Kämpfe immer sichtbarer (Seibert 2008).

In den 1990er-Jahren wurde die Suche nach einer internationalen, sozialistischen Solidarität zunehmend zur Nebensache, und die Bewegungen gegen rassistische Ungleichheit und rechten Terror sowie dekoloniale und *Refugee* Bewegungen verlangten von möglichen Verbündeten neue Formen der Solidarität, die über die bisherigen Erfahrungen hinausgingen. Für den Globalen Norden bedeutete dies, den Fokus von revolutionären oder nationalen Befreiungsbewegungen im Globalen Süden auf den eigenen innenpolitischen Kontext zu verlagern und sich mit den eigenen rassistischen und kolonialen Kontinuitäten auseinanderzusetzen (Steyerl und Gutiérrez Rodríguez 2012). Währenddessen forderten in den 1990er-Jahren die rechtsextremen Terroranschläge in Rostock-Lichtenhagen, Hoyerswerda, Mölln und Solingen in Deutschland, der Angriff auf Rodney King und Tausende andere Afroamerikaner*innen in den USA, die rassistische Diskriminierung und Ausgrenzung in den *Banlieues* in Frankreich und die militarisierten Grenzregime im gesamten Globalen Norden mehr und möglicherweise andere Arten von Solidarität ein als die revolutionären Bewegungen in den fernen Gebirgsketten von Kuba, Nicaragua oder Vietnam.

Solche Forderungen nach antirassistischen Formen der Solidarität veranlassten die Akteure im Globalen Norden dazu, ihre früheren Konzepte und Vorstellungen von internationalistischer Solidarität zu überdenken und zu überarbeiten (Foitzik und Marvakis 1997). Vor allem post- und dekoloniale Kritiken von Autor*innen und Aktivist*innen aus dem Globalen Süden, die in der ersten oder zweiten Generation im Globalen Norden lebten, haben ein Umdenken und Nachdenken über die Möglichkeiten und Grenzen von Solidarität über Unterschiede hinweg bewirkt. Sie trugen unter anderem dazu bei, zu verstehen, wie die Vorstellungen von ganzen Regionen oder Gesellschaften im Globalen Süden von kolonialen Repräsentationen beeinflusst werden (Said 2003) oder wie selbst gut gemeinte Fürsprache Paternalismus reproduziert und subalterne Stimmen zum Schweigen bringt (Alcoff 1992; Spivak 1988). Solche Kritiken begannen, die Vorstellungen von Solidarität über Differenzen hinweg zu verkomplizieren, weil sie ihre Praxis innerhalb kolonialer und rassistischer Strukturen und nicht außerhalb von ihnen verstanden (Mohanty 2003). Daher kann Solidarität diese Strukturen kolonialer und rassistischer Ungleichheiten sogar reproduzieren, solange sie »nicht-performativ« ist, das heißt, wenn sie die Voraussetzungen, unter denen solidarische Beziehungen geschehen, nicht verändert und keine Umverteilung materieller Ressourcen vornimmt (Ahmed 2004). Ausgehend von dieser post- und dekolonialen Kritik an den Möglichkeiten und Grenzen von Solidarität, haben sich nur wenige empirische Studien der Herausforderung gestellt, bestimmte Ausdrucksformen von (internationaler oder intranationaler) Solidarität und transnationalen Allianzen, mit einem Fokus auf die rassifizierten und vergeschlechtlichten Unterschiede zwischen den beteiligten Gruppen und Akteur*innen, empirisch zu untersuchen (Conway, Dufour und Mason 2021; Land 2015; Mahrouse 2014). Und trotz des neuerdings wieder zunehmenden theoretischen und politischen Interesses an Solidarität[10] gibt es nur wenige gegenwärtige Forschungen, die das epistemische und kritische Potenzial von Praktiken der Solidarität und der gegenseitigen Hilfe betonen, die, wie zum Beispiel im Kontext der COVID-19-Pandemie (Sitrin und Colectivo Sembrar 2020), von subalternen oder betroffenen Akteur*innen, Gruppen und Organisationen vor Ort und als Basisarbeit betrieben wird.

Die Suche nach internationaler Solidarität mit Wallmapu greift diese theoretischen und empirischen Vorläufer auf und diskutiert unter anderem die Privilegien bestimmter Akteur*innen und das Fortbestehen kolonialer Stereotype innerhalb internationaler Solidarität in Dialog mit kritischen und dekolonialen Perspektiven. Dies soll vor allem dadurch gelingen, indem vor allem die Perspektiven der beteiligten Mapuche-Akteur*innen übersetzt und als Diskussionsbeitrag in Stellung gebracht werden. Die vorliegende Untersuchung zielt also darauf ab, die Begriffe und Möglichkeiten von Solidarität zu erweitern, indem sie sich auf die unterschiedlichen Positionen der beteiligten Akteur*innen und Gruppen konzentriert – in diesem Fall Mapuche und nicht-Mapuche (nicht-indigene Chilen*innen und Europäer*innen). In diesem Kontext sind die Unterschiede im Wesentlichen das Ergebnis der modernen und kolonialen intersubjektiven Ordnung, die rassifizierte Vorstellungen hervorbrachte und diese weiterhin als Basis unserer zwischenmenschlichen Wahrnehmung artikuliert (Quijano 2014). Insbesondere die Wahrnehmung der Mapuche als Indigene beruht im Wesentlichen auf einer kolonialen Kategorie (Bonfil Batalla 1972), die dazu beiträgt, ihre gleichberechtigte Staatsbürgerschaft im heutigen Chile zu delegitimieren

10 Siehe unter anderem Anderl (2022), Behr (2022), Busen und Wallaschek (2023) Große Kracht (2021), Kastner und Susemichel (2022).

(Silva Tapia 2016). Auf diese Weise wird eine weitere Differenzkategorie, welche die Unterschiede der beteiligten Akteur*innen in dem vorliegenden Fall prägt, nämlich jene der Indigenität, relevant.

Der Fall der Mapuche ist auch daher besonders aufschlussreich, weil er historische Erfahrungen internationaler Solidarität aus dem letzten Jahrhundert mit zeitgenössischen Formen des politischen Kampfes verbindet. In der zweiten Hälfte des 20. Jahrhunderts schlossen sich viele lateinamerikanische Länder mit anderen Nationen des Globalen Südens zusammen und suchten nach einem dritten Weg jenseits des von den USA dominierten Kapitalismus und des von der UdSSR dominierten Staatskommunismus (Young 2001). In Ländern wie Kuba, Chile und Nicaragua führte dies zu revolutionären Prozessen und Bewegungen zugunsten lokaler Alternativen sozialistischer Entwicklung hin zu sozialer Gerechtigkeit und weg von der imperialistischen Politik der USA in der Region. Diese Entwicklungen waren nicht nur (manchmal romantisierte) Inspirationsquellen für den Kampf sozialistischer Bewegungen und Parteien im Globalen Norden, sondern führten auch zu anhaltenden Wellen der Solidarität mit ihren Genoss*innen im Globalen Süden (Balsen und Rössel 1986; Georga und Arenhövel 1992). Solche Solidaritätserfahrungen umfassten Erklärungen, Proteste und Informationskampagnen im Globalen Norden sowie Geldspenden und Finanzierungen für diese revolutionären Bewegungen. Aktivist*innen aus dem globalen Norden reisten auch in diese Länder, um Alphabetisierungskampagnen oder den bewaffneten Kampf zu unterstützen. Diese politischen Projekte und ihre internationale Solidarität wurden jedoch nach einschneidenden Ereignissen wie der Wahlniederlage der *Sandinistas* in Nicaragua und der Rückkehr zur formalen Demokratie in Chile im Jahr 1989 auf regionaler Ebene marginalisiert. Auf globaler Ebene haben der Fall der Berliner Mauer, der Zerfall der Sowjetunion und ihres historischen Horizonts für sozialistische Veränderungen, solche Entwicklungen in Lateinamerika und ihren Verbündeten im Globalen Norden noch weiter an den Rand gedrängt.

Doch kurz nach der falschen Annahme des Endes der Geschichte (Fukuyama 1992) tauchte mit den *Zapatistas* und dem *Ejercito Zapatista de Liberación Nacional* (EZLN)[11] in Mexiko eine revolutionäre Bewegung

11 Zapatistische Nationale Befreiungsarmee

aus Lateinamerika auf und löste internationale Faszination sowie neue Wellen der Solidarität aus (Kerkeling 2012). Die *Zapatistas* aktualisierten dabei die revolutionäre antiimperialistische und antikapitalistische Sprache und Ikonografie des westlichen Sozialismus innerhalb einer neuen Form des dekolonialen Kampfes, indem sie westliche und indigene politische Ideen miteinander kombinierten. Dieser antikapitalistische, antipatriarchale und dekoloniale Kampf bot einen neuen Horizont für politischen Wandel und Emanzipation für Menschen auf der ganzen Welt (Hayden 2002). In ähnlicher Weise entschieden sich die Mapuche in Chile und Argentinien ab den 1990er-Jahren für Strategien, die ihre politische, soziokulturelle, epistemologische und territoriale Autonomie einforderten, ohne ihre Verortung innerhalb eines verwestlichten Nationalstaates zu vernachlässigen (Marimán 2012; Tricot 2013). Doch im Gegensatz zu den *Zapatistas* ist die internationale Solidarität mit den Mapuche seit dem späten 20. Jahrhundert von den Erfahrungen der internationalen Solidarität mit der chilenischen Gesellschaft nach dem Militärputsch von 1973 geprägt. Auf diese Weise sind die gegenwärtigen Solidaritätsbekundungen mit und durch die Mapuche historisch mit diesen älteren Erfahrungen der internationalen Solidarität verwoben.

Vor diesem Hintergrund kann davon ausgegangen werden, dass dekoloniale Bewegungen, insbesondere von Gruppen in Lateinamerika wie den *Zapatistas* oder den Mapuche, heute als wichtige Bezugspunkte für gegenwärtige Ausdrucksformen der internationalen Solidarität im Globalen Norden dienen.[12] Dennoch wird vor allem der Kampf der Mapuche nach wie vor auf der internationalen Bühne weitgehend übersehen und nicht anerkannt. Daher stellt dieses Buch eine detaillierte Übersicht zur Transnationalisierung des Kampfs der Mapuche seit den 1970er-Jahren vor (siehe Kapitel 5) fokussiert sich dabei auf eine Hochphase internationaler Proteste der Mapuche zwischen 2010 und 2020 und bespricht die Menschen- und Indigenenrechtsverletzungen, weswegen die Mapuche ihren Kampf über den nationalen Kontext in Chile hinaustragen (siehe Kapitel 4).

---

12 Hinzu kommen die indigenen Mobilisierungen in Peru, Bolivien und Ecuador, denen es seit den 1990er-Jahren gelungen ist, politische Veränderungen in den jeweiligen Ländern herbeizuführen und z.B. die Aymara- und Quechua-Ideen des ›guten Lebens‹, *Sumak Kawsay* bzw. *Sumaq Qamaña*, in den Verfassungen von Bolivien und Ecuador festzuschreiben.

Indigene Bewegungen als Referenzpunkte für Befreiungs- und Emanzipationskämpfe zu nehmen ist jedoch nicht unproblematisch, sondern beinhaltet eine Reihe von Repräsentations- und Übersetzungsschwierigkeiten. Einerseits werden solche dekolonialen Bewegungen außerhalb eurozentrischer Kontexte oft als historische Alternativen zur linken Melancholie (Traverso 2017) im Globalen Norden konzeptualisiert – das heißt, als ein Zustand der Trauer und Selbstreflexion über die gescheiterten linken Projekte des 20. Jahrhunderts, die nichtsdestotrotz zukünftige politische Aktionen inspirieren. Als solche tragen sie die Last, eine historische Alternative für linke Politik jenseits von Spätkapitalismus und Klimakrise zu repräsentieren. Die vorliegende Untersuchung wird sich in diese Debatte einschalten und die komplizierte Beziehung zwischen den Mapuche und der nicht-indigenen Linken sowie die sich daraus ergebenden Konsequenzen, Hindernisse und politische Optionen diskutieren (siehe Kapitel 12). Andererseits gibt es im Globalen Norden eine lange Tradition der Stereotypisierung und Romantisierung von *Native Americans* (Berkhofer 1979). Insbesondere im deutschsprachigen Kontext beschäftigte man sich meist übermäßig enthusiastisch mit und in Bezugnahme auf indigene Bevölkerungen in den Amerikas. Kapitel 13 wird nicht nur zeigen, wie auch die Solidarität mit Wallmapu von kolonialen Stereotypen besetzt ist, sondern auch, wie diese kritisiert und strategisch benutzt werden.

KAPITEL 3
Ein kurze Geschichte der Mapuche Autonomie

Ziel dieses Kapitels ist es, die internationale Solidarität mit und von den Mapuche als eine Form transnationaler Autonomiepolitik zu verstehen. Mapuche-Vertreter*innen aus Wallmapu und aus der europäischen Diaspora haben ihren Kampf um Autonomie seit den 1970er-Jahren transnationalisiert und dabei ein Netzwerk aus Allianzen und in Solidarität mit anderen Akteur*innen geknüpft.

Die Autonomiebestrebungen der Mapuche-Gesellschaft gehen auf die ersten Kolonisierungsversuche des Wallmapu durch die spanische Krone ab Mitte des sechzehnten Jahrhunderts zurück. Die gewaltsamen Kolonisierungsversuche wurden dabei von den Mapuche mit heftigem militärischem Widerstand beantwortet, und dadurch gelang es der Mapuche-Gesellschaft, ein gewisses Maß an politischer Autonomie und Unabhängigkeit zu bewahren und die spanische Kolonialmacht daran zu hindern, weiter nach Süden in ihr Territorium vorzudringen. Dies war möglich, weil die Mapuche-Gesellschaft jener Zeit – im Gegensatz zu der der Inkas oder Azteken – keine zentralisierte Gesellschaftsstruktur hatte und jede territoriale soziale Einheit ihre Autonomie behielt, auch wenn eine andere besiegt wurde. Die spanische Krone musste also »jede einzelne der Tausenden von unabhängigen Familien« (Bengoa 2000: 39) besiegen, um das gesamte Gebiet zu erobern.

Während des militärischen Widerstands gelang es der Mapuche-Gesellschaft ihre de- oder polyzentrale soziopolitische Organisationsform, die kein zentrales und vereinendes politisches oder militärisches Organ kennt, aufrechtzuerhalten. Der Kern dieser Logik ist die soziopolitische Organisation der Mapuche-Gesellschaft als Ausdruck von Zusammenschlüssen – in aufsteigender Reihenfolge – der Familieneinheit/*rewe*, der Gemeinschaft/*lof* und schließlich der Zusammenschlüsse von Gemeinschaften/*ayllarewe* (Kaltmeier 2004: 69–74). Der militärische Widerstand gegen die spanische Krone durchdrang die gesamte Mapuche-

Gesellschaft als »eine totale soziale Tatsache, die alle gesellschaftlichen Institutionen und Repräsentationen umfasste« und wurde zum »›Motor der indigenen, sozialen Maschine‹ und diente der materiellen und symbolischen Produktion und Reproduktion der Gesellschaft« (Kaltmeier 2004: 35). Wenn das Hauptziel des antikolonialen Widerstands die Aufrechterhaltung der Autonomie der Mapuche Gesellschaft war, so waren andere soziopolitische, kulturelle und kosmologische Praktiken dieser Zeit ebenfalls auf dieses Ziel ausgerichtet.

Nachdem die spanische Krone erkannte, dass sie die Mapuche militärisch nicht besiegen konnte, vereinbarten die Mapuche und Vertreter*innen des spanischen Königreichs, regelmäßig sogenannte *parlamentos* abzuhalten, die zu einem »zentralen Dispositiv[13] zur Gestaltung der Beziehungen zwischen Mapuche und spanischer Krone« wurden (Kaltmeier 2004: 56). Die meisten von ihnen führten zu bilateralen Verträgen, die die Bedingungen für Frieden festlegten, sowie zu allgemeineren politisch-administrativen und wirtschaftlichen Vereinbarungen zwischen den von beiden Seiten kontrollierten Gebieten (Contreras Painemal 2010). Zwischen 1592 und 1816 gab es insgesamt 140 parlamentos und Verträge zwischen der Mapuche Gesellschaft und anderen Regierungen, vor allem der spanischen Krone (und ab dem 19. Jahrhundert mit Chile und Argentinien) (ebd.: 208). Diese Verhandlungsrunden waren das Ergebnis des militärischen Erfolgs der Mapuche, der die spanische Krone dazu zwang, in einen politischen Dialog einzutreten, der auf den Grundsätzen des Gewohnheitsrechts der Mapuche, insbesondere des *az mapu,* beruhte (ebd.: 208). Es handelte sich um institutionell dauerhafte Räume für bilaterale Verhandlungen, in denen Ideen und Autonomiebestrebungen durch politische Instrumente wie das *koyang* – Versammlungen oder Zusammenkünfte mit langanhaltenden Diskussionen und Reden – vermittelt wurden. (ebd.: 41). Letztlich waren sie Ausdruck ihres ständigen und andauernden Kampfes um die Aufrechterhaltung ihrer Autonomie und um zu verhindern, dass eine bestimmte Gruppe den (alleinigen) Stellvertretungsanspruch für die gesamte Mapuche Gesellschaft übernehmen könnte.

13 Zu diesem Begriff siehe Foucault (1978).

Im 19. Jahrhundert verhandelten die nun unabhängigen Nationalstaaten Chile und Argentinien mit Vertreter*innen der Mapuche und respektierten auf ähnliche Weise in bilateralen Verträgen zunächst deren Autonomie. Die wichtigste Verhandlung zwischen Chile und den Mapuche dieser Zeit fand 1835, mit dem Parlament von Tapihue statt und führte zu dem gleichnamigen Vertrag: Dieser legte sowohl eine Grenze am Bío-Bío-Fluss zwischen den Mapuche und dem chilenischen Nationalstaat sowie die Unabhängigkeit der Mapuche fest (ebd.: 178–82). Der wichtigste Aspekt des Vertrages von Tapihue, der insgesamt dreiunddreißig Abkommen umfasste, war, dass Chile die »territoriale und politische Unabhängigkeit der Mapuche-Nation anerkannte, so wie es die spanische Krone Jahrzehnte zuvorgetan hatte« (Marimán et al. 2006: 83). In den folgenden Jahrzehnten begann der chilenische Nationalstaat einen Prozess der allmählichen Expansion nach Süden und Norden, der nicht nur zur Verletzung des Vertrags von Tapihue, sondern schließlich zur Kolonisierung von Wallmapu und zur militärischen Niederlage der Mapuche im Jahr 1883 führte (Bengoa 2000; Kaltmeier 2004: 78–96; Marimán et al. 2006: 83–113). Diese militärische Niederlage ist bis heute bestimmend für das Verhältnis zwischen den Mapuche und der chilenischen Gesellschaft, da eine als unabhängig anerkannte Bevölkerung durch den Bruch eines bilateralen Abkommens zwischen zwei Parteien erobert wurde. Auf diese Weise wurden die Mapuche zu einer kolonisierten Gesellschaft innerhalb des unabhängigen Nationalstaates. Viele zeitgenössische Autonomieforderungen der Mapuche-Gesellschaft beziehen sich speziell auf die historische Erfahrung der im Vertrag von Tapihue garantierten Autonomie und protestieren gegen deren kontinuierliche Verletzung durch den chilenischen Staat (Contreras Painemal 2010: 214) und die Reproduktion der kolonialen Macht (Quijano 2014). Letzteres beschreibt die historische Situation nach 1883, in der koloniale Gesellschaftsstrukturen die formale Unabhängigkeit eines Nationalstaates überdauert haben. Dementsprechend charakterisiert die zeitgenössische Mapuche-Geschichtsschreibung die Gesellschaften von Wallmapu (unter dem chilenischen und argentinischen Nationalstaat) als eine koloniale Situation (Antileo Baeza et al. 2015; Marimán et al. 2006; Nahuelpan Moreno et al. 2013).

Auch wenn der Kampf um Autonomie in der kolonialen Situation unter dem chilenischen Staat nach 1883 fortgeführt wurde, änderten sich die Umstände für die Mapuche-Gesellschaft drastisch. Bis zum dritten Jahrzehnt des zwanzigsten Jahrhunderts wurde die Mapuche-Gesellschaft durch fortgeführte Kolonisierung und Militarisierung des Wallmapu von ihrem Territorium vertrieben. Von etwa dreißig Millionen Hektar unabhängigem Mapuche Territorium in gesamten Gulumapu um 1541 und von über zehn Millionen Hektar südlich des Bío-Bío-Flusses um 1641, blieben bis 1930 nur noch 500.000 Hektar übrig (Marimán et al. 2006: 116). In dieser Zeit wurde die Mapuche-Gesellschaft gewaltsam in indigene Reservate gedrängt und erhielt gleichzeitig ein kommunales Eigentumsrecht am Land, die sogenannten *títulos de merced.*[14]

Nach Abschluss dieser zweiten Kolonisierung, diesmal durch den chilenischen Staat setzte 1927 »eine politisch-legislative Wendung in den Beziehungen zwischen Chilenen und Mapuche ein, die als Übergang von der Segregation zur Assimilation beschrieben werden kann« (Kaltmeier 2004: 109). Die Mapuche-Gesellschaft wandte verschiedene politische Strategien an, um in dieser neuen historischen Situation und unter der politischen, rechtlichen und administrativen Struktur des Staates für ihre Autonomie zu kämpfen (Bengoa 2000: 361–96; Kaltmeier 2004: 116–245; Marimán et al. 2006: 129–218). Daher begannen die politischen Akteure der Mapuche-Gesellschaft, verschiedene »intraethnische und interethnische Mechanismen« zu entwickeln und »auf organisierte Weise nach Lösungen zu suchen, was zur Entwicklung verschiedener Strategien führte, die von strategischen Allianzen mit verschiedenen [chilenischen] politischen Sektoren bis zum Nachdenken über eine vom Staat garantierte unabhängige Entwicklung reichten« (Marimán et al. 2006: 212). Obwohl diese politischen Strategien heterogen waren, blieb die Forderung nach Autonomie bestehen. So strebten beispielsweise die *Federación Araucana*[15], eine der neu gegründeten Mapuche-Organisationen innerhalb des chilenischen Staates und ihr Vorsitzender Manuel Aburto Panguilef bereits im Jahr 1931 eine indigene Republik auf der

14 Eine deutsche Übersetzung wäre ›Gnadentitel‹.

15 Daneben auch die *Sociedad Caupolicán* und die *Unión Araucana* eine Erwähnung wert.

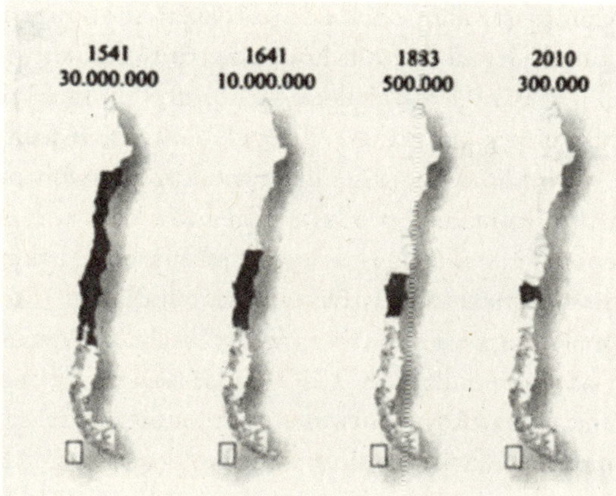

Die Dezimierung des Mapuche-Territoriums seit dem 16. Jahrhundert bis heute. Die Abbildung stammt von Tito Tricot (2013: 105)

Grundlage der politischen und kulturellen Autonomie der Mapuche an (Marimán et al. 2006: 168–71). Dieses Ziel wurde jedoch schnell wieder aufgegeben (Levanchy 1999).

Die sozialistische Regierung unter Salvador Allende und der *Unidad Popular* war ein »Hoffnungsschimmer« (Kaltmeier 2004: 121–144) für die Mapuche-Gesellschaft und es kam in diesem Zusammenhang zu mehreren materiellen, rechtlich-administrativen und symbolischen Errungenschaften zu ihren Gunsten. Doch mit der Diktatur unter Augusto Pinochet änderten sich 1973 die politischen Verhältnisse erneut drastisch. Mapuche-Organisationen, Vertreter*innen und Gemeinden waren massiver Repressionen ausgesetzt, wurden gewaltsam vertrieben oder gingen ins Exil. Dennoch gelang es der Mapuche-Gesellschaft, sich während der Diktatur in einem Klima enormer Repression neu zu organisieren und gegen die Aufteilung ihres Landes zu positionieren sowie darüber hinaus die Forderung nach Autonomie zu stellen, die bis heute Bestand hat (Espinoza Araya und Mella Abalos 2013). Zu diesen Organisationen gehören z.B. die *Consejos Regionales Mapuche*, die *Sociedad Araucana*, die *Centros Culturales Mapuche*, *Ad Mapu*, *Nehuén Mapu*, *Calfulicán*, *Lautaro Ñi Ayllarehue* und die *Unabhängige Bewegung für Mapuche* (MUMI). Obwohl sie politisch und ideologisch sehr unterschiedlich waren, hatten diese Organisationen gemeinsame Ziele: Widerstand gegen ein neues Gesetz, das die Mapuche-Gemeinschaften spalten soll (Gesetz 2.568), gegen die Repression in den Mapuche-Gemeinden, der Kampf um die Wiederbelebung ihrer Kultur, die Linderung der Armut und schließlich die Forderung nach einer demokratischen Regierung (Espinoza Araya und Mella Abalos 2013). Die Forderungen nach Autonomie wurden nicht nur öffentlich gemacht und in der breiteren chilenischen Gesellschaft thematisiert (ebd.), sondern auch innerhalb der organisierten Mapuche-Gesellschaft[16] diskutiert (Levanchy 1999; Marimán et al. 2006: 239). Nichtsdestotrotz begann sich in dieser Zeit eine wachsende Kluft zwischen städtischen Mapuche-Organisationen mit einer nach westlichen Maßstäben ausgebildeten Führung und den ländlichen, meist subalternisierten Mapuche-Gemeinden zu bilden, die bis heute ein strukturelles Merkmal der Mapuche-Gesellschaft und ihrer verschiedenen soziopolitischen Ausdrucksformen ist (Haughney 2006: 59–62; Kaltmeier 2004: 163).

Dieser historische Kontext bildet die Grundlage für die gegenwärtigen Forderungen nach Autonomie und Selbstbestimmung der Mapuche-Bewegung in Wallmapu sowie für den internationalen Kampf um Solidarität. Die gegenwärtigen Prozesse der politischen Subjektivierung innerhalb der Mapuche-Gesellschaft konstituieren sich somit »als Element und Ergebnis einer Geschichte von Konflikten, als Erinnerungsstruktur, die mit dieser Geschichte verbunden ist und als Identität wahrgenommen wird, die den Wunsch und die Entscheidung hervorruft, die heterogenen und diskontinuierlichen partikularen Erfahrungen in eine kollektive, subjektive Artikulation zu verweben« (Quijano 2014a: 314). Nichtsdestotrotz artikulierten sich erst mit der Rückkehr zur formalen Demokratie 1990 konkrete Vorschläge für die Autonomie innerhalb eines allgemeineren Rahmens unter den Mapuche-Gemeinden und Organisationen (Levanchy 1999). Aus diesem Grund soll im Folgenden die Vielfalt der gegenwärtigen Autonomieforderungen innerhalb der Mapuche-

16 So fand 1987 eine Versammlung von Mapuche-Organisationen unter dem Namen *Futa Trawun Kiñewan pu Mapuche* statt, auf der diese erklärten, das Recht auf Autonomie in all seinen Dimensionen als zentrale Forderung anzunehmen und eine Verfassungsreform zur Anerkennung der indigenen Bevölkerung in Chile sowie eine indigene Beteiligung an der Gesetzgebung forderten.

Gesellschaft konzeptionell umrissen und deren gemeinsamen Merkmale herausgearbeitet werden. Dabei werde ich mich auf einige der politisch sichtbarsten Organisationen der Mapuche-Bewegung und intellektuelle Diskussionen von Mapuche und Nicht-Mapuche-Intellektuellen von 1990 bis zur Gegenwart fokussieren.

In der zweiten Hälfte des zwanzigsten Jahrhunderts wurde das Recht auf Selbstbestimmung und damit auf Autonomie zu einem Grundpfeiler der internationalen Menschen- und Bürger*innenrechte. Es wurde in der Charta der Vereinten Nationen von 1945 in der Charta der *Organisation Amerikanischer Staaten* von 1948 und in der amerikanischen Menschenrechtskonvention von 1968 allgemein als ein Recht aller Menschen anerkannt. Genauer gesagt wurde das Recht auf Selbstbestimmung und Autonomie für indigene Völker auf internationaler Ebene im Jahr 1989 in der Konvention 169 der *Internationalen Arbeitsorganisation* (ILO) und im Jahr 2007 in der Erklärung der Vereinten Nationen über die Rechte indigener Völker anerkannt (Habersang und Ydígoras 2015: 102–10). Einige Autor*innen argumentieren, dass (lateinamerikanische) indigene Bewegungen die Ideen der Selbstbestimmung und Autonomie unter dem Einfluss oder sogar als Ergebnis des Drucks dieser internationalen Institutionen übernommen haben. Somit wären sie keine endogenen Konzepte oder Ideen (López 2015). Und tatsächlich wurden Teile der Mapuche-Bewegung in den 1970er und 80er-Jahren von Debatten mit und innerhalb internationaler Organisationen sowie mit anderen indigenen Nationen über Autonomie- und Selbstbestimmungskonzepte beeinflusst (Haughney 2006: 62).

In jedem Fall waren und sind Autonomievorstellungen ein zentrales Element von Sektoren der Mapuche-Bewegung in Wallmapu, wenn man bedenkt, dass »in Chile die Mapuche-Organisationen mit dem höchsten Mobilisierungsgrad [...] prinzipiell autonomistisch sind, wobei die erwähnten Variationen und die Pluralität berücksichtigt werden müssen« (Saavedra Peláez 2002: 167). Mapuche-Organisationen und -Gemeinden haben seit den 1990er-Jahren auf organisatorischer und theoretischer Ebene Forderungen nach Autonomie entwickelt. Die prominentesten konzeptionellen Ausarbeitungen von Autonomievorstellungen erfolgten in den Organisationsstrukturen der *Coordinadora de Comunidades en Conflicto Arauko-Malleko* (CAM), des *Concejo de Todas las Tierras*

(CTT) und der *Identidad Mapuche Lafkenche*.[17] Die Organisationen selbst und ihre politischen Strategien waren dabei, ebenso wie ihre Vorstellungen von Autonomie, sehr unterschiedlich (Levanchy 1999). Bis Ende der 1990er Jahre wurde der Kampf um Autonomie zu einer zentralen Säule der sichtbarsten und bekanntesten Mapuche-Organisationen und Gemeinden. Ein wichtiges Merkmal dieser »autonomen Mapuche-Bewegung« ist, dass es ihr gelang, »kulturelle, territoriale, identitäre, mnemotechnische und politische Elemente miteinander zu verbinden, indem sie eine qualitative Veränderung ihrer Beziehung zum chilenischen Staat anstrebte, die von der Forderung nach Autonomie getragen wurde« (Tricot 2013: 22).

Weitere wichtige Akteure der Autonomen Mapuche-Bewegung sind neben den bereits erwähnten CTT, CAM und *Identidad Lafkenche* die autonomistische Partei *Wallmapuwen*, die *Alianza Territorial Mapuche* (ATM)[18] die autonome Gemeinde Temucuicui, die *Coordinadora de Organizaciones Mapuche*, das *Parlamento Koz-Koz* und das *Parlamento Autónomo de Malleko* (ebd., 318–27). Die gemeinnützige Mapuche-Genossenschaft *Kvme Mogen* und die *Asociación de Municipalidades con Alcaldes Mapuches* (AMCAM)[19] können ebenfalls als Teil dieser Liste betrachtet werden. Während meiner Forschungsarbeit hatte ich die Gelegenheit, mit Vertreter*innen einiger dieser Organisationen und Gemeinschaften zu sprechen.[20] Deren Vorstellungen von Autonomie prägen daher sowohl ihre lokale Politik als auch die Transnationalisierung und internationalen Solidaritätsbemühungen ihres Kampfes.

In den letzten Jahren haben sowohl Mapuche als auch nicht-Mapuche-Wissenschaftler*innen dem Begriff der Autonomie innerhalb der Mapuche-Gesellschaft und ihres politischen Denkens zunehmend Aufmerksamkeit geschenkt. Einige dieser Bemühungen befassen sich mit

17 Die Koordination der Gemeinden im Konflikt von Arauko-Malleko (CAM), der Rat aller Länder (CTT) und die Mapuche Lafkenche Identität.

18 Territoriale Mapuche-Allianz.

19 Verband der Gemeinden mit Mapuche-Bürgermeister*innen.

20 Darunter Aucán Huilcamán von der CTT, Mapuche-Anführer, die mit der CAM assoziiert sind, Gemeindemitglieder und Anführer*innen, die mit der *Identidad Lafkenche* assoziiert sind, Jaime Huenchullán als *werken* der autonomen Gemeinde Temucuicui, Mitglieder des Vorstands von Kvme Mogen und der Generalsekretär der AMCAM, Maurcio Vergaras.

konzeptionellen und theoretischen Diskussionen über Autonomie auf der Grundlage einer Mapuche-Kosmologie mit dem Ziel, zur epistemologischen Autonomie des Mapuche-Denkens beizutragen (Nahuelpan Moreno et al. 2013: 17–18). Betrachtet man einige der ausführlicheren Diskussionen über die Autonomie der Mapuche (Levanchy 1999; Marimán 2012; Tricot 2013), so wird deutlich, dass es innerhalb der Bewegung keine einheitliche und homogene Kategorie gibt. Die heutigen Organisationen und Gemeinden haben die Forderung nach Autonomie zwar als zentrale Säule, arbeiten sie aber auf unterschiedliche Weise. Die Heterogenität der Ansätze zur Autonomie ist in diesem Sinne selbst ein Ausdruck der Autonomie dieser Organisationen und Gemeinden.

Ein weiteres wichtiges konzeptionelles Merkmal ist die identitäre und (ethno-)nationale Begründung und Legitimation der Autonomie aufgrund einer distinktiven nationalen Zugehörigkeit der Mapuche. Die Grundlage ist jedoch nicht das Ergebnis einer identitären, ethnischen, nationalen oder rassialisierten Essentialisierung, sondern sollte als dynamische und politisierte Positionierung innerhalb der kolonialen chilenischen Gesellschaft verstanden werden.[21] Diejenigen Gruppen und Personen, die sich heute als Teil der Mapuche-Gesellschaft betrachten, sehen sich als kolonisierte Bevölkerung (Marimán 2012: 121) in Abgrenzung zur chilenischen Nationalität (Levanchy 2005: 8). Die Annahme einer anderen Nationalität wird dadurch zu einem wichtigen Merkmal der Autonomie, da »die Forderung nach Anerkennung als ›ein Volk‹ ideologische und taktische Differenzen zwischen Organisationen und Institutionen überschreitet« (Haughney 2006: 73–74). In den Worten zweier Mapuche-Vertreter*innen: »Autonomie und Selbstbestimmung sind keine politischen Positionen eines bestimmten Sektors, sondern Rechte, die sich aus unserer kollektiven Verfassung als Nation ergeben« (Caquilpán und Naguil zitiert in in Haughney 2006: 74). Auf der Grundlage dieser gemeinsamen Nationalität erheben die soziopoliti-

21 Mapuche-Akteur*innen selbst kritisieren diese Essentialisierung in biologischer Hinsicht und behaupten, dass die gemeinsame Mapuche-Identität vielmehr das Ergebnis einer kollektiven Erfahrung der Kolonisierung ist. So argumentiert beispielsweise Llanquiray Painemal (Interview mit dem Autor), dass das Mapuche-Sein viel mehr mit einer antikolonialen Haltung zu tun habe, die unabhängig von der Herkunft angenommen oder abgelehnt werden kann.

schen Mapuche-Organisationen den Anspruch, sich selbst politisch zu vertreten, indem sie die Legitimität der chilenischen politischen Institutionen kritisieren oder sogar ablehnen. Dies führt zu einem generellen Misstrauen oder gar zur Ablehnung chilenischer Institutionen und deren Repräsentant*innen. Dementsprechend wird die Idee der Autonomie in Abgrenzung zu (chilenischen) Institutionen und Organisationen von Nicht-Mapuche konzeptualisiert.

Die Idee der Autonomie ist auch eng mit dem Begriff des Territoriums und der Territorialität verbunden. Das Territorium bezieht sich nicht nur auf die physische Umgebung, sondern vielmehr auf einen »existenziellen Raum der Selbstreferenz« (Escobar 2010: 83). Für die Mapuche ist das Territorium auch nicht nur eine geografische Kategorie, sondern etwas, das natürliche Ressourcen, Religiosität, Spiritualität und die Organisationsstrukturen der Gesellschaft einschließt. Autonomie als politisches Konzept entwickelt sich vor Ort und im Zusammenhang mit einer ortsbezogenen Politik, die auf einer spezifischen Kosmologie beruht. Die Idee der Autonomie ist somit in der multidimensionalen und ganzheitlichen Beziehung der Mapuche zu ihrem Territorium verankert – die Autonomie über ein bestimmtes Territorium ist letztendlich das, was ein Mapuche-Territorium erschafft (Tricot 2013: 299–300).

Damit verbunden ist die Autonomie für viele Mapuche Ausdruck einer kollektiven Anstrengung zur soziopolitischen Organisation. Dabei werden dissidente und staatskritische Subjektivitäten in den Gemeinden und ihrer Beziehung zum Territorium produziert.[22] Für Hector Llaitul (Llaitul und Arrate 2012: 297), Leitfigur der CAM, ist die Autonomie Teil des Wiederaufbaus des sozialen Gefüges, das auf den grundlegenden territorialen Einheiten – beispielsweise den Familien – basiert und sich in Richtung höherer Ebenen soziokultureller und politischer Organisationen und schließlich auf die Verbindung mit anderen territoriale Einheiten entwickelt. Auf diese Weise muss Autonomie für die Mapuche als ein multidimensionales Konzept verstanden werden, das mehr Bereiche als soziopolitische und organisatorische Dimensionen beinhaltet. Außerdem muss sie als ein Konzept verstanden werden, das aus der Interaktion mit

22 Siehe auch die politische Philosophie der zentralamerikanischen Maya-Gemeinschaften (Tzul Tzul 2018).

einer Territorialität hervorgeht, in der die Menschen das soziale Gefüge als aufständische Kollektivität in einem gemeinschaftlichen Prozess neugestalten.

Die Autonomie dient den Mapuche auch dazu, die Differenz zur chilenischen Gesellschaft, ähnlich wie ein Scharnier, zu vermitteln (Marimán 2012: 278). Einerseits erhält die Autonomie die Differenz zur chilenischen Gesellschaft aufrecht und festigt die eigenen gemeinschaftlichen Bindungen. Andererseits organisiert sie den Kontakt mit der chilenischen Gesellschaft und zielt auf ihre Transformation ab. Auf diese Weise ist die Autonomie sowohl eine zentripetale als auch eine zentrifugale Kraft (Kaltmeier 2004: 348–49). Der zentrifugalen Dynamik der Autonomie im Diskurs der Mapuche-Organisationen und Gemeinden muss aufgrund der ungleichen Machtverhältnisse in der chilenischen Gesellschaft besondere Aufmerksamkeit gewidmet werden. Die transkulturellen Beziehungen zwischen Mapuche und Nicht-Mapuche finden innerhalb einer hierarchischen Struktur statt, in der die zentrifugale Dynamik auf ihrem transformativen und emanzipatorischen Potenzial gegenüber der Nicht-Mapuche-Gesellschaft beharrt (ebd.: 348–55).

Allerdings beschränken sich diese Diskussionen auf bestimmte Vorstellungen von Mapuche-Autonomie durch (Mapuche-)Intellektuelle (Huinca Piutrin 2013) und schließen damit jenes Wissen aus, das außerhalb der intellektuellen, akademischen und literarischen Arenen existiert und vermittelt wird. Diese Kritik fordert nicht nur eine Auseinandersetzung mit nicht-eurozentrischen und nicht-formalisierten Wissensformen ein, sondern macht auch auf die Fallstricke aufmerksam, die mit der möglichen Einbeziehung dieses Wissens verbunden sind (Gutiérrez Rodríguez 2016). Die Herausforderung besteht also darin, die Wissenproduktion aus und in den Mapuche-Gemeinden und ihre alltäglichen Praktiken und Erfahrungen in den Mittelpunkt zu stellen, ohne sie als »vortheoretisches Rohmaterial« (Haritaworn 2012: 16) zu behandeln. Daher muss Autonomie auch als Ergebnis konkreter Erfahrungen und Praktiken der politischen und kommunalen Kämpfe verstanden werden. Diese mikropolitischen Erfahrungen entspringen den allgegenwärtigen und alltäglichen Kämpfen um das Territorium, die im Mapuche-Begriff des *kisugvnewvn zum* Ausdruck kommen. Diese Idee bezieht sich auf das

Recht und die Fähigkeit jedes Individuums oder Kollektivs zu einer Form der Selbstverwaltung, die auf territorialer Kontrolle innerhalb größerer Netze von Allianzen basiert und auf territoriale Verteidigung oder Selbstverteidigung abzielt (Nahuelpan 2016: 117–18).

Die kontinuierliche Präsenz der Autonomie nicht nur in den historischen Erfahrungen, sondern auch in zeitgenössischen politischen Mobilisierungen, intellektuellen Ausarbeitungen und mikropolitischen Praktiken der Mapuche weist auf ihre zentrale Bedeutung innerhalb der Mapuche-Gesellschaft hin. Autonomie meint dabei »ein formelles politisches Regime der territorialen Selbstverwaltung, in dem der Staat den indigenen Völkern sowohl kollektive als auch individuelle Rechte zuerkennt, damit sie das Recht auf Selbstbestimmung ausüben können« (González, Burguete, Ortíz in Pairican 2021a: 227–228). Daher lässt sich argumentieren, dass das Konzept und die Idee der Autonomie eine zentrale Rolle im allgemeinen kollektiven Gedächtnis (Halbwachs 1991) der zeitgenössischen Mapuche-Gesellschaft spielt (Habersang und Ydígoras 2015: 102; Kaltmeier 2004: 323–27; Nahuelpan Moreno et al. 2013: 11–21; Tricot 2013: 43–48). Das historische Gedächtnis ist eine entscheidende Ressource für indigene Widerstände und Dekolonisierungsbemühungen, das mit eurozentrischen Perspektiven konkurriert, diese aber nicht vernachlässigt (Quijano 2014b: 845). Diese Erinnerung wird als eine Form des Widerstands und der Gegenerinnerung konzeptualisiert, die innerhalb der Gemeinden mündlich weitergegeben wird und sich in Forderungen von Intellektuellen und Organisationen kristallisiert. Diese historischen Erfahrungen sprechen zur Gegenwart, reorganisieren und reartikulieren Erinnerungen an Autonomie im zeitgenössischen Kontext und stellen eurozentrische, lineare Konzepte des Geschichtenerzählens und der Geschichtsschreibung infrage.

Diese Erinnerung zielt darauf ab, die Gesellschaft, Identitäten, Gemeinden und kulturellen Ausdrucksformen der Mapuche durch die ritualisierte Praxis der Beschwörung einer autonomen Vergangenheit (wieder)herzustellen, deren »Referenzpunkt [...] die autonome Mapuche-Gesellschaft vor der militärischen Eroberung« ist (Kaltmeier 2004: 327). Außerdem »manifestiert sie sich in der sozialen Praxis und in direkter Korrelation mit der politischen Macht« (Tricot 2013: 44). Diese Argumente laden dazu ein, die Autonomie in den Mittelpunkt

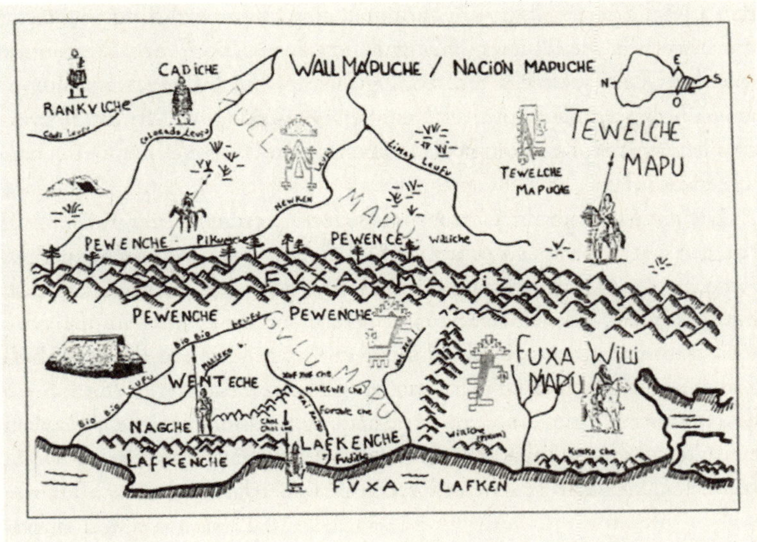

Eine dekoloniale Kartierung des Wallmapu nach Pablo Marimán (2006: 60) bei der das Wallmapu im Zentrum liegt und die Anden horizontal verlaufen. Auf der unteren Bildseite befindet sich der pazifische Ozean, auf der oberen das heutige Argentinien. Dekolonisierung beinhaltet dabei nicht nur die Rückgewinnung des ursprünglichen Territoriums, sondern auch die Umkehrung eurozentrischer Maßstäbe sowie die Neu- oder Wiederbenennung der eigenen Umgebung, z.B. von Orten, Flüssen oder Seen.

einer politischen Kultur[23] der Mapuche zu stellen. Es ist vor allem die historische Erinnerung an die Autonomie (im Gegensatz zur historischen und gegenwärtigen Kolonialität der Macht in Wallmapu), welche die politische Kultur der gegenwärtigen Mapuche-Mobilisierung in Wallmapu und darüber hinaus prägt. Diese Ideen werden auf mehrdimensionale Weise und als integraler Bestandteil der Mapuche-Kultur, des Territoriums und der mikropolitischen Praktiken konzeptualisiert, wobei endogene Wissenskategorien wiedergewonnen und rekonstruiert werden. Dadurch kann der Kampf um Autonomie jenseits politischer Ideen oder intellektueller Bemühungen verstanden werden und verbindet ihn mit

23 Für diesen Begriff siehe Alvarez, Dagnino und Escobar (1998).

den alltäglichen Praktiken des kommunalen Widerstands. Er verbindet die historisch vielfältigen, aber andauernden Kämpfe um Autonomie mit der Gegenwart und verortet den Kampf um Selbstbestimmung in einem breiteren Netzwerk, aus dem heraus die Mapuche-Kultur, Identität, Territorium, Kosmologie, Gemeinschaft und Gesellschaft betrachtet werden können.

Die Autonomiepolitik der Mapuche fordert jedoch nicht nur die (eurozentrische) chilenische politische Kultur heraus, sondern steht auch im Zentrum der gegenwärtigen Solidaritätsbemühungen mit Wallmapu auf internationaler Ebene, wo Mapuche-Akteur*innen darum kämpfen, ihre Autonomie gegenüber nicht-indigenen Organisationen zu bewahren. Daher lässt sich schlussfolgern, dass die politische Kultur der Autonomie den herkömmlichen Blick auf internationale Solidarität und Allianzen zwischen dem globalen Norden und Süden herausfordert. Denn in diesem Fall bekräftigen die indigenen Akteur*innen ihre Handlungsfähigkeit, indem sie ihre Autonomie aufrechterhalten und sich dem potenziellen Paternalismus der nicht-indigenen Akteur*innen widersetzen.

KAPITEL 4
Menschen- und Indigenenrechtsverletzungen in Wallmapu

Doch was sind zunächst die historischen und aktuellen Ursachen für die Mapuche, transnationale Allianzen zu bilden und für Solidarität mit dem Wallmapu zu kämpfen und aus welchen Ungerechtigkeitskonstellationen von Menschen- und Indigenenrechtsverletzungen heraus wird transnational mobilisiert? Der Hauptgrund, spezifische und strukturelle Ungerechtigkeiten in Wallmapu international sichtbar zu machen, liegt daran, dass die politischen Artikulationsmöglichkeiten von Mapuche-Organisationen und Gemeinschaften in Chile beschränkt und blockiert werden. Diese innerchilenische Blockade wird über die Transnationalisierung umgangen, in deren Rahmen Mapuche-Delegationen, eine Mapuche-Diaspora in Europa und zahlreiche nicht-Mapuche-Unterstützende und Organisationen Allianzen bilden, um für und mit den Mapuche ihre Interessen zu vertreten und durchzusetzen.

Die Beziehung zwischen der zeitgenössischen Mapuche-Bewegung[24] und dem chilenischen Staat ist äußerst konfliktreich. Die Mapuche-Bewegung reagiert mit gewaltfreiem Widerstand gegen die Militarisierung des Wallmapu, ihre Verfolgung und Kriminalisierung. In dieser Situation fehlt dem chilenischen Staat der Wille zu einem politischen Dialog und schafft eine innenpolitische Blockade für die Mapuche-Organisationen und -Gemeinden, die dadurch nicht in der Lage sind, innerhalb des begrenzten Spielraums der politischen Institutionen Chiles politische Veränderungen zu beeinflussen. Um diese innenpolitische Blockade zu umgehen, suchen gegenwärtige Mapuche-Mobilisierungen die Unterstützung von internationalen Verbündeten (Keck und Sikkink 1998: 12–13). Die aktuelle in Wallmapu herrschende Konfliktdynamik lässt sich auf die Ereignisse von 1997 in der kleinen Stadt Lumaco im Süden

24 Damit sind vor allem diejenigen Akteur*innen, Organisationen und Gemeinschaften der autonomen Mapuche-Bewegung aus dem vorherigen Kapitel gemeint.

Chiles zurückführen. Damals besetzen Mapuche Organisationen und Gemeinden als Protest gegen die Abholzung und Besetzung ihrer Territorien die Zufahrtswege des Forstkonzerns *Forestal Arauco* wobei drei Forstfahrzeuge in Brand gesteckt wurden. »Dieser Funke entzündete einen Flächenbrand« (Kaltmeier 2004: 202) und die darauffolgenden Proteste und Landbesetzungen der Mapuche breiteten sich im gesamten Süden Chiles aus. In den darauffolgenden Jahren kam es zu massiver staatlicher Repression, Verhaftungswellen, Erhöhung der Polizeipräsenz und von privaten Söldnertruppen, um die Ländereien der Forstkonzerne zu ›beschützen‹. Daher können die Ereignisse in Lumaco von 1997 als Wendepunkt zu einer neuen Konfliktdynamik interpretiert werden, an der private (neo-)extraktivistischen Unternehmen (sowie private ›Sicherheitsfirmen‹), der chilenische Staat (allen voran seine Polizeikräfte und Gerichtsbarkeit) und Mapuche-Organisationen und -Gemeinden (insbesondere autonomistische Organisationen und Gemeinden ›im Widerstand‹) beteiligt sind.

Im Falle Chiles tragen verschiedene Elemente zu einer besonderen Dynamik bei, durch die die Mapuche strukturell daran gehindert werden, sich zu politisch artikulieren und ihre Ansprüche innerhalb einer nach wie vor kolonialen Gesellschaftsstruktur und Staatlichkeit durchzusetzen. Zunächst einmal ist der chilenische Staat in seiner Verfassung als »einheitlich« definiert und die Souveränität liegt im Wesentlichen bei »der Nation« (Ministerio del Interior 1980: 5). Keine andere Person oder Gruppe kann dieses Recht beanspruchen. Der Anspruch der Mapuche auf Autonomie und Selbstbestimmung ist also durch die Verfassung limitiert, weil er dem einheitlichen und mononationalen Selbstverständnis des chilenischen Nationalstaates entgegensteht. Obwohl beispielsweise die ILO-Konvention 169 als einer der fortschrittlichsten Rechtsrahmen zur Sicherung indigener Rechte vom chilenischen Staat im Jahr 2008 ratifiziert wurde, ist keiner ihrer zentralsten Aspekte, darunter die verfassungsrechtliche Anerkennung der indigenen Gruppen im Land, von der chilenischen Regierung in die Praxis umgesetzt worden (Habersang und Ydígoras 2015: 261–73). Die aktuellen Debatten um Plurinationalität, in denen der Staat der institutionelle Ausdruck eines gesellschaftlichen Paktes unterschiedlicher Nationen ist, wie sie beispielweise im Zuge des Verfassungskonvents von 2021 und 2022 debattiert wurden, zielen explizit darauf ab, mit der »Idee einer einzigen, fiktiv-homogenen Staatsnation« zu brechen (Kuppe 2022: 21). Die aktuelle Konfliktdynamik in Wallmapu muss als Folge der historischen Negierung der Mapuche als eigenständige Nationalität durch den chilenischen Staat und die *weiße* chilenische Dominanzgesellschaft verstanden werden. Diese Situation erfordert eine politische Antwort auf der Grundlage der Akzeptanz der Plurinationalität Chiles, wie Federico Aguirre (Interview mit dem Autor) vom chilenischen Menschenrechtsinstitut, *Instituto Nacional de Derechos Humanos* (INDH), erklärt. Aus diesem Grund waren Plurinationalität und Interkulturalität die Kernforderungen der Mapuche-Mobilisierung im aktuellen Kontext der Ausarbeitung einer neuen Verfassung nach der sozialen Revolte im Jahr 2019 (Pairican 2021).

Ein besonderes Phänomen der politischen Blockade der Mapuche-Bewegung besteht in dem repressiven Vorgehen der chilenischen Polizei, den *Carabineros*, gegen Mapuche und in der Kriminalisierung der politischen Äußerungen der Mapuche durch das aus der Militärdiktatur stammende Anti-Terror-Gesetz 18.314 seit den späten 1990er-Jahren bis heute (Emmerson 2014). Bis 2010 wurden mehr als 50 Mapuche auf der Grundlage des Anti-Terror-Gesetzes verhaftet (Human Rights Watch 2011). Auch das Gesetz zur nationalen Sicherheit legitimiert die Inhaftierung einer großen Zahl von Mitgliedern der Mapuche-Gesellschaft. In diesem Zusammenhang kommt es bei Polizeieinsätzen zu Folter und Misshandlung der Mapuche-Bevölkerung, insbesondere von Frauen und Kindern (Millaleo Hernández 2011). Gleichzeitig wird die Mapuche-Bevölkerung durch einseitige Medienkampagnen zunehmend als Terrorist*innen dargestellt (Kaufmann 2010). Auch die Rechte auf Meinungs- und Versammlungsfreiheit sind aufgrund der übermäßigen Gewaltanwendung durch die *Carabineros* in Chile stark eingeschränkt (Kiai 2016: 19). Der extreme Ausdruck der generalisierten Gewalt gegenüber Mapuche im demokratischen Chile sind die 26 Morde an Mapuche-Aktivist*innen und Gemeindemitgliedern durch Polizei oder rechte Milizen. Die Namen und Todesjahre der ermordeten sind Jaime Pinchilef Iturra (1999), Jorge Antonio Suárez Marihuan (2002), Edmundo Alex Lemun Saavedra (2002), die Geschwister Agustina und Mauricio Huenupe Pavian (2002), Jorge Antonio Suarez Marihuan (2002), Julio Alberto Huentecura Llancaleo (2004), Xenón Alfonso Díaz Necul (2005), José Huenante Huenante

Drei der Todesopfer unter den Mapuche seit 1990: Matías Catrileo, Macarena Valdés und Camilo Catrillanca (von links nach rechts).

(2005), Juan Collihuin Catril (2006), Matías Valentín Catrileo Quezada (2008), Johnny Cariqueo Yañez (2008), Jaime Facundo Mendoza Collío (2009), José Marcelo Toro Ñanco (2009), Rodrigo Melinao Lican (2013), José Mauricio Quintriqueo Huaiquimil (2014), Victor Manuel Mendoza Collío (2014), Nelson Quichillao (2015), Yudi Macarena Valdés Muñoz (2016), Luis Marileo Cariqueo und Patricio González Guajardo (2017), Camilo Catrillanca (2018), Emilia Milen Herrera Obrecht (2021), Pablo Marchant Gutiérrez (2021), Yordan Llempi Machacan (2021), Eloy Ulises Alarcón Manquepan (2022).

Innerhalb des chilenischen Rechtssystems sind die hohen Kosten für juristische Dienstleistungen, Sprachbarrieren und eine generalisierte »Angst und Misstrauen gegenüber dem chilenischen Justizapparat« (Skjævestad 2008: 8) allesamt Hindernisse für die Mapuche-Bevölkerung auf rechtsstaatlichem Wege, ihre Interessen zu vertreten und Gerechtigkeit zu erstreiten. Während meiner Forschungsarbeit im Jahr 2016 konnte ich zwei Gerichtsfälle vergleichen, in denen die Urteile radikal unterschiedlich ausfielen: In einem Fall wurde ein Mapuche wegen eines Brandanschlags für schuldig erklärt, im anderen Fall wurde ein Chilene für schuldig erklärt, einen Mapuche-Demonstranten ermordet zu haben. Im ersten Fall wurde Guido Carihuentru zu acht Jahren Gefängnis verurteilt und die von ihm angebotene Entschädigungszahlung in Höhe von 1.000 USD wurde abgelehnt; im zweiten Fall wurde José Cañete zu fünf Jahren Gefängnis verurteilt, und seine Entschädigungszahlung in Höhe von 870 USD an die Familie des Opfers, José Quintriqueo Huaiquimil, wurde vom Gericht akzeptiert. Dieser Fall zeigt, dass es im chilenischen Rechtssystem eine rassistische Voreingenommenheit gibt, die die Mapuche-Bevölkerung unverhältnismäßig stark benachteiligt. Der Anwalt von Guido Carihuentru, Sebastián Saavedra, drückte es noch drastischer aus, indem er behauptete, dass es in der Region Araucanía offenbar billiger sei, einen Mapuche zu töten, als einen Lastwagen anzuzünden (Garbe 2016).

Infolge der Kolonisierung des Wallmapu seit dem Ende des 19. Jahrhunderts wurden die Mapuche geografisch marginalisiert und auf kleine Parzellen in der Region Araucanía und in armen Stadtvierteln aufgeteilt. Diese räumliche Marginalisierung und Segregation verschärft den fehlenden Zugang zum Arbeitsmarkt, zu Wohnraum, sozialen Dienstleistungen, Gesundheits- und Bildungssystem und gefährdet ihre gleichberechtigte Teilnahme als Staatsbürger*innen. So lebt ein deutlich höherer Anteil der indigenen Bevölkerung, verglichen mit der nicht-indigenen Bevölkerung in Chile, unter der Armutsgrenze. Darüber hinaus sind die absoluten und relativen Armutsquoten der Mapuche-Bevölkerung deutlich höher als die anderer indigener Bevölkerungsgruppen in Chile. Diese Faktoren sind Ausdruck der strukturellen Diskriminierung der Mapuche-Bevölkerung beim Zugang zu Bildung und Gesundheitsinfrastruktur. Trotz der Rückkehr zur Demokratie in Chile ist die Mapuche-Gesellschaft im chilenischen politischen System nicht angemessen vertreten. Während die gesamte indigene Bevölkerung in Chile erfolgreich um ein gewisses Maß an politischer Vertretung gekämpft hat, vor allem durch die CONADI[25] oder Sitze in den beiden gesetzgebenden Kammern, gibt es einen Mangel an Mapuche-Vertretung auf der Ebene der Zivilgesellschaft, die die Forderungen der Mapuche auf nationaler Ebene artikulieren oder Druck auf staatliche Institutionen ausüben würde. Hier tragen vor allem

25 Die Nationale Gesellschaft für die Entwicklung der indigenen Bevölkerung (*Corporación Nacional de Desarrollo Indígena*).

die voreingenommenen und rassistisch aufgeladenen Stereotype über Mapuche als Terrorist*innen, Kriminelle und faule Menschen in den chilenischen Medien zum systematischen Ausschluss der Mapuche aus öffentlichen Debatten und Diskussionen bei.

Infolgedessen hat es der chilenische Staat auch versäumt, angemessen auf die Forderungen der Mapuche-Gesellschaft nach interkultureller Bildung zu reagieren. Anstatt das nationale Bildungssystem zu dekolonisieren und das Wissen, die Kosmologie sowie die Sprache der Mapuche gleichberechtigt in den Bildungskanon aufzunehmen, werden rassistische und koloniale Vorstellungen über die indigene Bevölkerung in Chile reproduziert, für eine neoliberale Agenda mobilisiert und effizient genutzt, um »das komplexe Panorama ethnischer Konflikte im Süden Chiles« zu kontrollieren (Lepe-Carrion 2016: 62).

Internationale Soliditát mit Wallmapu befasst sich in der Regel sowohl mit partikularen als auch mit strukturellen Problemen der Mapuche Gesellschaft. Partikulare Themen beziehen sich meist auf »Probleme, deren Ursachen auf bewusste (absichtliche) Handlungen identifizierbarer Individuen zurückgeführt werden können«, während strukturelle Probleme »Fragen der rechtlichen Chancengleichheit« betreffen (Keck und Sikkink 1998: 27). In der transnationalen Menschenrechtsarbeit mit den Mapuche werden sowohl partikulare als auch strukturelle Probleme angesprochen.

Während meiner Forschungs- und Menschenrechtsarbeit von 2014 bis 2018 erhielten mehrere Fälle von Menschenrechtsverletzungen gegen die Mapuche internationale Aufmerksamkeit. Die folgende Tabelle fasst diese Einzelfälle zusammen, die international bekannt gemacht wurden und der Definition der »schweren Verletzung des internationalen Menschenrechts« der *Geneva Academy of International Humanitarian Law and Human Rights* entsprechen (2014: 5).

Tabelle 1. International prominent gemachte Einzelfälle von schweren Verletzungen der internationalen Menschenrechte gegen die Mapuche, 2014–2018

Fall	Vorfall und Verstöße
Guido Carihuentru	Guido Carihuentru wurde 2016 zu acht Jahren Gefängnis wegen eines Brandanschlags auf Forstfahrzeuge und -maschinen im Jahr 2015 verurteilt (s.o.). Während seiner Festnahme wurde er von der Polizei angeschossen, durch Schrotmunition verwundert und durch Beamte misshandelt. Er sitzt seine Haftstrafe im Gefängnis von Temuco ab. Dort konnte ich ihn als Menschenrechtsbeobachter 2016 besuchen und von seinem Fall erfahren. Während seiner Haft litt er unter den Verletzungen, die im bei der Verhaftung zugefügt wurden, den unhygienischen Haftbedingungen und ihm wurde das Recht auf freie Religionsausübung im Gefängnis verwehrt. Willkürliche oder verlängerte Inhaftierung, Verweigerung des Rechts auf Gewissensfreiheit/Verurteilung einer religiösen Gruppe, Übermäßige Gewaltanwendung durch Sicherheitskräfte/unangemessene Gewalt Verletzung verfahrensrechtlicher Pflichten (Unterlassung von Ermittlungen), Behinderung der humanitären und medizinischen Hilfe, Verletzung des Rechts auf ein faires Verfahren, Verletzung des Rechts auf menschliche Behandlung in der Haft, Inhaftierung unter erniedrigenden Bedingungen.
Lorenza Cayuhán	Lorenza Cayuhan wurde von einem gesichtslosen Zeugen beschuldigt, mehrere Gegenstände eines Dienstleisters des Forstunternehmens Forestal Arauco gestohlen zu haben und im Dezember 2015 verhaftet. Sie wurde zusammen mit sechs weiteren Mapuche-Mitgliedern der Familie Cayuhan zu 5 Jahren und 61 Tagen Haft verurteilt. Internationale Aufmerksamkeit erhielt ihr Fall im Oktober 2016, als sie w8. Monat schwanger war und wegen gesundheitlicher Probleme ins Krankenhaus musste. Obwohl die Schwangerschaft eingeleitet werden musste blieb sie in Handschellen und brachte ihr Kind schließlich, gefesselt an ein Krankenhausbett in ständiger Anwesenheit der Polizei, auf die Welt. Willkürliche oder verlängerte Inhaftierung, Übermäßige Gewaltanwendung durch Polizeikräfte, Geschlechtsspezifische Gewalt, Fahrlässigkeit, die zu einer ernsthaften Gefährdung des Lebens oder der Gesundheit führt, Folter oder unmenschliche oder erniedrigende Behandlung durch Sicherheitskräfte, Strafvollzugsbeamte oder andere Beamte, Verletzung des Rechts auf menschliche Behandlung in der Haft, Inhaftierung unter erniedrigenden Bedingungen.

Machi Celestino Córdova	Der machi Celestino Córdova ist die einzige Person, die für den Brandanschlag verurteilt wurde, der zum Tod der schweizstämmigen Großgrundbesitzer Werner Luchsinger und Vivian Mackay in den frühen Morgenstunden des 4. Januar 2013 in der Nähe von Temuco führte. Der machi war damals 26 Jahre alt und befand sich in der Nähe des Hauses der Luchsingers, wo er angeschossen und verwundet wurde, als er kurz nach der Tat von der Polizei festgenommen wurde. Seine Gemeinde, Familie und internationale Unterstützende beharren auf seiner Unschuld und sehen den Machi vielmehr als politischen Gefangener und Opfer von Diskriminierung und Rassismus. Durch anhaltende lokale und internationale Solidarität sowie durch mehrere lange Hungerstreiks konnte sich der machi schließlich verbesserte Haftbedingungen erkämpfen. Willkürliche oder verlängerte Inhaftierung, Verweigerung des Rechts auf Gewissensfreiheit/Verurteilung einer religiösen Gruppe, Übermäßige Gewaltanwendung durch Sicherheitskräfte/unangemessene Gewalt, Verletzung verfahrensrechtlicher Pflichten (Unterlassung von Ermittlungen), Verletzung des Rechts auf ein faires Verfahren, Verletzung des Rechts auf menschliche Behandlung in der Haft, Inhaftierung unter erniedrigenden Bedingungen.
Felipe Durán	Der chilenische Fotograf Felipe Duran ist ein solidarischer Begleiter und Unterstützer der Mapuche in Wallmapu und dokumentiert das Leben und den Widerstand von Gemeinden und Organisationen. Am 22. September 2015 wurde er zusammen mit dem im Untergrund lebenden Cristian Levinao unter Terrorismusvorwurf verhaftet. Die Polizei gab vor, bei seiner Festnahme mehrere Waffen gefunden zu haben. Nach der unter dem Anti-Terrorgesetz möglichen maximalen Untersuchungshaftdauer von einem Jahr wurde Felipe Duran in der ersten Anhörung vor Gericht freigelassen, da es keine Belege für die Beschuldigungen gab. Während seiner Haft im Gefängnis von Temuco konnte ich Felipe Durán einen solidarischen Besuch abstatten. Willkürliche oder verlängerte Inhaftierung, Angriffe auf Menschenrechtsverteidiger*innen und Journalist*innen, Nichterfüllung verfahrensrechtlicher Verpflichtungen (Unterlassung von Ermittlungen), Verletzung des Rechts auf ein faires Verfahren, Verletzung des Rechts auf menschliche Behandlung in der Haft, Inhaftierung unter erniedrigenden Bedingungen.
Brandon Hernández Huentecol	Während einer Polizeikontrolle im Dezember 2016 schoss der Polizeibeamte Cristian Rivera Silva dem damals 17-jährigen Mapuche Brandon Isaac Hernández Huentecol mit einer Schrotflinte mehr als 180 Bleikugeln in den Rücken. Dreißig davon verbleiben in seinem Körper und erhöhen täglich den Bleigehalt in seinem Blut, was ihn

	zu zukünftigen Krankheiten verdammt. Er und seine Familie kämpfen seitdem für Gerechtigkeit und setzen sich besonders für die Rechte von Mapuche-Kindern auf dem Land ein. Cristian Rivera Silva wurde 2019 lediglich wegen schwerer Körperverletzung verurteilt und kann dadurch eine reduzierte Haft verbüßen und früher aus dem Gefängnis entlassen werden. Angesichts dieses Urteils kündigte die Familie des Opfers an, Berufung einzulegen und den Fall vor die nächsthöheren Instanzen sowie, wenn nötig, den internationalen Menschenrechtsgerichtshof, zu bringen. Übermäßige Gewaltanwendung durch Sicherheitskräfte/unangemessene Gewalt, Verletzung der Rechte von Kindern/ Gewalt gegen Kinder.
Machi Francisca Linconao	Eine wichtige weibliche Figur im Kampf der Mapuche in Wallmapu ist die machi Francisca Linconao, die nicht nur die erste Person war, die sich erfolgreich auf die ILO-Konvention 169 über die Rechte der indigenen Völker in Chile berufen hat, sondern auch eine der siebzehn indigenen Delegierten war, die für den chilenischen Verfassungskonvent im Jahr 2021 gewählt wurden. Während ihrer Inhaftierung von 2016 bis 2018 im Zusammenhang mit dem Tode des Ehepaars Luchsinger-Mackay mobilisierte sie eine national und international starke Solidaritätskampagne. Zum Hintergrund ihres Falles auf Deutsch siehe Rodenkirchen (2016). Willkürliche oder verlängerte Inhaftierung, Übermäßige Gewaltanwendung durch Sicherheitskräfte/unangemessene Gewalt, Verletzung des Rechts auf ein faires Verfahren, Geschlechtsspezifische Gewalt, Verweigerung des Rechts auf Gewissensfreiheit/Verurteilung einer religiösen Gruppe, Verletzung von Verfahrenspflichten.
Macarena Valdés	Am 22. August 2016 wurde die Macarena Valdés, Mutter von vier Kindern, tot, erhängt an einem Baum vor ihrem Haus, aufgefunden. Sie und ihr Ehemann Rubén Collío organisierten den Widerstand gegen ein Wasserkraftwerk in ihrer Gemeinde und erhielten vor dem Vorfall mehrere Morddrohungen. Projektträger des kleinen Wasserkraftwerkes ist die österreichische Firma RP Global. Während die offizielle gerichtsmedizinische Untersuchung ihren Tod als Selbstmord deklarierte, erklärte 2018 ein unabhängiger Gerichtsmediziner, finanziert durch Solidaritätskampagnen, ihren Tod als Mord. Im Frühjahr 2022 kam schließlich auch Rubén Collío bei einem Autounfall in der Nähe seines Wohnhauses ums Leben. Es darf bezweifelt werden, dass dies ohne Fremdeinwirkung geschah, da er den Weg mehrmals täglich fuhr und kein Alkohol trank. Macarena Valdés und Rubén Collío hinterlassen vier Kinder. Außergerichtliche Tötung oder Hinrichtung, Verletzung von Verfahrenspflichten (Unterlassung von Ermittlungen), Verletzung des Rechts auf ein faires Verfahren.

Strukturelle Themen, die in den letzten Jahren internationale Aufmerksamkeit erzielten, beziehen sich in der Regel auf paradigmatische Gerichtsverfahren gegen bekannte Mapuche-Personen und Wortführer*innen, bei denen Mitglieder einer Mapuche-Gemeinschaft aufgrund zweifelhafter Beweise in Präventivhaft genommen wurden. Weitere strukturelle Probleme beziehen sich auf die Forderung nach Autonomie und Selbstbestimmung, am prominentesten artikuliert im Rahmen der *International Conference on the Mapuche Treaties or Parliaments* im Jahr 2015. Ein weiteres Beispiel ist der August 2017, als mehrere Mapuche-Anführer*innen aus verschiedenen Gemeinschaften und Organisationen während einer polizeilichen Sonderaktion, der sogenannten *Operación Huracán*, verhaftet wurden, die wissentlich auf falschen Beweisen der chilenischen Geheimpolizei beruhte. Einige der international adressierten strukturellen Fälle schwerwiegender Menschenrechtsverletzungen zwischen 2014 und 2017 werden im Folgenden zusammengefasst.

Tabelle 2. Hochkarätige (strukturelle) und international prominent gemachte Fälle von schwerwiegenden Verletzungen der internationalen Menschenrechte gegen die Mapuche, 2014–2017

Fälle	Vorfall und Verstöße
Fall Luchsinger-Mackay	Siehe die Fälle von machi Celestino Cordova und machi Francisca Linconao in Tabelle 1. Willkürliche oder verlängerte Inhaftierung, Verweigerung des Rechts auf Gewissensfreiheit/Verurteilung einer religiösen Gruppe, Übermäßige Gewaltanwendung durch Sicherheitskräfte / unangemessene Gewalt, Verletzung von Verfahrenspflichten (Unterlassung von Ermittlungen), Verletzung des Rechts auf ein faires Verfahren.
Internationale Konferenz über die Mapuche-Verträge oder -Parlamente	Im Mai 2015 organisierten Aktivist*innen der Mapuche-Diaspora aus den Niederlanden, Belgien, der Schweiz und Deutschland mit Unterstützung der UNPO und im Austausch mit dem CTT in Wallmapu eine Demonstration und Konferenz in Den Haag. Hintergrund war die laufende Verhandlung zwischen dem chilenischen und dem bolivianischen Staat vor dem Internationalen Gerichtshof über den Anspruch Boliviens auf Zugang zum Pazifik. Da die Position des chilenischen Staates war, dass er „die Integrität der von beiden Parteien vereinbarten Verträge respektiert und befolgt“, forderten Mapuche-Organisationen „mit dem gleichen Nachdruck die Einhaltung der

	zwischen dem chilenischen Staat und dem Mapuche-Volk vereinbarten Verträge oder Parlamente" (Mapuche Coordination Europe 2015). Damit beziehen sie sich vor allem auf den Vertrag von Tapihue aus dem Jahr 1835. Verweigerung des Rechts auf Gewissensfreiheit/Verurteilung einer religiösen Gruppe, Diskriminierung/Segregation, Zwangsumsiedlung/Massive Bevölkerungsverschiebung/Innenumsiedlung, Verletzung des Rechts auf ein faires Verfahren.
Operación Huracán	Dieser Fall ist Gegenstand von Kapitel 7. Verweigerung des Zugangs zu einem Gerichtsverfahren/Verletzung des Rechts auf ein faires Verfahren, Übermäßige Gewaltanwendung durch Sicherheitskräfte/unangemessene Gewalt, Verletzung verfahrensrechtlicher Pflichten (Unterlassung von Ermittlungen), Verletzung des Rechts auf Eigentum/Zerstörung von Grundstücken und Häusern/Großabriss von Häusern und Infrastruktur.

Auch wenn im Rahmen der internationalen Solidarität Menschenrechtsverletzungen von Einzelpersonen als individuelle Fälle adressiert werden, verweisen sie auf strukturelle Verletzungen der Rechte indigener Bevölkerungen. Das liegt daran, dass es einfacher erscheint, das Bewusstsein für strukturelle Probleme zu schärfen, indem man sich auf einen bestimmten Fall von Ungerechtigkeit bezieht. Gleichzeitig gibt es eine zyklische Dynamik innerhalb der Mobilisierung für bestimmte Fälle: Wenn z.B. eine politische*r Gefangene*r entlassen wird, wird die Energie der Unterstützung sofort für einen anderen Fall mobilisiert.

In der (neuen) sozialen Bewegungsforschung wird das Konzept des *Framing* (Snow 2013) vorgeschlagen, um zu verstehen, wie internationalen Unterstützende bestimmte Anliegen innerhalb eines gewissen ideologischen oder diskursiven Rahmens verorten, um mögliche Verbindungen oder Gemeinsamkeiten zu anderen Anliegen herzustellen. Diese *Frames* sind »›Interpretationsschemata‹, die es Individuen ermöglichen, Ereignisse innerhalb ihres Lebensraums und der Welt insgesamt zu lokalisieren, wahrzunehmen, zu identifizieren und zu benennen« (Snow et al. 2008: 255). Derartige Frames werden als entscheidend dafür angesehen, dass eine Bewegung internationale Unterstützung und Solidarität gewinnt, indem sie zur »Konstruktion eines Interpretationsschemas beitragen, das die ›Welt da draußen‹ vereinfacht und verdichtet« (Tarrow 2011: 142). Ein besonderer Ansatz besteht darin, einen »Ungerechtigkeitsrahmen« zu entwickeln, indem »Missstände in Rahmen eingeschrieben werden, die eine Ungerechtigkeit identifizieren, die Verantwortung anderer zu übersetzen und Lösungen vorzuschlagen« (ebd.: 145). In diesem Fall ist es möglich, einen übergeordneten Rahmen und drei sich überschneidende Ungerechtigkeitsrahmen innerhalb der transnationalen Allianzen der Mapuche zu identifizieren.

Der übergeordnete Frame ist im Falle der Solidarität mit Wallmapu innerhalb »des Komplexes von Demokratie- und Menschenrechtsideen angesiedelt, die sich seit den 1980er-Jahren auf mehr oder weniger globaler Ebene durchgesetzt haben« (Olesen 2005: 44). In Bezug auf die Rechte indigener Völker hat es seit den 1980er-Jahren erhebliche Fortschritte in der internationalen Rechtsarchitektur gegeben (Habersang und Ydígoras 2015: 11–14). Die wichtigsten Elemente dieses indigenen und menschenrechtlichen Rahmens sind die Konvention 169 der *International Labour Organization* (ILO) aus dem Jahr 1989, die UN-Erklärung über die Rechte indigener Völker aus dem Jahr 2007 und die Organisation Amerikanischer Staaten, insbesondere ihre Verhandlungen über die Amerikanische Erklärung über die Rechte indigener Völker aus dem Jahr 2016. Obwohl die ILO-Konvention 169 im Jahr 2008 vom chilenischen Staat ratifiziert wurde, zeigen Analysen, dass keiner der darin enthaltenen Artikel seitdem in Chile respektiert wurde. Darüber hinaus zeigen die obigen Tabellen eine systematische Missachtung nicht nur der Menschenrechte, sondern insbesondere der Rechte indigener Bevölkerungen. Dieser Frame wird durch die Verteidigung der (indigenen) Menschenrechte und die Anprangerung von deren Verletzungen ständig aktiviert. Einige Fälle zeigen auch, dass dieser Frame und die dazugehörige internationalen Menschenrechtsstruktur erfolgreich aktiviert werden: So verurteilte der Interamerikanische Gerichtshof für Menschenrechte im Juli 2014 den chilenischen Staat wegen der Anwendung der Anti-Terror-Rechtsprechung in acht Fällen seit 2002 (Fall Longko Pichún, International Federation for Human Rights 2014). Ein weiteres erfolgreiches Beispiel war eine Beschwerde an den *Committee on the Elimination of Racial Discrimination* (CERD), in der der chilenische Staat des Umweltrassismus beschuldigt wurde. Schließlich stellten im Jahr 2023 verschiedene Mapuche-Organisationen einen formalen Antrag auf ein Schiedsverfahren gegen den Staat Chile vor dem Ständigen Schiedsgerichtshof in Den Haag und schlugen den spanischen Untersuchungsrichter Baltasar Garzón, der u.a. im Jahr 2005 einen internationalen Haftbefehl gegen Augusto Pinochet erließ, als internationaler Schiedsmann vorgeschlagen (El Siete 2023).

Trotzdem ist es wichtig, die Grenzen eines solchen politischen Ansatzes zu erkennen, der auf dem Eurozentrismus und dem zugrunde liegenden Rassismus in der Idee der Menschenrechte beruht. Denn wie postkoloniale und dekoloniale Wissenschaftler*innen wie Nelson Maldonado-Torres, Gayatri Spivak und Sylvia Winter gezeigt haben, sind die westlichen und eurozentrischen Vorstellungen von Menschenrechten entlang einer »modernen/kolonialen Linie« organisiert, die eine »radikale Trennung zwischen einigen Menschen und anderen auferlegt« (Maldonado-Torres 2017: 123–24). Historisch gesehen hat diese Trennung den Widerspruch legitimiert, Rechte für die gesamte Menschheit im Rahmen der Kolonisierung oder der transatlantischen Versklavung zu negieren und gleichzeitig einen universellen Anspruch auf Menschenrechte zu bekräftigen. Gegen diesen Widerspruch werden in kritischen dekolonialen Interventionen Menschenrechte und ›Menschlichkeit‹ als Ausdruck kolonialer, rassifizierter und vergeschlechtlichter Machtstrukturen analysiert, was zu dem »performativen Widerspruch der Leugnung von Menschlichkeit im Prozess der Affirmation von Menschenrechten« führen kann (Maldonado-Torres 2017: 132). Dies bezieht sich insbesondere auf die transnationale Menschenrechtsarbeit, bei der westliche Akteure für die Menschenrechte marginalisierter und subalterner Gruppen eintreten und sie gleichzeitig zum Schweigen bringen (Mahrouse 2014; Spivak 2004). In diesem Sinne muss eine kritische Perspektive auf Menschenrechtsarbeit und -diskurse innerhalb der internationalen Rechtsarchitektur die koloniale Begrenzung dieses Ansatzes anerkennen.

Die Kriminalisierung, Verfolgung und Gewalt gegen die Mapuche in Wallmapu werden innerhalb einer allgemeineren und umfassenderen Kritik an der Militärdiktatur in Chile von 1973 bis 1990 eingeordnet. Die strukturelle Verletzung der Menschenrechte während der Diktatur ist national und international weithin anerkannt und vom chilenischen Staat, zum Beispiel durch die nationale Kommission für Wahrheit und Versöhnung, historisch aufgearbeitet worden. Aus der Sicht der Mapuche und ihrer Solidaritätsakteur*innen hat diese »Diktatur jedoch nie aufgehört« (Alex Mora, Interview mit dem Autor). Alex Mora ist Mapuche und lebt seit vielen Jahren mit seiner Familie in Köln, wo er in einer Regionalgruppe der *Gesellschaft für bedrohte Völker* (GfbV) aktiv ist. Ein wichtiger Beweggrund für seinen Solidaritätsaktivismus war das Schicksal seines Bruders, der während der Diktatur gefoltert wurde und dabei zu Tode kam. Er erlebte auch selbst Polizeigewalt, als die Polizei sein Haus durchsuchte und seinem Bruder vor seinen Augen schlug. Diese Erzählung von Alex Mora zeigt, wie ein bereits anerkannter Unrechtsrahmen in Bezug auf die Diktatur eine Legitimation für den eigenen Solidaritätsaktivismus mit den Mapuche dient. Er erlebte »am eigenen Leib«, was in Mapuche-Gemeinden wie Temucuicui tagtäglich geschieht.

Dieser Frame dient als mächtiges Instrument für transnationale Allianzen, um den heutigen chilenischen Staat im Lichte der vergangenen Menschenrechtsverletzungen während der Diktatur zur Verantwortung zu ziehen. Diese Strategie zielt darauf ab, der Selbstdarstellung Chiles als Verteidiger und Garant der Menschenrechte, der seine dunkle Vergangenheit aufgearbeitet hat, entgegenzuwirken. Jaime Huenchullán, Sprecher der autonomen Gemeinde von Temucuicui erklärt, dass internationale Solidarität ein subversives Potenzial hat, denn »sie [die chilenische politische Elite] wollen nicht, dass ihr Bild nach außen hin beschädigt wird« (Interview mit dem Autor). Diese besondere Strategie ist Ausdruck einer *frame amplification* (Snow et al. 2008: 257–58), bei der ein Interpretationsrahmen einer bestimmten Situation (z.B. die Diktatur und ihre Verbrechen) aktualisiert (z.B., dass die Diktatur nie beendet wurde) und die Erinnerung daran gestärkt wird (z.B., dass ähnliche Verbrechen immer noch geschehen). Auf diese Weise können einerseits mehr Menschen innerhalb der chilenischen oder internationalen Zivilgesellschaft erreicht werden. Andererseits kann das positive postdiktatorische Bild des chilenischen Staates in Frage gestellt und die Einhaltung der Menschenrechte und der besonderen Rechte der indigenen Bevölkerung gefordert werden.

Die transnationale Solidarität mit Wallmapu hat auch den rassifizierten Stereotyp der Mapuche als Terrorist*innen infrage gestellt. Seit den späten 1990er-Jahren haben rechte Medien, wie die nationale Zeitung *El Mercurio,* Aktivitäten von Mapuche-Gemeinschaften und Organisationen offen und direkt mit kriminellen, terroristischen, gewalttätigen und aggressiven Handlungen in Verbindung gebracht. Diese

Diskurse sind in der chilenischen Gesellschaft weithin breit akzeptiert, wodurch die Ursachen des Konflikts in Wallmapu allein den Mapuche zugeschrieben werden. Vor allem wurde in diesem Zusammenhang der Begriff »Mapuche-Konflikt« eingeführt und somit die Verantwortung für den Konflikt in Wallmapu einseitig den Mapuche zugeschoben. Ein Ausdruck dieses negativen Frames ist die Assoziation und Gleichsetzung der Mapuche-Mobilisierung mit bewaffneten aufständischen Organisationen wie der FARC in Kolumbien, der ETA in Spanien oder sogar Terrororganisationen wie Al-Qaida (Cayuqueo 2012: 74–76; 110–12; Kizugünewtun Independencia 2017). In diesem Zusammenhang ist auch die katholische Kirche für die Verbreitung dieses Bildes von den Mapuche als Gewalttäter*innen verantwortlich und streut dieses auch auf internationaler Ebene.[26] Dieses negative Bild ist so stark, dass es auch in länderspezifischen Sicherheitsinformationen vorkommt: So warnt das deutsche Auswärtige Amt vor angeblichen »radikalen Aktivistengruppen«, die »fast täglich Gewaltakte gegen die Holzindustrie, Grundbesitzer, Transportunternehmer, Regierungsvertretungen und Sicherheitskräfte sowie Brandanschläge auf Häuser, Kirchen und Schulen« verüben (Auswärtiges Amt 2023). Diese Beispiele kriminalisieren nicht nur die politischen Äußerungen der Mapuche-Gesellschaft, sondern tragen auch zur Legitimierung faktischer Unterdrückung und Verfolgung bei.

Ein zentrales Ziel der Mapuche ist es, diesen negative Frame im eigenen Land und international infrage zu stellen. Eine Aufgabe für die Solidaritätsbemühungen von Nicht-Mapuche-Organisationen und -Akteur*innen wäre, »dass unsere deutschen Freunde dort drüben [in Europa] sagen, dass es nicht so ist«. Im Gegensatz zu diesem Stereotyp sollte die internationale Solidarität die Mapuche »als generell friedlich« darstellen (Vicente Painel, Interview mit dem Autor). Mauricio Painefil, Leiter des Mapuche-Tourismusprojekts in Llaguepulli, beschreibt ausführlich diese Bemühungen: Viele Menschen, die ihre Gemeinde besuchen, kommen mit einer »schädlichen und herablassenden Sichtweise« auf die Mapuche, halten sie für »gewalttätig«, »faule [Menschen],

26 So wurde beispielsweise der konservative Bischof von Villarica, Javier Stegmeier, in einem Interview mit einer deutschsprachigen Online-Zeitung interviewt, in dem er seine parteiische und voreingenommene Sicht auf den Konflikt darlegte und behauptete, die Mapuche-Organisationen seien »Teil des Problems« (Kirche in Not 2016).

die nicht gerne arbeiten, schmutzig [sind], und danach sagten sie uns, die Mapuche seien Trinker*innen«. Als der Kampf um das Territorium in der Mapuche-Gesellschaft stärker und stärker artikuliert wurde, »brandmarkten sie uns heute als Terroristen, mit verschiedensten und sehr herablassenden Begriffen« (Interview mit dem Autor). Er greift in diesen Frame ein, indem er bei den Gästen ein Bewusstsein dafür schafft, dass »es nicht so ist. Wir waren nie eine gewalttätige Nation, wir waren nie eine faule Nation und ein faules Volk, wir waren nie Betrunkene und alles andere als Terroristen.« Er fordert Anerkennung, dass »wir nicht so sind!«. Stattdessen fährt er fort:

> [...] von Anfang an waren wir ein sehr respektvolles Volk, und genauso haben sie [die Vorfahren] uns gelehrt, dass wir die biologische Vielfalt, die Natur, die Mutter Erde, die alten Menschen und selbst das unbedeutendste Lebewesen respektieren müssen [...]. Wir kommen aus dieser Logik! Wir kommen nicht aus einer Logik, die zerstört, sondern aus einer Logik, die bewahrt, die schützt, pflegt und alles respektiert, was auf der Erde zusammenlebt [...].

Dem negativen framing entgegenzuwirken, kann als ›oppositionelles framing‹ oder ›frame transformation‹ beschrieben werden, bei der »neue Werte gepflanzt und gepflegt, alte Bedeutungen oder Verständnisse über Bord geworfen und fehlerhafte Überzeugungen oder ›misframings‹ umgestaltet werden müssen« (Snow et al. 2008: 259).

In den letzten Jahren hat die Mapuche-Mobilisierung auf nationaler und internationaler Ebene ihren Kampf zunehmend in ökologischer Hinsicht formuliert. Beispiele dafür sind ihr Widerstand gegen die Landnahme durch die monokulturelle Agrarindustrie seit den 1970er-Jahren (Miranda et al. 2017) oder gegen den Bau von Wasserkraftwerken und Windparks (Cárdenas 2016; Martínez 2016) als Formen eines »grünen Kolonialismus« (Heuwieser 2015). Die neoliberale Landreform unter der Diktatur ermöglichte über Privatisierungen ausgedehnter Gebiete eine dichte Konzentration des Landbesitzes in Südchile, was die Mapuche-Gemeinschaften und Organisationen stark benachteiligte und sie ihres Territoriums beraubte. Ihr heutiger Kampf um ein autonomes Territorium ist die Konsequenz dieser historischen Entwicklung und stellt die neoliberale Ordnung des Landeigentums in der Region Araucanía grundsätzlich infrage. Der Kampf gegen die kapitalistische Nutzung der natürlichen Ressourcen in Form von Plantagen oder Staudämmen ist somit ein Kampf für das Recht auf Land und Territorium. Diese ökologische Ausbeutung und Kolonisierung der Araucanía Region seit den 1970er-Jahren ist eines der Hauptthemen, die von einem größeren Publikum im In- und Ausland aufgegriffen werden. So können die Sympathie für den Schutz der Umwelt und die Kritik an ihrer kapitalistischen Ausbeutung Solidarität zwischen den nationalen und internationalen Nicht-Mapuche-Akteur*innen erzeugen.[27] Auf diese Weise »erweitern sie die Grenzen ihres primären Rahmens, um Interessen oder Standpunkte einzubeziehen, die […] für potenzielle Anhänger*innen von großer Bedeutung sind« (Snow et al. 2008: 258). Die Mapuche-Gemeinschaften, Organisationen und Medien haben den Frame ihres ökologischen Kampfes erfolgreich erweitert, indem sie ihn in westliche und damit hegemonialere Konzepte für Klimagerechtigkeit eingebettet haben, ohne jedoch ihr kosmologisches Verständnis der Natur aufzugeben.

27 Darauf wird vor allem in Kapitel 12 eingegangen.

KAPITEL 5
Wallmapu transnational

Aufgrund der im vorausgegangenen Kapitel skizzierten Ungerechtigkeitskonstellationen und Menschenrechtsverletzungen sowie unter Einbezug ihrer spezifischen Vorstellungen von Autonomie, wird der Konflikt und der Widerstand der Mapuche in Wallmapu durch Mapuche-Delegationen im Ausland und einer wachsenden Mapuche-Diaspora seit den 1970er-Jahren zunehmend transnationalisiert. Die Transnationalisierung von Wallmapu bezieht sich dabei auch nicht auf eine rein geografische Kategorie, sondern auf eine Mapuche-Territorialität, verstanden als ein »existenzieller Raum der Selbstreferenz« (Escobar 2010: 83) innerhalb einer kapitalistischen und kolonialen Konfliktdynamik sowie als Ort des Widerstands und der Hoffnung (Zibechi 2007).

Die Bemühungen von Mapuche-Organisationen und Gemeinden, ihre Forderungen im Zusammenhang mit dem Konflikt in Wallmapu zu transnationalisieren, sowie die Unterstützung von Nicht-Mapuche-Akteur*innen und Organisationen bei der Mobilisierung internationaler Solidarität wurden bisher kaum beachtet. Einige zeitgenössische Untersuchungen befassen sich mit den Transnationalisierungsbemühungen als eine Facette des historischen oder gegenwärtigen Widerstands der Mapuche in Chile (Haughney 2006; Kaltmeier 2004; Marimán et al. 2006; Richards 2005), aber nur wenige haben es zu ihrem ausschließlichen Untersuchungsgegenstand gemacht, wie Mapuche-Organisationen und Gemeinden ihren Kampf in und über Chile hinaus führen und gestalten (Habersang und Ydígoras 2015; Salas Astrain und Le Bonniec 2015). Auf der Grundlage dieser Ansätze möchte ich die gegenwärtige internationale Solidarität mit Wallmapu im historischen Zusammenhang der bisherigen Transnationalisierungsbemühungen von Mapuche-Organisationen und Gemeinden seit den 1980er-Jahren verstehen. Ich werde jedoch mehr Gewicht auf Praktiken der internationalen Solidarität legen, die das Ergebnis des Exils und der internationalen Migration der Mapuche-Gesellschaft seit den 1970er-Jahren sind. Dieses Verständnis von internationaler Solidarität umfasst dabei sowohl die politische als auch die soziokulturelle Dimension der Entwicklungen und Artikulationsformen der Mapuche. Anders ausgedrückt: Es ist nicht möglich, die heutige Solidarität mit Wallmapu zu verstehen, ohne die Transnationalisierung ihrer Gesellschaft seit den 1970er-Jahren zu berücksichtigen.

Die historischen Vorläufer der transnationalen Solidarität mit Wallmapu seit den späten 1980er-Jahren sind von grundlegender Bedeutung für das Verständnis zeitgenössischer Solidarität von oder mit den Mapuche. Trotz der Diktatur von Augusto Pinochet wurden in den 1980er-Jahren viele neue Mapuche-Organisationen, vor allem im städtischen Umfeld, gegründet. Sie organisierten den politischen und soziokulturellen Widerstand gegen die Diktatur und gaben dabei oft ihre früheren Zugehörigkeiten innerhalb (des meist linken) Parteienspektrums auf. Mit dem Kampf um Autonomie im Zentrum begannen diese Organisationen, Allianzen mit anderen Akteur*innen und Organisationen auf internationaler Ebene zu schmieden. So wurde beispielsweise bereits 1975 ein Mapuche-Vertreter, Melillan Painemal, zum Vizepräsidenten des *Consejo Mundial de Pueblos Indígenas* (CMPI) mit Sitz in Kanada gewählt. Mapuche-Organisationen aus Chile beteiligten sich auch an der Gründung des *Consejo Indio Sudamericano* (CISA) in Cuzco, Peru, und trugen 1980 zur Ausarbeitung gemeinsamer Positionen zu antikapitalistischen und ethnonationalen Forderungen bei (Marimán et al. 2006: 236). In den 1980er Jahren »reisten einige Mapuche-Aktivist*innen ins Ausland zu internationalen Treffen indigener Organisationen, zu Foren der Arbeitsgruppe für indigene Völker der Vereinten Nationen oder zu Sitzungen zur Überarbeitung der Konvention der Internationalen Arbeitsorganisation über indigene Völker« (Haughney 2006: 62). Bei diesen Treffen kamen sie in Kontakt mit anderen indigenen Gesellschaften und Politiker*innen sowie mit Intellektuellen, die mit ihrer Sache sympathisierten.

Eine der aktivsten Mapuche-Organisationen in diesen frühen Transnationalisierungsbemühungen war *Ad Mapu*[28] und ihr Anführer Aucán Huilcamán. Sie verlagerten ihre politische Strategie zunehmend von der Mobilisierung von Mapuche-Gemeinden in Wallmapu auf die nationale

28 *Ad Mapu* wurde in den frühen 1990er Jahren zum CTT.

und internationale Ebene, wobei Aucán Huilcamán Aufgaben bei der UNO übernahm (Kaltmeier 2004: 190). Zu Beginn der 1990er-Jahre war der CTT der Hauptakteur der Mapuche-Organisationen, die ihre Forderungen transnationalisierten. Dies geschah um den Preis, dass sich der CTT in den folgenden Jahren und bis heute von seiner lokalen und territorialen Basis distanzierte (Marimán et al. 2006: 241). Der CTT verstärkte die Bündnisbildung mit anderen indigenen Bewegungen in den Amerikas und beteiligte sich aktiv an den kontinentalen Gedenkfeiern zu 500 Jahren indigenen Widerstands im Jahr 1992. Diese Entwicklungen entsprechen einem ideologischen Wandel der Organisation, indem sie ihre marxistisch-leninistischen politischen Traditionen durch eine pan- oder neoindigenistische Ideologie ersetzte, die in ganz Lateinamerika an Bedeutung gewonnen hatte (Salinas Cañas 2005: 315).

Einige Elemente dieser frühen Erfahrungen der Transnationalisierung finden sich auch in den heutigen internationalen Solidaritätsbemühungen wieder. Dazu gehören der Aufbau von Bündnissen mit anderen indigenen Bewegungen in den Amerikas, die Teilnahme an internationalen Foren der UN oder ILO oder der Austausch mit Vertreter*innen der regionalen Autonomien in Spanien, mit denen die Mapuche einen Dialog suchen und pflegen.

Zur gleichen Zeit, als diese frühen Transnationalisierungsbemühungen Gestalt annahmen, zwangen die Unterdrückung und Verfolgung unter der Militärdiktatur viele Mapuche, das Land zu verlassen und es entstand eine Mapuche-Diaspora. Diese kann definiert werden als »die Bevölkerung, die gezwungen ist, Wallmapu, ihr nationales Territorium, aus politischen und wirtschaftlichen Gründen, zu verlassen« (Marimán et al. 2006: 261). Bemerkenswert ist, dass als Mapuche-Diaspora alle Mapuche bezeichnet werden können, die außerhalb ihres historischen Territoriums südlich des Bío-Bío-Flusses, also in anderen Teilen Chiles, sowie in anderen Ländern leben. Im Folgenden beziehe ich mit Mapuche-Diaspora im engeren Sinne auf diejenigen, die sich als Mapuche definieren und dauerhaft im »externen« (Rebolledo 2010) oder »zweiten Exil« (Chihuailaf 2002: 169) leben, also außerhalb der Nationalstaaten Chiles und Argentiniens.

Die externe Diaspora-Erfahrung der Mapuche ist Teil des erzwungenen Exils, das viele Chilen*innen als Folge des Militärputsches 1973 in Chile durchlebten.[29] Die Daten über das Mapuche Exil sind dürftig, doch es sind mindestens 50 Biografien von Mapuche bekannt, die zwischen 1973 und 1978 in westeuropäische Länder auswanderten. Sie kamen nach Großbritannien, Frankreich, Deutschland, Belgien, Schweden, in die Schweiz und in die Niederlande. Laut Chihuailaf (ebd.) waren dies Bäuer*innen, Studierende, Arbeiter*innen sowie Facharbeiter*innen. Andere Untersuchungen sprechen von »Hunderten von Mapuche«, die während der Diktatur inhaftiert wurden und dann ins Exil gingen, aber geben keine genauen Zahlen an (Rebolledo 2010: 181). Die meisten der exilierten Mapuche waren politische Anführer*innen oder in Bauern- oder Studierendenorganisationen sowie Arbeiter*innen- und Lehrer*innengewerkschaften aktiv (Chihuailaf 2002: 169). Es ist wichtig, hier eine immer noch unbekannte Zahl von Mapuche-Kindern einzubeziehen, die in den 1970er- und 80er-Jahren durch illegale Auslandsadoptionen gewaltsam aus ihren Familien gerissen wurden und somit auch Teil der diasporischen Erfahrung wurden. Bei einer kürzlich durchgeführten Untersuchung wurden 488 Kinder gezählt, deren familiäre und ethnische Herkunft zwar unklar bleibt (López 2018). Aufgrund der sozioökonomischen Hintergründe der Mütter kann aber davon ausgegangen werden, dass eine beträchtliche Anzahl dieser illegal adoptierten Kinder auch von Mapuche-Müttern entführt wurde.

Einige Mitglieder der Mapuche-Diaspora der ersten Generation wurden während der Diktatur inhaftiert und erhielten Unterstützung von internationalen Organisationen wie Amnesty International oder dem Internationalen Roten Kreuz (Rebolledo 2010: 181). Rayen Kvyeh, die international ausgezeichnete Mapuche Poetin, zum Beispiel wurde in der Stadt Concepción inhaftiert, wo sie zu dieser Zeit studierte. Sie wurde in Einzelhaft gehalten, gefoltert und war sehr krank, als sie 1979 von deutschen Amnesty International-Aktivist*innen besucht wurde. Der Briefverkehr mit den internationalen Genoss*innen war für sie »die Tür zur Kommunikation mit der Außenwelt« (Interview mit dem Au-

29 Insgesamt verließen rund 260.000 Männer, Frauen und Kinder mit unterschiedlichem sozioökonomischem, kulturellem und ethnischem Hintergrund Chile und migrierten in rund 60 verschiedenen Ländern auf allen fünf Kontinenten. (Rebolledo 2010: 165).

tor). Diese Briefe wurden in der Zeitschrift *iz3w* der Solidaritätsgruppe *Chile Comité* in Freiburg veröffentlicht, wodurch Rayens Kvyehs Fall in Deutschland und Chile bekannt wurde. Schließlich verhalf ein Mitarbeiter der deutschen Botschaft in Chile Rayen Kvyeh zur Flucht aus dem Gefängnis und nahm sie mit auf einen Flug nach Europa. Während einer Zwischenlandung in Montevideo wurden sie und ihr kleiner Sohn vom Personal der Fluggesellschaft in der Pilotenkabine versteckt. Sie landete in Brüssel und wurde von einem Solidaritätsaktivisten des *Chile Comité* empfangen, der sie mit dem Auto nach Freiburg brachte. In Freiburg lebte sie dann die meiste Zeit der 1980er-Jahre. Die Geschichte von Rayen Kvyeh ist ein detailliertes, intimes, aber auch sehr eindringliches Beispiel für internationale Solidarität. Sie zeigt auch, wie die diasporische Erfahrung der Mapuche in den 1970er-Jahren bereits von kontingenten und fast zufälligen Netzwerken der Solidarität zwischen lokalen Gruppen in Europa und internationalen Organisationen geprägt war. Ihre Geschichte macht auch einige Strategien und Taktiken der internationalen Solidarität sichtbar, die noch heute angewandt werden.

Die Diaspora-Erfahrung der Mapuche in Europa hat die Wahrnehmung ihrer soziokulturellen Situation in Chile verändert. Godofredo Cotrena war vor und während der Diktatur in der linken revolutionären Landbewegung sowie in Mapuche-Organisationen aktiv. Während seines Exils in Belgien in den 1980er-Jahren hatte er das Gefühl, dass die Mapuche und Nicht-Mapuche-Exilant*innen aus Chile auf gleiche Weise als ›einfache Ausländer*innen‹ verstanden oder die intersektionale Diskriminierung der Mapuche (als Exilierte, Linke und Indigene) zu berücksichtigen (Rebolledo 2010: 181–85). Im Exil lernte er zudem, was Rassismus ist und wie er in Chile als selbstverständlich betrachtet wurde, und war enttäuscht darüber, dass die politischen Parteien (der Linken) in Chile die indigene oder ethnische Frage seit jeher ignoriert hatten. Letztlich verwandelte sich in der Diaspora die Erfahrung der Diskriminierung in einen Stolz darauf, Mapuche zu sein, und schuf ein Gemeinschaftsgefühl unter den Mapuche im Exil. Auf diese Weise vollzog die Mapuche-Diaspora eine ähnliche ideologische Wende hin zu einer neo- oder panindigenistischen Ideologie wie die Mapuche-Organisationen in Chile etwa zur gleichen Zeit. In diesem Fall war der Grund für diese Wende jedoch die gemeinsame Erfahrung als Diaspora.

Diese Erfahrung trug daher zu einem kritischen Bewusstsein über die koloniale Verfasstheit der chilenischen Gesellschaft bei.

Ein organisatorischer Meilenstein der Mapuche-Diaspora in Europa war das erste Treffen von etwa fünfundzwanzig Mapuche-Exilant*innen in London vom 25. bis 28. Februar 1978 (Chihuailaf 2002: 170; Rebolledo 2010: 182). Dabei diskutierten sie unter anderem die Geschichte ihres Kampfes, das indigene ›Problem‹ in Chile und die Folgen des Militärputsches. Diese Begegnung war wichtig, weil sich die Mapuche-Diaspora dort als autonomer politischer Akteur innerhalb der chilenischen Diaspora positionierte (Rebolledo 2010: 183). Sie schufen dadurch einen Raum, um Erfahrungen mit der repressiven Realität unter der Diktatur sowie mit der diskriminierenden und rassistischen Struktur der chilenischen Gesellschaft zu sammeln und sich darüber auszutauschen. Schließlich war das Treffen der Gründungsmoment des *Comité Exterior Mapuche* (CEM)[30] als Vorläufer der heutigen organisatorischen Ausdrucksformen der Mapuche-Diaspora (Chihuailaf 2002: 170–71). Sie veröffentlichten Informationen in europäischen Zeitungen und Zeitschriften, aber auch in Publikationen der chilenischen (nicht-Mapuche) Diaspora sowie in Radio- und Fernsehsendungen. Noch interessanter ist jedoch, dass sie ihre eigenen Kommunikationsmittel gründeten und begannen, Informationen in mehreren von ihnen selbst herausgegebenen Bulletins zu verbreiten (ebd.: 171–74).[31]

Die Diasporaerfahrung der ersten Generation der Mapuche in Europa stellt einen wichtigen Präzedenzfall für die Transnationalisierung

30 Die CEM hatte ihren Sitz in Großbritannien, Frankreich, Deutschland, Belgien und der Schweiz und organisierte zwischen 1978 und 1984 weitere Treffen in den Städten Paris, Lüttich, Den Haag, Bern und Frankfurt. Ihre Bemühungen zielten darauf ab, Solidaritätsaktionen mit (Mapuche-)Organisationen und Gemeinden in Chile zu organisieren, die internationale Öffentlichkeit über ihre politische und ökonomische Lebensrealität zu informieren und Europareisen für die Leitungen der *Centros Culturales Mapuche zu* organisieren.

31 So wurde beispielsweise das *Buletín Informativo Mapuche* von 1978 bis 1982 in London mit Unterstützung des Forschungsrats für indigene Minderheiten herausgegeben, der ab 1982 auch das Bulletin *Aukiñ* in Zusammenarbeit mit dem CEM in London herausgab. Zwischen 1979 und 1981 wurde das Bulletin *Amuleayñ* in Frankreich veröffentlicht. Aus diesen beiden Publikationen ging dann das Bulletin *Huerrquen hervor*, das zwischen 1982 und 1984 das offizielle Kommunikationsmedium des CEM wurde. Interessanterweise hat der aktuelle internationale E-Mail-Newsletter der Mapuche-Diaspora, *werken*, den gleichen Namen in einer anderen Schreibweise.

ihres Kampfes dar. Sie entwickelten ein Gemeinschafts- und Zugehörigkeitsgefühl untereinander, während sie gleichzeitig immer kritischere Vorstellungen von ihrer Situation als kolonisierte und diskriminierte Gesellschaft in Chile entwickelten. Auf dieser Grundlage organisierten sie sich unabhängig von politischen Parteien, chilenischen Exilant*innen und europäischen Organisationen und begannen eine solide Organisationsstruktur in der Diaspora zu formen.

Ähnlich wie in der zeitgenössischen Solidarität gelang es ihnen, die europäische Solidaritätsszene zu transkulturalisieren, indem sie ihre politischen Ideen und Organisationsformen aus Wallmapu nach Europa importierten und neu artikulierten (Rebolledo 2010: 183). Eine wichtige Grundlage dieser Erfahrungen, die aus Wallmapu nach Europa übersetzt wurden, waren die Ideen und der Kampf um Autonomie (Chihuailaf 2002: 174–75). In einem informellen Gespräch während einer Forschungsreise nach Wallmapu betonte ein Mitbegründer der CEM auch die Bedeutung der Entwicklung autonomer Mapuche-Organisationen und Strategien in der Diaspora angesichts der ständigen Bedrohung, von Nicht-Mapuche-Exilant*innen unter deren Parteipolitik subsumiert zu werden. Der Kampf der Mapuche-Diaspora der ersten Generation in den 1970er- und 80er-Jahren, übersetzte die kulturelle Autonomiepolitik der Mapuche auf den europäischen Kontext. Als die CEM Mitte der 1980er Jahre ihre Arbeit einstellte, löste sich auch die Mapuche-Diaspora weiter auf aber organisierte sich bis Anfang der 1990er-Jahre zunehmend auf nationaler Ebene in den jeweiligen Ländern, in die ihre Mitglieder migriert waren (ebd.: 176).

In zeitgenössischen Diskussionen wird die Mapuche-Diaspora, einschließlich der internen Mapuche-Diaspora außerhalb Chiles und Argentiniens, als Teil der Mapuche-Gesellschaft und in gewisser Weise als deren Ausdehnung auf andere Territorien betrachtet. Die Idee einer Mapuche-Diaspora stellt kulturell essentialisierende Identitätsvorstellungen infrage und unterstreicht ihren heterogenen, dynamischen und vielfältigen Charakter. Die diasporische Situation der Mapuche wird insbesondere im Rahmen einer kolonialen Machtstruktur, ihrer Vertreibung aus dem alten Territorium des Wallmapu und ihrer Verbindung mit soziopolitischen und kulturellen Forderungen nach einer (ethno) nationalen Autonomie verstanden (Antileo 2014; Chihuailaf 2002; Rebolledo 2010; Salinas Cañas 2005). Es gibt bis dato nur eine umfassende Studie über die Mapuche-Diaspora in Europa: eine ethnographische Familienbiografie über die Familie Railaf Zuñiga, die Chile während der Diktatur in den 1970er-Jahren verließ und sich in den Niederlanden niederließ (Casagrande 2015).

Während meiner eigenen Forschung in der europäischen Solidaritätsszene mit den Mapuche hatte ich die meiste Zeit mit Aktivist*innen der Mapuche-Diaspora zu tun, die ich mal mehr und mal weniger regelmäßig traf. Zu Beginn meiner Forschung war ich mir der Existenz der Mapuche-Diaspora in Europa nicht bewusst und noch weniger ihrer zentralen Rolle im Kampf um Solidarität. Die erste Solidaritätsveranstaltung, die ich in Europa besuchte, war die sogenannte *Academia Mapuche* vom 23. bis 26. Oktober 2014 in Köln, die von Alex Mora und Alina Rodenkirchen organisiert wurde. Beide identifizieren sich als Mapuche, lebten zu diesem Zeitpunkt in Köln und waren in der deutschen und europäischen Solidaritätsarbeit aktiv. Etwa die Hälfte der rund vierzig Teilnehmer*innen waren Mapuche der ersten oder zweiten Generation, die in Europa leben und sich in den Solidaritätsaktionen ihrer jeweiligen lokalen Kontexte engagierten.[32] Bei einer zweiten Gelegenheit im Mai 2015 traf ich mich mit Mitgliedern der Mapuche-Diaspora zu einer Demonstration und Konferenz in Den Haag, die von der Mapuche-Stiftung *FOLIL* in Zusammenarbeit mit anderen Mitgliedern der Mapuche-Diaspora aus den Niederlanden, Belgien, Deutschland und der Schweiz organisiert wurde. Die Veranstaltung wurde von der UNPO, chilenischen Exilant*innen und europäischen Solidaritätsaktivist*innen unterstützt. Aufgrund meiner Teilnahme an dieser Veranstaltung wurde ich zum *wetripantu* im Juni 2015 eingeladen. Das wetripantu ist keine öffentlich angekündigte Veranstaltung oder politische Kundgebung, sondern als eine Zeremonie und Feier ein Moment des Zusammenkommens für die Mapuche-Diaspora und ihre Familien und Freunde und hat eine inhärente soziokulturelle und religiöse Bedeutung[33]. Bei diesen Veranstaltungen wurde in vielen verschiedenen Akzenten Spanisch sowie Mapuzugun gesprochen.

32 Unter anderem in Genf und Lausanne, Paris, Kopenhagen und kleineren Städten in den Niederlanden und Belgien.

33 Meist fälschlich als das Neujahr der Mapuche bezeichnet.

Durch meine Teilnahme an diesen Veranstaltungen wurde mir bewusst, dass die Mitglieder der Mapuche-Diaspora in Europa den organisatorischen Kern der gegenwärtigen soziopolitischen und kulturellen Solidaritätsbemühungen in Europa bilden. Ihre Präsenz und ihr Wirken sind von grundlegender Bedeutung, um zu verstehen, wie die heutigen Solidaritätsaktivitäten mit Wallmapu organisiert sind. Es ist bemerkenswert, wie die Mapuche-Diaspora in Europa Solidaritätsveranstaltungen eigenständig und zu ihren eigenen Bedingungen organisiert, auch wenn sie von anderen Nicht-Mapuche-Organisationen, Gruppen und Aktivist*innen unterstützt werden. Sie erhalten zum Beispiel logistische oder finanzielle Unterstützung von Organisationen wie der GfbV oder der UNPO, und einzelne nicht-indigene Aktivist*innen werden zur Teilnahme eingeladen. Das bedeutet, dass die Mapuche (die Diaspora oder Delegationen aus Wallmapu) die Protagonist*innen dieser Veranstaltungen sind. Sie entscheiden, wen sie einladen, wer Vorträge halten und wie der Zeitplan aussehen soll. Andere Solidaritätsakteur*innen, wie ich selbst, werden zu diesen Veranstaltungen eingeladen und eventuell gebeten, bestimmte unterstützende Aufgaben zu übernehmen, z. B. Pressemitteilungen zu übersetzen, Einkäufen zu erledigen oder in der Küche mitzuhelfen.

Die Organisationsformen und politischen Strategien der heutigen Mapuche-Diaspora der zweiten Generation sind eine direkte Folge der Erfahrungen der ersten Generation, die nach 1973 nach Europa kam (Rebolledo 2010: 185). Die politischen Strategien und die Autonomiepolitik der ersten Generation der Diaspora wurden direkt an die zweite Generation, manchmal innerhalb derselben Familienstrukturen weitergegeben. Bei mehreren Gelegenheiten wurde mir von der Mapuche-Diaspora, die heute die Solidarität mit Wallmapu koordiniert, erklärt, wie deren Eltern sie politisch schulten und ihnen beibrachten, wie sie Solidaritätsaktionen mit Wallmapu in Europa organisieren können. Sie betonten, dass eine der wichtigsten Lektionen war, wie Solidarität in Europa autonom und unabhängig von Nicht-Mapuche-Organisationen und Menschen organisiert werden kann.

Doch trotz ihrer entscheidenden Rolle bei den gegenwärtigen Solidaritätsbemühungen in Europa muss darum gekämpft werden, ihre Bemühungen als Mapuche anzuerkennen. In einem öffentlichen Interview von *TeleSur* mit Andrea Cotrena, eine in Belgien lebende Mapuche, während einer Veranstaltung in Den Haag bezeichnet der Interviewer sie beispielsweise als Teil der »chilenischen Delegation« (TeleSur 2015). Andrea Cotrena lehnte diese Einordnung ab und stellte sich selbst als in Belgien lebende Mapuche-Frau vor. Diese Situation war bedeutsam, da sie sich explizit weigerte, unter die chilenische Nationalität subsumiert zu werden. Mit ihrem Beitrag stellte Andrea Cotrena auch essentialisierende Vorstellungen über die Identität der Mapuche infrage, die auf ein bestimmtes Territorium festgelegt sind. Stattdessen bestand sie auf der Kontinuität des Kampfes der Mapuche innerhalb der Diaspora, indem sie ihre Bemühungen mit denen ihres Vaters verbindet: »Der Kampf geht weiter«, sagt sie (TeleSur 2015). Gleichzeitig positionierte sie sich als Mitglied eines Kollektivs, indem sie in der ersten Person Plural sprach. Damit stellte sie eine translokale Verbindung zwischen den Mapuche in Wallmapu und in der Diaspora, aber auch eine Generationenkontinuität zwischen ihren Eltern und ihrer eigenen Generation her.

Ein wichtiges Element der diasporischen Erfahrung der Mapuche ist der Zugang zur Hochschulbildung und die Möglichkeiten zur Aus- oder Weiterbildung in Europa (Salinas Cañas 2005: 311). Viele Mapuche hatten dadurch die Gelegenheit, sich zu einer Zeit akademisch fortzubilden, als die Mapuche an den chilenischen Universitäten mit institutionellen Einschränkungen und Diskriminierung konfrontiert waren. Die heutige Diaspora besteht daher nicht nur aus der ersten oder zweiten Generation. Viele sind in den letzten Jahrzehnten und nach der Rückkehr zur Demokratie nach Europa migriert und geblieben. Ein Hauptmotiv für die Migration nach den 1990er-Jahren war die Bildung. Alex Mora, der Chile 1995 verließ, bezeichnet sich selbst als Bildungsflüchtling (Interview mit dem Autor) und begann ein Studium im Jahr 1997 an der Kunstakademie Münster. Auch Rayen Kvyeh, die in den 1980er-Jahren als politisch Geflüchtete in Deutschland lebte, betont, dass die Diaspora-Erfahrung in Europa Zugang zu Bildung und Wissen bedeutete. Sie beschreibt Deutschland als »Quelle des Wissens« und stellt fest, dass ihr die Arbeit für die Zeitschrift *iz3w* »eine Welt des politischen, sozialen, historischen und kulturellen Wissens über Afrika, Europa, die arabischen Länder, Indien und Amerika eröffnete« (Interview mit dem Autor). Diese Möglichkeiten werden im Rahmen der Solidaritätsbemühungen mit den Mapuche weiter mobilisiert.

Wie in den 1970er und 80er-Jahren (Kaltmeier 2004: 365) dient die Mapuche-Diaspora heute als Anlaufstelle für Mapuche-Vertreter*innen und Delegierte, die nach Europa reisen, um bei Konferenzen, internationalen Organisationen, kleineren Workshops oder einzelnen Solidaritätsveranstaltungen über die Situation der Mapuche in Chile zu informieren. Jaime Huenchullán, *werken*[34] der autonomen Gemeinschaft Temucuicui, erkennt die wichtige Rolle der Mapuche-Diaspora bei der Transnationalisierung ihres Kampfes an. Er schätzt besonders den Enthusiasmus und die logistische Unterstützung seiner »Mapuche-Geschwister« während seines Besuchs in Europa (Radio Mapuche 2015). Die Mapuche-Diaspora steht in engem Kontakt mit Mapuche-Organisationen und Gemeinschaften aus Wallmapu und unterstützt so die Organisation und Koordination ihrer Besuche in Europa. Aktivist*innen aus der Mapuche-Diaspora laden die Delegationen aus Wallmapu zu sich nach Hause ein, übersetzen ihre Reden und organisieren die gesamte Logistik. Von strategischer Bedeutung sind die Solidaritätsgruppen der Mapuche-Diaspora, die in Städten in der Nähe der Sitze internationaler oder supranationaler Organisationen leben, wie Genf oder Brüssel. Die Präsenz und der Rückhalt der Mapuche-Diaspora bieten den Vertreter*innen von Wallmapu einen Raum, der unabhängig von Nicht-Mapuche-Organisationen und Akteur*innen ist. Die Mapuche-Diaspora garantiert somit, dass die Delegationen ihre kulturpolitische Autonomie bewahren kann.

Ähnlich wie die erste Generation hat die Mapuche-Diaspora heute einen starken Gemeinschaftssinn. Ihre gemeinsamen Bemühungen um Solidarität gehen daher über den politischen Bereich hinaus. Die politische Arbeit der Solidarität mit dem Kampf der Mapuche in Wallmapu ist untrennbar mit dem Gefühl verbunden, Teil der Mapuche zu sein und zu ihnen zu gehören. Alex Mora beschreibt, wie die politische Arbeit und die zwischenmenschliche Bindung Hand in Hand gingen, als er begann, andere in Europa lebende Mapuche als seine Familie zu sehen und sich akzeptiert zu fühlen (Alex Mora, Interview mit dem Autor). Die Solidaritätsarbeit trägt somit zum Wiederaufbau des sozialen Gefüges und der kulturellen Traditionen der Mapuche bei. Denn viele der von

34 Sprecher*in einer Mapuche-Gemeinde oder Organisation.

der Mapuche-Diaspora organisierten Solidaritätsveranstaltungen haben nicht nur eine politische Dimension, sondern dienen dazu, das Überleben der Mapuche-Kultur zu feiern, sie wiederzubeleben, zu erinnern oder wiederherzustellen (Smith 2008: 142– 63). Aktivist*innen aus der Mapuche-Diaspora tragen ihre traditionelle Kleidung und Schmuck, verwenden Mapuche-Instrumente wie die *trutruka* oder das *kultrun*[35] in ihrer traditionellen Kleidung und zeigen die Mapuche-Flagge, wenufoye. Besonders die Feier des wetripantu ist ein bedeutsames Beispiel dafür, wie die Kultur und die Traditionen der Mapuche in der Diaspora gefeiert und umgesetzt werden. Auch Solidaritätsveranstaltungen werden nach bestimmten Mapuche-Regeln organisiert und beginnen zum Beispiel mit dem kurzen Begrüßungsgebet *jejipun*. So konnte Aucán Huilcamán, der über Skype an der Veranstaltung in Den Haag teilnahm, seine Freude und Überraschung nicht verbergen, als er den Schmuck einer Mapuche-Frau durch das Mikrofon klimpern hörte. Während diese Beispiele der zentripetalen Logik der Wiederbelebung der Mapuche-Kultur entsprechen, hat das Tragen kultureller Symbole an die nicht-indigene Außenwelt einen strategischen Nutzen und ist vom Alltagsleben abgekoppelt. Das Zelebrieren und Zurschaustellen von kulturellen Symbolen der Mapuche ist vielmehr Teil des gemeinschaftsbildenden Prozesses im Rahmen der Solidaritätsbemühungen der Diaspora. Dies ist ein deutlicher Beweis für die kulturelle Einbettung der Autonomiepolitik in den Solidaritätsbemühungen. Die politische Kultur der Autonomie verlagert also nicht nur politische Strategien der Solidarität in den europäischen Kontext, sondern belebt auch das soziale Gefüge und reaktiviert oder erneuert die kulturellen Traditionen neu.

Während die Mapuche-Diaspora der ersten Generation weitgehend von Mapuche-Männern dominiert wurde (Rebolledo 2010), ist die Diaspora heute von einer starken weiblichen Präsenz geprägt, und viele Mapuche- Frauen sind Protagonistinnen der Solidaritätsbemühungen. Dies ist interessant, da die These, dass »Frauen eine substanzielle Rolle bei der Entwicklung eines Wiederaufbauprozesses der Mapuche-Gesellschaft spielten« (Leiva Salamanca 2015: 168) auch für die Mapuche-Diaspora

35 Traditionelle Mapuche-Hörner und Trommeln, die verwendet werden, um Reden anzukündigen oder Aufmerksamkeit zu erregen.

in Europa und ihre politischen Bemühungen gilt.[36] Ebenso lassen sich »die vielfältigen Arten, durch die Mapuche-Frauen kulturelle Praktiken in kulturell veränderten, (post)migrantischen urbanen Räumen« (Becerra et. al. 2017: 14) beispielsweise in Santiago de Chile neu formen, auch für den diasporischen Kontext in Europa diagnostizieren. Denn Mapuche-Frauen spielen heute in Europa nicht nur eine prominente Rolle bei öffentlichen Solidaritätsveranstaltungen, sondern führen dort auch kulturelle Praktiken wie die Zubereitung von Speisen (*zeuma iyael*) oder gemeinsame Gespräche beim Trinken von Mate-Tee (*matetun*) fort. Auf diese Weise sind vor allem Mapuche-Frauen für jene »Mittel, Bilder, Erinnerungen, Weisheiten, Bräuche und Praktiken zuständig, die die Grundlage für die Wiederherstellung kultureller Praktiken bilden.« Dabei tragen sie »zur Aufrechterhaltung sozialer Konfigurationen und der Wiederbelebung öffentlicher und privater Räume bei, welche die gemeinschaftliche Solidarität, indigenes Wissen und Reziprozität bekräftigen« (Becerra et. al. 2017: 14–15).

Die prominente Rolle der Mapuche-Frauen bei öffentlichen Solidaritätsveranstaltungen, die von der Diaspora organisiert werden, interveniert in eine politische Arena in Europa als einen historisch männlich dominierten Raum, indem sie Menschenrechtsverletzungen anprangern oder indigene und insbesondere indigene Frauenrechte einfordern (Richards 2005). Gleichzeitig weist ihre Sichtbarkeit eurozentrische und koloniale Vorstellungen über indigene Kulturen und Gesellschaften als männerdominiert und patriarchal, deren Frauen von *weißen* Männern gerettet werden müssen, zurück (Spivak 1988). Dadurch lässt sich der Kampf von Mapuche-Frauen als Teil einer Dynamik betrachten, in der in den letzten Jahren vor allem schwarze und indigene Frauen aus Lateinamerika zu international prominenten Persönlichkeiten bei der Verteidigung der Natur, ihrer Gemeinschaften und des Kampfes um Alternativen zum neoliberalen und patriarchalen Kapitalismus in der Region wurden. Der Erfolg ihres Widerstands zeigte sich darin, dass sie

36 Die zentrale Rolle, die Mapuche-Frauen in Lateinamerika bei der (Wieder-)Herstellung kommunaler und sozialer Bindungen spielen, die mit der Verteidigung des Territoriums verbunden sind, aber in der kolonialen und postkolonialen Öffentlichkeit nicht anerkannt werden, ist Gegenstand einer lebhaften und anhaltenden Debatte unter kritischen Wissenschaftlerinnen (Cabnal 2010; Rivera Cuscanqui 2018; Segato 2010; Tzul Tzul 2018).

bald zur Zielscheibe staatlicher Repressionen oder Todesschwadronen wurden. Zu den bekanntesten Fällen gehören die Ermordung der honduranischen Aktivistin Berta Cárceres im Jahr 2016 und die Ermordung der Stadträtin von Rio de Janeiro und queer-feministischen Aktivistin Marielle Franco im Jahr 2018. Im Kontext der Solidarität mit Wallmapu wurden vor allem machi[37] Francisca Linconao und Macarena Valdés zu Symbolen eines indigenen, feministischen und ökologischen Widerstandes. Angesichts der Bedeutung dieser Frauen für den zeitgenössischen indigenen, schwarzen und bäuerlichen Widerstand in Lateinamerika verdient der geschlechtsspezifische Aspekt internationaler Solidarität aus einer kritisch-feministischen Perspektive besondere Aufmerksamkeit. Eine Analyse ihrer Herausforderungen beim Eintreten für ihre Rechte als Frauen und als Mapuche zeigt, wie »Mapuche-Frauen in der Lage sind, sowohl zu theoretisieren, was ihre Rechte von den Frauenrechten unterscheidet, als auch Forderungen nach Veränderungen in ihren eigenen Gemeinschaften und innerhalb der Mapuche-Bewegung zu artikulieren« (Richards 2005: 216). Außerdem »zeigen sie, dass Frauenrechte und indigene Rechte nicht statisch oder gegensätzlich sind; ihre Bedeutungen können neu interpretiert und erweitert werden, um gleichzeitig kulturelle Unterschiede zu respektieren und universelle Prinzipien zu respektieren« (ebd.: 217). Dies ist auch ein entscheidender Beitrag zu der Debatte, wie im Kampf um Solidarität partikulare und universelle Interessen verhandelt werden können.

37 Heiler*in oder spirituelle*r Anführer*in

KAPITEL 6
Internationale Solidarität weben

Durch die Transnationalisierung ihrer kulturellen Autonomiepolitik weben Mapuche-Delegationen und die Mapuche-Diaspora ein internationales Netzwerk der Solidarität. Durch die Reproduktion und Transnationalisierung dieser politischen Kultur ist die internationale Solidarität mit Wallmapu im Wesentlichen eine Solidarität unter den Mapuche selbst. In diesem Kapitel sollen einige Elemente dieses transnationalen Netzwerks beleuchten und gezeigt werden, wie die Mapuche durch ihre Autonomiepolitik internationale Solidarität weben. Diese Metapher entlehne ich der Solidaritätskampagnentour von María Teresa Curaqueo Loncón, einer bekannten Mapuche-Weberin, aus dem Jahr 2014. Sie besuchte dabei mehrere Städte und solidarische Ortsgruppen und brachte diese dadurch in Beziehung zueinander. Über ihre Erfahrungen in Europa sagt sie, dass sie durch das Weben Kontakte knüpfte und Gemeinsamkeiten mit anderen Menschen entdeckte (Interview mit dem Autor). Verschiedene Forschungen zeigen, dass die gemeinsame Praxis des Webens zur Stärkung einer dekolonialen und feministischen Identität sowie der sie umgebenden gemeinschaftlichen Bindungen beiträgt in Lateinamerika beiträgt (Rivera Cuscanqui 2018: 94–95; Sempertegui 2020: 126– 128). Folglich verwende ich die Metapher des Webens, um die Prozesse zu beschreiben, in denen die Transnationalisierung des Kampfes der Mapuche und ihre internationalen Allianzen solidarische Beziehungen unter den Mapuche (in der Diaspora und in Wallmapu) sowie Beziehungen zu Nicht-Mapuche-Akteur*innen und Organisationen erschaffen. Als eine historisch feminisierte Aufgabe unterstreicht die Metapher des Webens den Protagonismus der Mapuche-Frauen in der Diaspora, die im Rahmen transnationaler Solidarität gemeinschaftliche Bindungen zwischen der Diaspora und den Mapuche-Delegationen aus Wallmapu aufbauen. In diesem Sinne möchte dieses Kapitel anhand mehrerer Merkmale zeigen, wie Mapuche-Akteur*innen ein Solidaritätsnetzwerk in einem offenen und kontingenten Prozess weben.

Das erste Merkmal ist, dass die internationale Solidarität mit Wallmapu als ein dezentrales und rhizomatisches Netzwerk organisiert ist. De- und polyzentrische und kontingente Netzwerkstrukturen aktueller sozialer Bewegungen und politischer Proteste können als rhizomatisch beschrieben werden (Day 2004; Khasnabish 2013; Purcell 2009). Der Begriff stammt aus den philosophischen Schriften von Gilles Deleuze und Félix Guattari und beschreibt ein offenes, kontingentes Netzwerk und »hat weder Anfang noch Ende, es ist immer in der Mitte, zwischen den Dingen, ein Zwischenstück, *Intermezzo*. [D]as Rhizom ist Allianz, einzig und allein Allianz.« (Deleuze und Guattari 1992: 41). Dadurch »verbindet das Rhizom einen beliebigen Punkt mit einem anderen beliebigen Punkt, wobei nicht unbedingt jede seiner Linien auf andere, gleichartige Linien verweist« (ebd.: 36). Die Idee des Rhizoms ist daher besonders hilfreich für das Verständnis zeitgenössischer politischer Mobilisierungen und Proteste, weil sie

> zu einer expliziten Betrachtung der Art und Weise ermutigt, wie alles – von Institutionen über Bewegungen des sozialen Wandels bis hin zu Subjektivitäten – durch einen Prozess ins Leben gerufen wird, der von Natur aus relational ist und außerhalb dieses relationalen Prozesses keine Bedeutung oder Richtung hat. In dieser Hinsicht ist das Rhizom als konzeptionelles und analytisches Werkzeug eine Metapher, durch die verschiedene Dynamiken und Konsequenzen zeitgenössischer sozialer Bewegungsaktivitäten untersucht werden können. (Khasnabish 2013: 83)

Die de- und polyzentrale soziopolitische Organisation ist ein wesentliches Merkmal der Mapuche-Gesellschaft und war ein entscheidender Faktor für die Aufrechterhaltung der Unabhängigkeit gegenüber der spanischen Krone. Auch die zeitgenössischen Mobilisierungen der Mapuche, insbesondere die mehr autonomen Ausdrucksformen in Wallmapu, sind im Wesentlichen dezentral organisiert und bestehen aus einer Vielzahl von Organisationen, Gemeinden sowie deren unterschiedlichen Forderungen. Ähnliches gilt für die Organisationen und Gruppen, welche die Solidarität unter den Mapuche organisieren. In Europa sind zwei dezentrale Netzwerke Knotenpunkte der Solidaritätsbemühungen: die *Coordinación Mapuche Europa* (CME) und das *International Defence Network of the Mapuche People* (IDNMP). Die CME wurde auf einem *trawvn*[38] im Februar 2012 in Amsterdam gegründet. Insgesamt zwölf Organisationen aus ganz Europa, darunter auch lokale Gruppen der Mapuche-Diaspora, nahmen an dem Treffen teil.[39] Diese Organisationen waren sich einig, dass die internationale Solidarität besser koordiniert und konsolidiert werden muss, um die eigene Organisierung in Europa zu stärken und Druck auf europäische und internationale Institutionen auszuüben. Auf einem weiteren Treffen 2013 in Brüssel (Mapuche NL 2012)[40] verpflichteten sie sich zur:

1) Zentralisierung der Dokumentation, Information und Planung der Aktivitäten der Mitgliedsorganisationen.
2) Verstärkung der gemeinsamen Arbeit zur Anprangerung und Sensibilisierung für die Situation des Mapuche-Volkes.
3) Fortsetzung der Lobbyarbeit für die Rechte des Mapuche-Volkes bei den internationalen Institutionen. (European Coordination to Support the Mapuche People 2013)

Das zweite dezentrale Solidaritätsnetzwerk in Europa ist das IDNMP, das lokale Solidaritätsgruppen in den Städten Oslo, Hamburg und Mailand miteinander verbindet. Es organisiert in erster Linie Solidaritätsveranstaltungen und Proteste in diesen Städten, Reisen von Mapuche-Delegationen aus Wallmapu nach Europa und betreibt Informationspolitik in den sozialen Medien. Weitere Organisationen, die in den letzten Jahren zur Solidarität mit den Mapuche beigetragen haben, sind das 3. Welt Forum Hannover, das Forschungs- und Dokumentationszentrum Chile-Lateinamerika in Berlin, *Ñuke Mapu* in Frankfurt am Main sowie die *Asociación KIMUN* und *Red Mapuche Suiza* in der Schweiz.

38 Treffen oder Versammlung.

39 Darunter waren die Stiftung *FOLIL*, die *Ethical Commission Against Torture*, *Critical Students Utrecht* (beide aus den Niederlanden), die UNPO (Niederlande und Belgien), *Tierra y Libertad para Arauco*, *Nuevo Concepto Latino* und *France Libertes* (Frankreich), *Comabe* und *FEWLA* (Belgien), die GfbV (Deutschland und Italien) und das *Colectivo Mapuche de Girona* (Spanien).

40 An diesem zweiten Treffen vom 10. bis 12. Mai 2013 nahmen die Organisationen *Comabe* und *FEWLA* (Belgien), *FOLIL* (Niederlande), die GfbV (Deutschland), *Tierra y Libertad para Arauco* (Frankreich) und UNPO (Niederlande und Belgien) teil.

Gemeinsam bilden sie ein offenes und dezentrales Netzwerk von kleinen und meist lokal verorteten Organisationen in ganz (West-)Europa. Ihre aktivsten Mitglieder gehören zur ersten und zweiten Generation der Mapuche und chilenischen Diaspora in Europa. Auf diese Weise mobilisieren sie ihre engen persönlichen, politischen und familiären Verbindungen zu Lateinamerika, Chile oder Wallmapu für Solidaritätsaktionen. Diese Netzwerke haben jedoch keine klare Hierarchie oder feste Struktur. Vielmehr handelt es sich um ein dezentralisiertes Netzwerk, das verschiedene europäische Länder und Städte miteinander verbindet und darauf abzielt, gleichberechtigt und auf horizontaler Basis miteinander zu arbeiten. Ein Ausdruck dieser de- und polyzentrischen Logik ist zum Beispiel das Fehlen einer einzigen prominenten Sprecher*innenposition. Das Netzwerk hat also keine Person mit Führungs- oder Stellvertretungsanspruch, sondern die Situation der Mapuche in Wallmapu soll im Mittelpunkt der Aufmerksamkeit stehen. Dadurch sind es die einzelnen Solidaritätsveranstaltungen und Treffen, welche dem Netzwerk eine kontingente und momentane Struktur geben. Anders gesagt, die Verbindungen sind wichtiger als jeder einzelne Knotenpunkt. Das Fehlen einer zentralen Organisation dieses Netzwerks verhindert das Entstehen einer einzigen Gruppe, die den Anspruch erheben kann, die Mapuche in Wallmapu zu vertreten. Im Gegensatz dazu werden die meisten Solidaritätsveranstaltungen gemeinsam mit Vertreter*innen aus Wallmapu organisiert. Als Gäste, die Europa besuchen oder digital zugeschaltet sind, sprechen sie für sich selbst und wahren dabei ihre Autonomie. Die dezentral verbundenen Gruppen in Europa bieten vielmehr eine Plattform, von der aus Mapuche-Vertreter ihre Probleme, Kämpfe und Forderungen ansprechen können.

Die internationalen Solidaritätsbemühungen erweitern dadurch das widerständige Terrain des Wallmapu, indem der Kampf der Mapuche in Europa weitergeführt wird. In Jaime Huenchulláns Verständnis schlossen sich so immer mehr politische Gruppen und Organisationen in Europa den politischen Positionen seiner Gemeinde Temucuicui an und trugen so zu ihrem Kampf und der Ausbreitung des Solidaritätsnetzwerks bei (Jaime Huenchullán, Interview mit dem Autor). So ausgedrückt ist die internationale Solidarität Teil ihres Kampfes und nicht andersherum. Dadurch werden koloniale und paternalistische Formen der internationalen Solidarität zurückgewiesen, wenn sie die Kämpfe im Globalen Süden nur unterstützen, solange sie in ihre politischen Parameter passen, die im Globalen Norden festgelegt werden.

Ein großer Vorteil der dezentral vernetzten Struktur ist ihre Spontaneität bei der Organisation von Protesten gegen Symbole der kolonialen und kapitalistischen Unterdrückung und Herrschaft in Chile. Diese Symbole, ähnlich einer vielköpfigen Hydra, sind deterritorialisiert, transnational und haben eine globale Reichweite (Linebaugh und Rediker 2013). Sie werden vom dezentralen Solidaritätsnetzwerk verfolgt und zur Zielscheibe politischer Proteste. Zwei Erfahrungen verdeutlichen die kontingenten Proteste gegen Symbole der vielköpfigen Hydra. Ein wichtiges Symbol für Menschenrechtsverletzungen durch den chilenischen Staat ist die ehemalige chilenische Präsidentin Michelle Bachelet, deren Besuche in Europa von der chilenischen und Mapuche-Diaspora immer wieder mit Protest begleitet wurden. Einmal organisierte die CME zusammen mit Mapuche-Vertreter*innen aus zwei Gemeinden im Widerstand eine öffentliche Demonstration nach der *Academia Mapuche* in Köln vor dem Ort, an dem Bachelet mit Vertreter*innen der Privatwirtschaft und deutschen Politiker*innen zusammentraf (Cárdenas 2014). Bei einer zweiten Gelegenheit besuchte Bachelet im Juni den Wirtschaftsgipfel der CELAC mit der EU am 4. Juni 2015 in Belgien, wo ihr auch die Ehrendoktorwürde der Universität Leuven verliehen wurde. Drei Mapuche-Frauen der Mapuche Diaspora (in traditioneller Kleidung) protestierten schweigend gegen die Ehrung und Bachelets Rede, während sie Plakate hochhielten, die die Verfolgung und Kriminalisierung des Mapuche- Protests in Wallmapu anprangerten (Mapuche NL 2015b).

Ein weiteres Beispiel für die kontingenten und dezentralen Solidaritätsbemühungen gegen die vielköpfige Hydra des chilenischen Staates war die Tour des chilenischen Militärschiffs *La Esmeralda* im Sommer 2015 nach Europa.

Das Schiff ist dafür bekannt, dass es während der Diktatur von Augusto Pinochet in den 1970er-Jahren als Ort für die Inhaftierung und Folterung politischer Gefangener, darunter auch Mapuche, diente. Das Schiff machte eine Rundfahrt durch Europa und Australien und wurde von der chilenischen und Mapuche-Diaspora in den Städten Amsterdam (Pieters 2015) und London (Doward 2015) heftig und öffentlich protestiert. Ein Lokalradio in Bremen berichtete auch über die Proteste in Bremerhaven (Radio Bremen 2015). Diese Beispiele zeigen, wie es dem Netzwerk gelingt, den Symbolen (der vielköpfigen Hydra) des Konflikts in Wallmapu bis nach Europa zu folgen und gegen sie zu protestieren. Da über derartige Ereignisse auch in Chile berichtet wird, erhält der transnationale Protest des Netzwerkes wiederum nationale Aufmerksamkeit.

Während eines Besuchs in Europa im Jahr 2016 erklärt Jaime Huenchullán, der werkén der autonomen Gemeinde von Temucuicui, ein weiteres wichtiges Merkmal der Transnationalisierung ihres Kampfes:

> Und auf der [...] positiven Seite oder auf der guten Seite, weshalb [...] die Entscheidung getroffen wurde, richtig, dass Leute von außen kommen [...], damit der [chilenische] Staat nicht sagen kann, dass das Volk der Mapuche, ich weiß nicht, dass sie allein sind! Denn wenn alle Nationen, Staaten, Länder die Möglichkeit haben, ich weiß nicht, Verträge, Abkommen, Vereinbarungen, Allianzen zu unterzeichnen, dann hat das Volk der Mapuche das gleiche Recht, zu interagieren, Verbündete zu suchen, mit denen man sich unterhalten kann, mit denen man – und seien es auch nur kleine – Abkommen schließen kann, und das ist Teil des Rechts [...] des Mapuche-Volkes auf Selbstbestimmung. (Jaime Huenchullán, Interview mit dem Autor)

Er argumentiert, dass die Mapuche das gleiche Recht wie jede andere Nation oder jeder andere Staat haben, frei internationale Beziehungen mit anderen politischen Akteur*innen zu knüpfen. Im Wesentlichen schlägt er vor, die Transnationalisierung ihres Kampfes und damit die internationalen Solidaritätsbemühungen als Ausdruck ihres Rechts auf Selbstbestimmung und Autonomie zu betrachten. Auf diese Weise verstehen die Mapuche-Vertreter*innen internationale Solidaritätsbeziehungen als bilaterale internationale Beziehungen und als eine Form der Außenpolitik mit anderen Akteur*innen. Sie üben damit das Recht auf

Autonomie nicht nur gegenüber dem chilenischen Nationalstaat, sondern auch gegenüber supranationalen und internationalen Akteur*innen und Organisationen aus. Die politische Kultur der Autonomie wird auf diese Weise transnationalisiert und rahmt das internationale Solidaritätsnetzwerk. Dementsprechend erscheint dieses Netzwerk als ein Netz internationaler Beziehungen zwischen den Mapuche und Vertreter*innen anderer Nationalitäten. Anstatt als eine Minderheit eines bestimmten Nationalstaates zu agieren, die Anerkennung sucht, handeln Delegationen aus Wallmapu und Akteure der Diaspora auf der internationalen Bühne als Repräsentant*innen einer autonomen Nation.

Ein wichtiger Pfeiler dieser internationalen (Solidaritäts-)Politik sind die Beziehungen mit anderen indigenen Nationen aus Lateinamerika und der ganzen Welt, die auch an die Erfahrungen der 1970er und 80er-Jahre anknüpfen. Solche Begegnungen und Beziehungen sind grundlegend für die Etablierung einer panindigenen Solidarität, die auf Gegenseitigkeit und Horizontalität beruht und paternalistischen Vorstellungen entgegenwirkt (Kaltmeier 2004: 364). Diese Beziehungen bestehen u.a. mit indigenen Nationen aus Ecuador, Sektoren des *Movimento Sem Terra* in Brasilien, der EZLN in Mexiko und Delegationen von australischen Aborigines. In Europa hat die IDNMP auch Solidaritätsbeziehungen zwischen den Mapuche und der indigenen Bevölkerung der Sami in Norwegen und Schweden aufgebaut (OPAL Prensa 2016). Neben diesen panindigenen Beziehungen haben Mapuche-Vertreter*innen auch direkte Begegnungen mit europäischen Politiker*innen gehabt.[41] Diese Erfahrungen sind bemerkenswert, denn im Gegensatz zu dieser transnationalen Sphäre gibt es in Chile wenig Dialog zwischen Politiker*innen und Mapuche-Vertreter*innen. Der Unterschied lässt sich dadurch erklären, dass Mapuche-Vertreter*innen in Chile als chilenische Staatsbürger*innen und Angehörige einer ethnischen Minderheit betrachtet werden, während sie außerhalb des Landes in ihrer Funktion als Vertreter*innen einer autonomen Nation anerkannt werden. Gleichzeitig erinnern derartige

41 Im Jahr 2014 besuchten zwei Vertreter*innen von Mapuche-Gemeinschaften im Widerstand deutsche Politiker*innen und informierten sie über die Menschenrechtsverletzungen und ihren Kampf in Chile. Im Jahr 2015 besuchten schwedische Mitglieder des Europäischen Parlaments die Gemeinde von Rankilko, interviewten politische Gefangene und informierten sich über deren Kriminalisierung.

Gesprächsrunden mit ausländischen Vertreter*innen an das koyang und sind somit ein grundlegender Aspekt der Ausübung des Rechts auf Autonomie in der Tradition der parlamentos.

Während diese Momente internationaler Solidarität öffentlich stattfinden, bleiben andere Aspekte der transnationalen Allianzen der Mapuche, allen voran, um ihre Autonomie zu wahren, im Verborgenen und produzieren ein *hidden transcript*[42] des Widerstandes. Die Mapuche-Diaspora und die Vertreter*innen von Wallmapu ziehen klare Grenzen zu Außenseiter*innen und schaffen eine innere und äußere Sphäre der Solidarität, indem sie ihr Netzwerk teilweise undurchdringlich gestalten, Informationen zurückhalten und dadurch ihre eigene Handlungsfähigkeit und Autonomie aufrechterhalten. Die Mechanismen sind das Ergebnis der historischen Erfahrungen mit kolonialer Herrschaft und der Fortsetzung ihres Kampfes für Autonomie und Dekolonisierung und gegen Bevormundung. Aber diese Mechanismen setzen nicht nur Grenzen, sondern haben – wie das Konzept der Autonomie– sowohl eine zentrifugale als auch eine zentripetale Dynamik, wirken als Scharnier und vermitteln daher zwischen dem Innen und dem Außen. Dadurch werden Mitglieder der Mapuche-Diaspora zu *gatekeepern*,[43] die den Zugang zu diesem Solidaritätsnetzwerk gewähren oder verweigern. Vor allem die De- und Polyzentralität führt bei Außenstehenden dazu, dass sie die Struktur und Organisation des Solidaritätsnetzwerks nicht nachvollziehen können. Zahlreiche Aussagen von Nicht-Mapuche-Unterstützenden spiegelten diese Unkenntnis sowie ihr Unbehagen darüber wider, nicht

42 In der staats- und herrschaftskritischen Anthropologie werden diejenigen Proteste und Widerstände von subalternen Gruppen, meist Indigenen, als »hidden transcript« bezeichnet die »hinter der Bühne, jenseits der direkten Beobachtung durch die Machthaber*innen stattfinden und aus jenen Reden, Gesten und Praktiken hinter der Bühne bestehen, die das, was im öffentlichen transcript erscheint, bestätigen, ihm widersprechen oder es beeinflussen« (Scott 1990: 4–5).

43 In der transnationalen sozialen Bewegungsforschung werden diejenigen Akteur*innen als gatekeeper bezeichnet, »deren Entscheidungen, eine Bewegung zu unterstützen, andere Organisationen und Einzelpersonen in der ganzen Welt aktivieren. Dies liegt zum Teil daran, dass Gatekeeper für ihre Glaubwürdigkeit und ihren Einfluss bekannt sind [...]. In der Regel haben sie Zugang zu anderen NGOs, Journalist*innen und Regierungsvertretern. Selbst wenn Gatekeeper ihre Anliegen nicht direkt an andere Mitglieder des Netzwerks weitergeben, haben ihre Entscheidungen einen starken Demonstrationseffekt, der signalisiert, dass bestimmte Bewegungen wichtig sind und für Unterstützung bürgen« (Bob 2005:18).

wirklich zu wissen, wie die Solidarität mit Wallmapu organisiert wird. Die eigene Organisationslogik intransparent zu halten, trägt dazu bei, dass solidarische Allianzen mit Außenstehenden für die Mapuche autonome Räume sind, in denen Nicht-Mapuche als Gäste teilnehmen können. Es dient dazu, diese Räume sowohl in ihrer politischen als auch in ihrer kulturellen Dimension zu schützen.

Mehrere Mapuche-Gesprächspartner*innen in Wallmapu und Europa weisen darauf hin, dass der Kampf der Mapuche über den politischen Bereich hinausgeht und kulturelle, soziale, kosmologische, epistemologische und andere Aspekte umfasst. Für José Luis Calfucura (Interview mit dem Autor), ein Koch, der die Mapuche-Küche in Santiago de Chile bekannt macht, findet der Kampf der Mapuche in verschiedenen *trincheras* – Gräben oder Sphären – statt. Die Idee verschiedener Sphären der internationalen Solidarität spiegelt die Mehrdimensionalität der Autonomiepolitik wider, die kulturelle, soziale, kosmologische und andere Elemente umfasst. Das Anprangern von Menschenrechtsverletzungen, die Organisation von Protesten zur Unterstützung der politischen Gefangenen oder die Intervention von Mapuche-Gruppen in supranationalen Organisationen sind nur ein Aspekt der internationalen Solidarität. Dementsprechend geht das Kapitel abschließend darauf ein, wie und warum transnationale und translokale Solidaritätsbeziehungen in multidimensionalen Sphären des sozialen, politischen und kulturellen Lebens stattfinden.

Bei einigen Merkmalen des Solidaritätsnetzwerkes in Europa (z. B. die Feier des wetripantu) ist die soziokulturelle, kosmologische und religiöse Dimension offensichtlich. Zudem zeigte das vorherige Kapitel, dass die internationalen Solidaritätsbeziehungen nur möglich sind, weil bereits ein Netzwerk an sozialen Beziehungen, vor allem durch die Mapuche-Diaspora seit Ende der 1970er-Jahre gewebt wurde. Eine weitere wichtige Sphäre der internationalen Solidarität sind kulturelle Ausdrucksformen und transnationalisierte Kämpfe zur Wiederbelebung der Mapuche-Kultur, insbesondere des Mapuzugun. Das Bildungskollektiv *Kimeltuwe* beispielsweise fördert Mapuzugun, indem es über soziale Medien digitales Bildungsmaterial verbreitet. Victor Carilaf, Mitbegründer und Mapuzugun-Lehrer von *Kimeltuwe,* erklärt, dass sie sich auf etwas anderes als den politischen Kampf konzentrieren wollen, da es dafür bereits genügend Aufmerksamkeit gebe. Stattdessen wollen sie »Mapuzugun wiederbeleben« (Interview mit dem Autor) und die Mapuche-Kultur auf eine positivere und leichter zugängliche Weise zugänglich machen, ohne aber den Kampf um Wallmapu zu ignorieren.

Mapuche-Künstler*innen, die nach Europa reisen, tragen ebenfalls dazu bei, das Netzwerk der Solidarität zu weben. In den letzten Jahren haben die Mapuche-Dichterin Rayen Kvyeh, die Weberin Maria Teresa Loncón und der Rapper Waikil eine oder mehrere Reisen nach Europa unternommen, um die Mapuche-Kultur durch ihre künstlerische Arbeit zu repräsentieren. Diese kulturellen Ausdrucksformen sind nicht losgelöst von der Unterdrückung oder Verfolgung der Mapuche in Wallmapu, sondern tragen mit einer anderen Perspektive und Positionierung zu einem besseren Verständnis ihrer Situation bei. Rayen Kvyeh erklärt, dass ihre Poesie »von den eingekerkerten Flüssen spricht, [...] sowie von den Flüssen, Seen und Meeren, die durch die Staudämme verseucht und als Geiseln genommen werden« (Interview mit dem Autor). Sie ist überzeugt, dass sie mit ihrer Poesie mehr Bewusstsein in Europa schafft als mit einem politischen Diskurs, »weil jeder einen politischen Diskurs führen kann«. Aber um »von den Stimmen der eingekerkerten Flüsse darüber, wie das Leben eines Baumes dem internationalen Holzmarkt zum Opfer fällt und von der Dürre, die unsere Gemeinschaften heute heimsucht« sprechen zu können, braucht sie ihre Poesie. Rayen Kvyeh zeigt nicht nur, wie die Poesie zu einem wirksameren Instrument der Bewusstseinsbildung innerhalb der internationalen Solidarität werden kann, sondern gibt auch den nicht-menschlichen Opfern von Kolonisierung und Kapitalismus eine Stimme.

Die Interventionen von Mapuche-Künstler*innen in transnationalen Sphären der Solidarität gehen also über die politische Dimension hinaus. Ähnlich wie die kulturellen Praktiken in städtischen Räumen in Chile (Becerra et al. 2017) tragen sie zur Wiederbelebung der Mapuche-Kultur im Ausland bei und bauen dabei transkulturelle Brücken zur Welt der Nicht-Mapuche. Da sie in verschiedenen Sphären aktiv sind und sprechen, können sie nicht nur ein breiteres Nicht-Mapuche-Publikum erreichen, sondern als transkulturelle Übersetzer*innen das Gespräch für andere soziokulturelle, kosmologische oder epistemologische Perspektiven, nämlich jene der Mapuche, öffnen.

KAPITEL 7
Informationspolitik und digitaler Aktivismus

Eine zentrale Strategie für soziale und/oder indigene Bewegungen mit geringen Ressourcen, internationale Aufmerksamkeit zu erlangen, ist die digitale Verbreitung alternativer Informationen über ihre Situation, sowohl autonom als auch mit Hilfe internationaler Akteur*innen. Bekannt sind in diesem Zusammenhang die Bemühungen der *Zapatistas*, alternative Informationsquellen bereitzustellen und digitale Informationsnetzwerke aufzubauen (Bob 2005; Hayden 2002; Khasnabish 2008; 2013; Olesen 2005; Rovira 2009; Wolfson 2012). Doch während es der Informationspolitik der *Zapatistas* gelang, internationale Aufmerksamkeit zu erlangen, werden die Informationsstrategien des Widerstands der Mapuche-Gemeinden und Organisationen in diesem Zusammenhang immer noch weitgehend übersehen. Dennoch haben Mapuche-Organisationen und Gemeinden aus Wallmapu mit Unterstützung ihres Diaspora-Netzwerks und anderer Akteur*innen seit Ende der 1990er-Jahre eine Reihe von, vor allem digitaler, Kommunikations- und Informationsplattformen ins Leben gerufen. In diesem Kapitel geht es zunächst darum, wie Informationen erstellt und in Umlauf gebracht werden und wie diese Informationen das Bewusstsein und die Sensibilität für die Situation in Wallmapu erhöhen sollen. Als Ausdruck zeitgenössischer Informationspolitik werden die digitalen Mapuche-Medien und der digitale Mapuche-Aktivismus sowie ihre neuen Entwicklungen, Probleme und Widersprüche vorgestellt und diskutiert.

Ein erster Schritt solidarischer Informationspolitik ist die Verbreitung informeller Berichte durch persönliche Beziehungen zwischen verschiedenen Akteur*innen. Geschichten werden von Angesicht zu Angesicht erzählt, wenn eine Person, die gerade Chile und Wallmapu war, einige Erkenntnisse darüber mitbringt, wie er oder sie die aktuelle Situation in seiner oder ihrer unmittelbaren Umgebung erlebt hat. Auch Mapuche-Vertreter*innen, die nach Europa reisen, erzählen ihre Geschichten nicht nur in offiziellen Veranstaltungen, sondern auch in informellen Unterhaltungen. Insbesondere die Treffen und Demonstrationen in Solidarität mit den Mapuche werden für diese Art des Informationsaustausches genutzt. Diese alternativen Berichte werden auch über soziale Medien wie Facebook oder Twitter verbreitet, wo Menschen auf der ganzen Welt auf die Bilder von einer Polizeirazzia oder auf Zeugenaussagen zugreifen können. Dabei sind einzelne Profilseiten, beispielsweise von Gemeindevertreter*innen oder von Sprecher*innen der politischen Gefangenen wichtige Informationsquellen.

Weitere wichtige Informationsquellen sind NGOs in Chile wie das INDH, insbesondere das Regionalbüro in der Region Araucanía, und die NGO *Observatorio Ciudadano* in Temuco, die Menschenrechtsverstöße aufdecken, Prozesse begleiten und systematische Berichte zu Menschenrechtsverletzungen an den Mapuche erstellen. Daneben gibt es regionale Recherchenetzwerke, die Medienplattformen *Mapuexpress* und das *Red por la Defensa de los Territorios*[44], die sich aus einer großen Anzahl unabhängiger Journalist*innen und Aktivist*innen zusammensetzen und im Zusammenhang mit Menschenrechtsverletzungen und ökologischer Gerechtigkeit in Wallmapu publizieren. Zu den wichtigen internationalen Informationsquellen gehören die Berichterstatter*innen, die von internationalen Organisationen bestellt werden und oft in Zusammenarbeit mit Mapuche-Organisationen vor Ort in Wallmapu sind. Deren Berichte[45] sind ein weiteres wichtiges Instrument, um die Verletzung von Menschenrechten anzuprangern und die chilenische Regierung

44 Netzwerk für die Verteidigung der Territorien.

45 Die wichtigsten und am häufigsten zitierten Berichte sind die der Sonderberichterstatter für Chile über die Lage der Menschenrechte und Grundfreiheiten der indigenen Bevölkerung (Stavenhagen 2003), über die Förderung und den Schutz der Menschenrechte und Grundfreiheiten bei der Bekämpfung des Terrorismus (Emmerson 2014) und über die Rechte auf friedliche Versammlung und Versammlungsfreiheit (Kiai 2016). Zu den weiteren Berichten, die Menschenrechtsverletzungen und Verletzungen der Rechte indigener Völker in Chile anprangern, gehören ein alternativer Bericht zum CERD von UNPO und Organisationen der Mapuche-Diaspora (UNPO, FOLIL und Asociación Tierra y Liberad para Arauco 2013), die Berichte über Fortschritte und Herausforderungen im Bereich der Rechte indigener Völker in Lateinamerika (CEPAL 2014), Berichte über die Auswirkungen von Umweltschäden auf indigene Völker (UNPO 2015), der Menschenrechtsbericht des US-Außenministeriums (United States Department of State, Bureau of Democracy 2015), jährliche Berichte von Amnesty International und ein Bericht über Polizeigewalt gegen

zu drängen, die Rechte der indigenen Bevölkerung auf der Grundlage der ILO-Konvention 169 oder der UN-Erklärung 2007 zu garantieren. Ein weiterer internationaler Beitrag zur Aufdeckung und Meldung von Vorfällen sind Menschenrechtsbeobachtungsmissionen, wie sie die Regionalgruppe in Köln der GfbV in Deutschland organisiert, an denen ich mich auch selbst beteiligt habe.

Transnationale Informationspolitik baut dabei auf strategische Partnerschaften mit internationalen Medien wie Zeitungen, Magazinen oder Onlinezeitschriften (Keck und Sikkink 1998: 22). Strategische Medienpartner*innen in Deutschland sind zum Beispiel die Monatszeitschrift Zeitschrift *Informationsstelle Lateinamerika*, die Online-Zeitschrift *amerika21*, das Portal *Nachrichtenpool Lateinamerika* (NPLA) und die Monatszeitschrift *Lateinamerikanachrichten*.

Das Ziel der transnationalen Informationspolitik bringt Vicente Painel, der damalige Präsident der Kooperative *Kvme Mogen* und aktuell Wirtschaftsminister für die Araucanía Region, folgendermaßen auf den Punkt: »Ich sage Dir, im Allgemeinen ist es die Pluralisierung von Informationen! Es gibt mehr als eine Version!« (Vicente Painel, Interview mit dem Autor). Ich übernehme den Begriff der Pluralisierung, um die Notwendigkeit zu beschreiben, alternative, widerständige und gegenhegemoniale Informationen über die Situation der Mapuche transnational zu verbreiten. Die Pluralisierung von Informationen wird auch als eines der Hauptziele von Mapuche-Delegation aus Gemeinden im Widerstand im Jahr 2014 in Europa beschrieben. Amina, eine deutsche Aktivistin, die die Reise unterstützte, sagte, dass es in erster Linie darum gehe, Öffentlichkeitsarbeit zu machen, um das Thema auch hier in Deutschland und in Europa zu verbreiten. (Interview mit dem Autor). Eine weitere Anstrengung um Informationspluralismus ist die Übersetzung von Berichten oder Vorfällen aus den spanischsprachigen Mapuche-Medien. Und neue technologische Ressourcen und Onlinemedien haben die Möglichkeit ganz klar verbessert, Informationen schneller und in größerem Umfang zu verbreiten. Alex Mora (Interview mit dem Autor), der sich seit Anfang der 2000er-Jahre für die Interessen der Mapuche einsetzt, stellte fest,

Mapuche- Kinder und Jugendliche (Alianza Territorial Mapuche, Fundación Anide und CEJIL 2016).

dass die Unterdrückung der Mapuche-Gemeinschaften abnahm, als es möglich wurde, die Informationen über das Internet »für alle zugänglich zu machen«.

Bei der Beschreibung des Ziels dieser Informationspolitik verwendeten viele Mapuche- und Nicht-Mapuche-Interviewpartner*innen ähnliche Nuancen dessen, was mit Bewusstseinsbildung übersetzt werden kann. Ein spanischer Begriff, der in den Interviews verwendet wurde, ist *sensibilizar*, also jemanden für etwas sensibilisieren. Die Sensibilisierung für etwas geht über den politischen Aspekt der transnationalen Menschenrechtsarbeit hinaus und bedeutet, die hegemonialen Stereotype über die Mapuche in Chile zu dekonstruieren und zu dekolonisieren. Es beinhaltet das Recht und die Autonomie der Mapuche, selbst zu bestimmen, wer sie sind und was sie wollen. Anstatt eine Identität zu essentialisieren, beinhaltet Sensibilisierung den Anspruch zu vertreten, auf vielfältige und heterogene Arten und Weisen als Mapuche in der Welt zu leben.

Der digitale Aktivismus von Mapuche-Organisationen, Gemeinschaften und ihres diasporischen Netzwerks fand in den letzten Jahrzehnten nur wenig Beachtung, obwohl Informations- und Kommunikationstechnologien mindestens seit den späten 1990er-Jahren Teil ihres Mobilisierungsrepertoires sind (Ramos Gutiérrez 2014). Heute ist der digitale Mapuche-Aktivismus ein zentraler Aspekt der Informationspolitik innerhalb der transnationalen Solidarität mit Wallmapu. Mehrere Ausdrucksformen dieses Aktivismus sind insbesondere im letzten Jahrzehnt international bekannt geworden. Dazu gehören sowohl einzelne Mapuche-Websites und der digitale Aktivismus in den sozialen Medien. Zwar ist das Internet in den letzten Jahrzehnten zu einem zentralen »Werkzeug, nicht zu einer Ursache für sozialen Wandel« (Hill 2013: 14) für soziale Bewegungen und Graswurzelaktivist*innen mit geringen Ressourcen geworden, aber gleichzeitig wurde es von mächtigeren und ressourcenstarken Akteur*innen wie Regierungen, politischen Entscheidungsträgern oder Konzernen genutzt, um soziale Mobilisierungen zu diskreditieren oder zu unterdrücken. Das Internet ist also ein wichtiges Instrument für die internationale Solidarität mit Wallmapu, aber auch ein neuer Ort für Konflikte und Auseinandersetzungen.

Der Rest dieses Kapitels stellt einige der bemerkenswertesten digitalen Mapuche-Medienseiten vor. Diese haben nicht nur eine enorme Wirkung und Reichweite, sondern auch die größte Glaubwürdigkeit und den besten Ruf innerhalb der Mapuche-Gesellschaft und innerhalb der transnationalen Netzwerke. Zunächst einmal gibt es Mapuche-Medienkollektive, die vor allem Online-Artikel, Berichte, Verurteilungen, Ankündigungen von Aktivitäten oder Erklärungen sowie Videos, Radiosendungen und Streams veröffentlichen.[46] Die bekannte Website *Mapuexpress* ist eine Online-Nachrichtenseite, die fast täglich aktualisiert wird. Sie verbreitet Nachrichten über die Kultur und Politik der Mapuche in Wallmapu, wobei der Schwerpunkt auf der Verteidigung der Mapuche-Territorien, der Situation der politischen Gefangenen und den Menschenrechtsverletzungen liegt. Sie nimmt auch Bezug auf internationale, künstlerische oder ökologische Themen. Zweitens haben einige Mapuche-Gemeinden, die sich im Widerstand befinden, ihre eigene Online-Präsenz, meist in Form von Blogs, geschaffen.[47] In der Regel dienen diese Blogs der Verbreitung von Informationen über eine bestimmte Gemeinde, Angriffe durch die Militärpolizei, die Rückgewinnung von Territorien und die Situation der politischen Gefangenen dieser Gemeinden. Drittens haben vor allem städtische und institutionalisierte Mapuche-Organisationen ihre eigene Online- oder soziale Medienpräsenz, wo sie Informationen über ihre Organisation, ihre Aktivitäten und ihre Mitglieder veröffentlichen.[48] Interessanterweise haben diese Organisationen eine deutlich geringere Reichweite als die Mapuche-Medienseiten. Ein Kollektiv hat jedoch einen herausragenden Online-Einfluss: Das Bildungsprojekt *Kimeltuwe*[49] hat mehr als 230.000 Follower*innen auf Facebook und ca. 18.000 Abonnent*innen auf Twitter, was sie wahrscheinlich zur Facebook-Seite mit der größten Reichweite unter den digitalen Medien der Mapuche und zum größten Online-Raum in Mapuzugun macht. Die vierte Kate-

---

46 Dazu gehören *Mapuexpress*, *Werken Noticias*, *Azkintuwe*, *Adkimvn – Cine y Comunicación Mapuche* und *Radio Kvrruf*.

47 Zum Beispiel das *lof* Rankilko (http://rankilko.blogspot.com) und die autonome Gemeinschaft Temucuicui (http://comunidadtemucuicui.blogspot.com)

48 Zum Beispiel *Wallmapuwen*, AMCAM, *Kimeltuwe*, *Kvme Mogen* und *Fütawillimapu*.

49 *Kimeltuwe* beschreibt sich selbst als ein »visuelles Bildungsprojekt, das zum Lehren und Lernen der Mapuche-Sprache beitragen soll. Das Ziel des Projekts ist es, grafisches und audiovisuelles Material über verschiedene Internetplattformen zu verbreiten« (Kimeltuwe 2018).

gorie umfasst Websites, die von der Mapuche-Diaspora, hauptsächlich in Europa, erstellt wurden.[50] Dabei ist bemerkenswert, dass sie Informationen über Belange der Mapuche auch in anderen Sprachen als Spanisch verbreiten. Bereits 1997 schuf Jorge Calbucura, ein Soziologe an der Universität Uppsala in Schweden, die Website *Ñuke Mapu – Centro de Documentación Mapuche*.[51] Andere Websites der Mapuche-Diaspora enthalten Informationen über befreundete Gemeinschaften und Organisationen in Wallmapu, ihre Unterdrückung und Verfolgung, Prozesse gegen Mapuche-Vertreter*innen, die Situation der politischen Gefangenen und vor allem über die soziokulturellen und politischen Aktivitäten der Diaspora in Europa. Ein weiteres wichtiges Instrument der Mapuche-Diaspora ist der offene und meist spanischsprachiger *werken*-Newsletter mit Sitz in den Niederlanden. Erwähnenswert ist in diesem Zusammenhang das Fehlen einer Online-Präsenz anderer wichtiger Organisationen und Gemeinden, wie des CTT oder gedruckter Mapuche Zeitungen, wie die 2003 gegründete *Azkintuwe* oder die 2011 gegründete *Mapuche Times*.

Der digitale Mapuche-Aktivismus findet jedoch auch jenseits dieser Websites statt. Informationen zirkulieren heute meist, gemäß der Logik sozialer Medien wie Facebook oder Twitter, auf dezentrale Weise. Sie tragen zur Pluralisierung von Berichten und Artikeln, Meldungen und Verurteilungen bei, die anschließend national und transnational geteilt werden. Die Verbreitung dieser Informationen ist in hohem Maße pluralisiert, dezentralisiert und heterogen, anstatt auf eine Reihe offizieller Quellen beschränkt zu sein. Die Idee eines digitalen Mapuche-Aktivismus wurde 2017 während eines Treffens von Mapuche-Organisationen in Santiago de Chile aufgegriffen. Die Teilnehmer*innen diskutierten die Verbreitung der Nutzung von digitalen Informationstechnologien unter der Mapuche-Bevölkerung und sprachen sich für die Verbreitung und

50 Zum Beispiel *Ñuke Mapu*, Mapuche International Link, *FOLIL* und das *Women's Coordinating Committee for a Free Wallmapu*.

51 *Ñuke Mapu* befasst sich hauptsächlich mit akademischer Information und Forschung im Zusammenhang mit der Kultur, Politik, dem Territorium und dem Denken der Mapuche. Dieser Raum dient als alternative Plattform, Forum und Kommunikationsmittel für die intellektuelle Produktion unter den Mapuche-Forscher*innen, Akademiker*innen und Studierenden, die keinen Zugang zu akademischen Zeitschriften oder Konzernmedien haben (Ramos Gutiérrez 2014:12).

Wiederbelebung der digitalen Nutzung des Mapuzugun aus. Digitaler Mapuche-Aktivismus könnte demnach als die digitalen Bemühungen von Mapuche-Aktivist*innen zusammengefasst werden, die Informationen über Internetseiten, soziale Medien, Chatrooms, Video- oder Fotoplattformen verbreiten, die sich auf die soziokulturellen und politischen Themen beziehen, welche die Mapuche-Gesellschaft in Wallmapu und darüber hinaus betreffen.

Digitale Mapuche-Medien und digitaler Mapuche-Aktivismus entstanden aus der Notwendigkeit, über eigene alternative Kommunikationsmittel zu verfügen und diejenigen Nachrichten zu pluralisieren, die sonst keine öffentliche Aufmerksamkeit erlangen würden, politische Forderungen in der Mapuche-Gesellschaft zu fördern und für Indigene und Menschenrechte sowie die Wiederbelebung ihrer Kultur einzutreten (Ramos Gutiérrez 2014:17). Der digitale Mapuche-Aktivismus zeichnet sich besonders durch die schnelle Verbreitung von Informationen und Nachrichten, eine relativ hohe Verlässlichkeit, gründliche Dokumentation und Recherche, seinen Einfluss auf die Mapuche-Gesellschaft im In- und Ausland und die relativ geringen Kosten für die Bereitstellung von Informationen aus. Weitere Aspekte des digitalen Mapuche-Aktivismus sind: die ständige Aktualisierung von Informationen und Nachrichten durch digitale Medienseiten, sowohl von Mapuche als auch von Nicht-Mapuche als Hauptquelle; die Analyse von politischen Ereignissen; der Wunsch, selbstständig Informationen zu veröffentlichen und zu verbreiten; der ständige Bezug auf und die Nutzung von Debatten und Informationen über verwandte Themen; und schließlich die Präsenz und Nutzung von Mapuche-Bildern, -Fotos, -Designs, -Cartoons, -Memes und -Zeichnungen (Foerster und Vergara zitiert in Ramos Gutiérrez 2014: 6–7).

Eine spannende Entwicklung des digitalen Mapuche-Aktivismus besteht darin, dass er sich nicht auf eine Reihe bestimmter, von Mapuche betriebener Websites beschränkt. Vielmehr ist der digitale Mapuche-Aktivismus heute ein hochgradig pluralisiertes, dezentralisiertes und heterogenes Phänomen, das von unzähligen Individuen mit ihren Smartphones und soziale Medien-Accounts betrieben wird. In gewisser Weise findet damit die Logik der Autonomiepolitik auch in der digitalen Sphäre Anwendung und es werden traditionelle soziale Rollen der Mapuche, zum Beispiel des Gemeindesprechers werken, transformiert. Diese Position ist sehr prestigeträchtig, erfordert eine enge und vertrauensvolle Beziehung zu den *longko*[52] und ein großes Maß an interkultureller und kommunikativer Kompetenz (Kaltmeier 2004: 316–19). Zum Beispiel ernannte die machi Francisca Linconao nach ihrer Inhaftierung Anfang 2016 Ingrid Conejeros, eine junge Mapuche-Frau, die in Santiago de Chile geboren wurde, zu ihrer werken. Sie wurde nicht aufgrund ihrer Position innerhalb der Mapuche-Gemeinde, sondern als Außenseiterin und zur werken ernannt. Während des Gefängnisaufenthalts der machi wurde die Facebook-Seite der werken zur Hauptquelle für Informationen über ihre Situation und die Mobilisierungsbemühungen in Chile und im Ausland. Bedeutet dies, dass die traditionelle Rolle der werken als gemeindebasierte Rolle durch den digitalen Aktivismus gefährdet ist? Oder ermöglicht diese Entwicklung die Demokratisierung der Position des werken? In welche Richtung diese Entwicklung auch immer geht, diese Fragen könnten zu herausfordernden Diskussionen innerhalb der Mapuche-Gesellschaft führen.

Eine weitere interessante Entwicklung ist, dass heute die Zahl der digitalen Mapuche-Aktivist*innen und Medienseiten steigt, die in Mapuzugun, sowohl ausschließlich als auch zweisprachig kommunizieren. Vor allem die Bemühungen des *Kimeltuwe*-Kollektivs zeichnen sich dadurch aus, dass sie fast nur Inhalte auf Mapuzugun veröffentlichen und dadurch den Schwerpunkt auf die sprachliche und kulturelle Wiederbelebung verlagern. *Kimeltuwe* ist ein transnational sichtbarer und prominenter Versuch, die monolinguale Dominanz der spanischen Sprache in Chile zu brechen, die Kommunikationshoheit zu dekolonisieren sowie die Mapuche-Gesellschaft durch sprachliche Zugehörigkeit zu rekonstruieren.

Dadurch vertiefen und demokratisieren die digitalen Mapuche-Medien und der digitale Mapuche-Aktivismus die politische Kultur der Autonomie. Das liegt daran, dass die Informationstechnologien »es möglich machen, einen Diskurs zu schaffen und ein Bild davon zu entwerfen, wie man von anderen, in diesem Fall den Nicht-Mapuche, gesehen werden möchte und auf diese Weise und auf der Grundlage des eigenen Wissens zu definieren, was die Mapuche-Kultur ist« (Ramos

52 Gemeindevorsteher*in.

Gutiérrez 2014: 5). Daher kann dieser Aktivismus als eine Form der »Massenselbstkommunikation« und als ein entscheidendes Element der Kommunikations- und Vernetzungsbemühungen der zeitgenössischen de- und polyzentrischen sozialen und politischen Bewegungen und Proteste betrachtet werden (Castells 2015: 256–62). Diese Bewegungen und das Internet »teilen dabei eine spezifische Kultur, die Kultur der Autonomie« (ebd.: 258). Die Mapuche-Gesellschaft scheint mit ihrer Autonomiepolitik beste Voraussetzungen zu haben, diese Technologien für ihre Zwecke einzusetzen.

Trotzdem der digitale Aktivismus der Mapuche durch einige kontextuelle – vor allem politische und sozioökonomische – Faktoren limitiert. Zu den materiellen Beschränkungen gehören die geringe Reichweite und Geschwindigkeit der vom Staat und privaten Unternehmen bereitgestellten digitalen Infrastruktur sowie der mangelhafte Zugang zu entsprechenden Endgeräten wie Computern oder Smartphones (Joyce 2010: 2–4). Auf der anderen Seite bestimmen externe Elemente wie »wirtschaftliche, soziale und politische Faktoren, wie und ob Menschen diese Infrastruktur nutzen« (ebd., 4). In diesem Zusammenhang sprechen Forscher*innen von einer »digitalen Kluft«, die vor allem die ländlichen Mapuche-Gemeinschaften betrifft (Garrido, Martínez Sánchez und Solano-Fernández 2011; López-Vicent, Sánchez-Vera und Solano-Fernández 2014). Diese digitale Kluft ist gekennzeichnet durch einen Mangel an Ausbildung und Ressourcen für die Nutzung von Informations- und Kommunikationstechnologien. Ein weiteres Merkmal ist der Gegensatz zwischen der allgemein weiten Verbreitung von Computern und Smartphones und dem eingeschränkten Internetzugang.[53]

Es gibt auch kontextuelle Faktoren, die den digitalen Mapuche-Aktivismus limitieren und die im allgemeinen politischen Kontext verstanden werden müssen. Zum einen wird die Kriminalisierung und Unterdrückung der Mapuche-Mobilisierung auf die digitale Sphäre ausgeweitet. Infolgedessen sind die digitalen Medien und der Aktivismus der Mapuche oft mit digitaler Kriegsführung durch mächtige und ressourcenstarke Akteure konfrontiert. Eine Episode dieser digitalen Kriegsführung be-

53 So gibt es beispielsweise in ländlichen Gemeinden so gut wie keine Breitbandverbindungen, und der Internetzugang ist auf das mobile Internet beschränkt.

gann im September 2017: Am 20. September führten die chilenischen *Carabineros* und die *Policía de Investigaciones de Chile*[54] eine groß angelegte Operation unter dem Namen Operación Huracán gegen mehrere Anführer*innen von Mapuche-Organisationen und Gemeinden durch.[55] Die Razzien und Verhaftungen wurden mit dem Anti-Terror-Gesetz gerechtfertigt und mit einem hohen Maß an Polizeibrutalität durchgeführt – am selben Abend wurde in den nationalen Medien ein »großer Schlag gegen den Terrorismus der Mapuche« (Seiwerth 2018) gefeiert, und die Namen, Fotos und persönlichen Daten der Festgenommenen wurden veröffentlicht. Als Beweis legten die Polizeikräfte abgefangene Unterhaltungen über Messaging-Dienste wie WhatsApp und Telegram zwischen einigen der gefangenen genommenen Personen vor. In diesen Chats sprachen sie offenbar darüber, Brandanschläge zu verüben oder Waffen von Argentinien nach Chile zu schmuggeln (ebd.). Diese Anschuldigungen erschienen höchst unseriös und wurden in den sozialen Medien als Fake News verspottet. Eineinhalb Monate später flog der Fall schließlich auf, als der Staatsanwalt von Temuco, Luis Arroyo, einräumte, dass die Beweise, die zu der Operation und der Inhaftierung dieser Mapuche-Anführer*innen führten, gefälscht waren. Diese Erklärung wurde bekräftigt, als der Geheimdienstoffizier Alex Smith und vier Mitglieder des kriminaltechnischen Labors in Temuco den Mechanismus, mit dem die Beweise gefälscht wurden, offenlegten.[56] Im Jahr 2018 gab es genügend Beweise dafür, dass die *Carabineros* mit der Operación Huracán illegal die Mobiltelefone und E-Mails von Mapuche-Aktivist*innen und ihren Unterstützende abfingen, vorsätzlich Beweise fälschten, indem sie gefälschte abgefangene Nachrichten zwischen Mapuche-Anführer*innen*innen erfanden, und Beweise mit nicht funktionierenden Software-Tools fabrizierten (Sepúlveda und González 2018).

---

54 Polizeiliche Ermittlungseinheit und die chilenische Zivilpolizei.

55 Unter ihnen waren Jaime Huenchullán und mehrere seiner Brüder aus der Gemeinde Temucuicui sowie Hector Llaitul von der CAM.

56 Diese Ereignisse führten schließlich zum Rücktritt des Generaldirektors der *Carabineros*, Bruno Villalobos, und des Geheimdienstdirektors der Institution, Gonzalo Blu, sowie zu rechtlichen Schritten, die die inhaftierten Mapuche-Anführer seither gegen den Staat unternehmen.

Ein weiteres Beispiel für die digitale Kriegsführung gegen digitalen Mapuche-Aktivismus war ein Prozess im Jahr 2017 gegen Alfredo Seguel, Mitglied von *Mapuexpress* und dem *Red por la Defensa de los Territorios*. Alfredo Seguel hatte die Beteiligung des Mapuche-Beraters Andrés Antivil[57] an verschiedenen Projekten zum Bau von Wasserkraftwerken in der Region Araucanía angeprangert. Er kritisierte insbesondere die Rolle Antivils bei denjenigen Projekten, die das Territorium und die Lebensgrundlage mehrerer Mapuche-Gemeinden bedrohten. In einer öffentlichen Erklärung einer Gemeinde, die auf *Mapuexpress* veröffentlicht wurde, wurde Antivil als Verräter an der Sache der Mapuche bezeichnet: *yanakona*. Im Juli 2017 reichte Antivil eine Klage gegen Alfredo Seguel ein, in der er ihn der Verleumdung und Beleidigung in öffentlichen Äußerungen beschuldigte und eine Entschädigung von etwa 11.000 USD forderte (Parra 2017). Obwohl Alfredo Seguel für nicht schuldig erklärt wurde, löste dieser Fall trotzdem die Sorge aus, dass kritische Stimmen gegen solche Infrastrukturprojekte über juristische Maßnahmen zum Schweigen gebracht werden sollen und die Pressefreiheit bedroht werde.

Trotz der digitalen Kluft und der digitalen Gegenangriffe tragen die Medien und Aktivist*innen der Mapuche erfolgreich zur Pluralisierung von Informationen, sowohl im Inland und auf transnationaler Ebene, bei. Damit fordern sie die materiellen Zwänge einer Situation heraus, die sie bedroht, sabotiert und strukturell benachteiligt. Die alltägliche Nutzung von Smartphones ermöglicht es vielen (vor allem jungen) Mapuche-Gemeindemitgliedern, Polizeirazzien oder Menschenrechtsverletzungen im selben Moment zu dokumentieren und anzuprangern. Das Smartphone wurde zu einem Instrument der (persönlichen und kollektiven) Selbstverteidigung gegen Übergriffe durch die Polizei oder andere bewaffnete Akteure. Als eine Form der Massenselbstkommunikation können selbst Mapuche-Gemeindemitglieder mit geringen Ressourcen diese Technologien nutzen und den digitalen Aktivismus zu einem machtvollen Instrument gegen die alltägliche Unterdrückung in Wallmapu und für

57 Antivil arbeitete zu diesem Zeitpunkt als Forstingenieur, Berater der Interamerikanischen Entwicklungsbank und war Präsident des Rates der Zivilgesellschaft des chilenischen Energieministeriums.

die transnationale Pluralisierung und Bewusstseinsbildung machen. Aber gleichzeitig entsteht dadurch eine weitere (digitale) Front, an der ihr Widerstand verfolgt und kriminalisiert wird.

KAPITEL 8
Translokale Protestformen

Die translokalen Protestformen in Solidarität mit Wallmapu bauen entweder direkten Druck auf Akteur*innen auf, die als Verantwortliche im Konflikt identifiziert werden oder sie versuchen, deren Handeln zu beeinflussen, indem sie sich an noch mächtigere Akteure wenden, die einen Einfluss auf die Konfliktparteien in Chile haben könnten. Sie versuchen dabei einerseits institutionelle Verfahren zu beeinflussen, während sie gleichzeitig auf konkrete Veränderungen in den politischen Agenden ihrer Adressat*innen abzielen. Diese sind sowohl internationale Akteur*innen und Institutionen als auch die staatlichen Strukturen in Chile auf nationalstaatlicher, regionaler oder lokaler Ebene. Und aufgrund der eher erfolglosen Versuche der Mapuche-Mobilisierung, die chilenische Politik und Institutionen in den 1990er-Jahren auf nationaler Ebene zu verändern, haben sich deren Proteststrategien nicht nur in den autonomen Widerstand verlagert, sondern auch zunehmend transnationalisiert. Durch diese »transnationale Diffusion« haben Mapuche-Gemeinden und Organisationen »ähnliche Aktionsformen und Forderungen über Grenzen hinweg verbreitet« (Tarrow 2011: 235). Diese Bemühungen richten sich an mächtige internationale Akteur*innen und an eine internationale Zivilgesellschaft, um deren Perspektive auf die Situation in Wallmapu, ihre diskursiven Positionen sowie ihre politischen Entscheidungen zu verändern.

In diesem Kontext werden verschiedene Protestformen durch die Mapuche und die chilenische Diaspora transnationalisiert und nach Europa getragen. Sie zeichnen sich vor allem dadurch aus, dass sie den regulären Ablauf des Alltagslebens oder die Routine ihrer Adressat*innen durch meist symbolische Aktionen stören (Tarrow 2011: 101). Die meisten dieser politischen Strategien sind kontingent, auf bestimmte Kampagnen beschränkt oder werden zyklisch, zum Beispiel im Gedenken an ein bestimmtes Datum, durchgeführt. Bei diesen Kampagnen kommen bestimmte Gruppen und Akteur*innen zusammen und weben das internationale Solidaritätsnetzwerk mit Wallmapu (siehe Kapitel 6). Das folgende Kapitel widmet sich einigen Episoden dieser transnationalen und translokalen Protestformen.

Die internationalen Proteststrategien haben meist Erfolg, wenn sie sich auf eine Reihe von Symbolen berufen, die sowohl für die soziopolitischen Umstände der Bewegung als auch für externe Akteur*innen von Bedeutung sind. Solche Strategien besitzen »die Fähigkeit, sich auf Symbole, Handlungen und Geschichten zu berufen, die einer Situation für ein oft weit entferntes Publikum einen Sinn geben« (Keck und Sikkink 1998: 16). Ein wichtiges Symbol für die Unterdrückung und strukturelle Diskriminierung der Mapuche sind chilenische Institutionen und Regierungsvertreter*innen. Daher sind die chilenischen Botschaften und Konsulate das Hauptziel von Demonstrationen, die von der Mapuche-Diaspora und ihrem Solidaritätsnetzwerk in ganz Europa organisiert werden. Unter anderem habe ich in Köln 2016 an einer Mahnwache vor dem chilenischen Konsulat teilgenommen, die von der Mapuche-Regionalgruppe der GfbV zusammen mit anderen Solidaritätsaktivisten organisiert wurde. Anlass war die Verhaftung mehrerer Mapuche-Anführer*innen im April 2016 im Zusammenhang mit dem Fall Luchsinger-Mackay (siehe Kapitel 4). Derartige Mahnwachen sind eine typische Proteststrategie, werden offiziell angekündigt und finden direkt auf der Straße vor dem Konsulat statt. Mapuche-Fahnen und Transparente werden auf der Straße niedergelegt, von Aktivist*innen gehalten oder an Bäumen oder Laternenpfählen befestigt. Aktivist*innen aus der Mapuche-Diaspora kleiden sich in traditioneller Mapuche-Kleidung und erregen Aufmerksamkeit, indem sie Mapuche-Instrumente wie die trutruka oder das kultrun spielen. Transparente und Protestschilder richten sich an die Menschenrechtsverletzungen in Chile, klagen die verantwortlichen Politiker*innen an und fordern die Freiheit für die inhaftierten Mapuche. Während solcher Mahnwachen werden Petitionen der inhaftierten Mapuche und ihres Solidaritätsnetzwerks in Spanisch, der lokalen Sprache und auch zunehmend auf Mapuzugun verlesen. Diese Mahnwachen haben ein disruptives Element, indem sie die Arbeit des chilenischen Konsulats stören, die Aufmerksamkeit der Passant*innen auf sich ziehen und den Alltag auf dem Bürgersteig unterbrechen.

Der in Köln lebende Mapuche-Künstler Alex Mora bei einer Mahnwache in Köln (Foto des Autors).

Eine ähnliche Protestform ist die sogenannte *funa*. Die funa (von dem Verb *funar*) hat ihren Ursprung im postdiktatorischen Chile. Menschenrechtsorganisationen begannen damals, mutmaßliche oder bekannte Menschenrechtsverletzer*innen, Täter*innen oder mitschuldige Politiker*innen an ihren Häusern und Arbeitsplätzen aufzusuchen, um sie zur Verantwortung zu ziehen. Ziel einer funa ist es, die Verantwortlichen für Menschenrechtsverletzungen öffentlich zu benennen und ihren Alltag zu unterbrechen. Die Folgen dieser Aktionen können sein, dass die angeprangerten Personen nicht mehr an ihren Arbeitsplätzen erscheinen oder aus ihren Häusern ausziehen. Interessanterweise stammt das Wort funar aus dem Mapuzugun und kann als ›etwas schlecht werden lassen‹ übersetzt werden. Diese Protesttaktik wurde von der Mapuche und chilenischen Diaspora in Europa nicht nur angewandt, um an chilenischen Vertretungen und Konsulaten zu protestieren, sondern insbesondere, um die ehemalige chilenische Präsidentin Michelle Bachelet in Europa für die Menschen- und Indigenenrechtsverletzungen ihrer Regierung zu anzuklagen. Vor allem während ihrer letzten Amtszeit von 2014 bis 2018 unternahm Bachelet mehrere Reisen nach Europa, wo bei mehreren Anlässen gegen sie demonstriert wurde, zum Beispiel in Stockholm, Genf, Köln und Leuven. Letzteres bezieht sich, wie bereits in Kapitel 6 erwähnt, auf Bachelets Besuch des CELAC-Wirtschaftsgipfels mit der EU am 4. Juni 2015, bei dem ihr auch die Ehrendoktorwürde an der Universität von Leuven verliehen wurde.

Die Symbolik dieses Protestes kann kaum überschätzt werden, da mehrere Mapuche-Frauen in unmittelbarer Distanz zu Bachelet die Regierungspolitik anklagen konnten. Dadurch hat dieser Protest bis nach Chile große Aufmerksamkeit erregt und kann als klarer Erfolg disruptiver Proteststrategien auf internationaler Bühne gelten. In Chile wäre ein solcher Protest mit schwerer Repression beantwortet worden. Aber auch bei dieser Gelegenheit wurde ein staatliches Bedrohungsszenario aufgebaut, als chilenische Polizeibeamte im Rahmen der Delegation auf die drei Mapuche-Frauen zugingen, als sie den Saal betraten und damit drohten, die belgische Polizei zu rufen, wenn sie sich nicht ausweisen würden. Darüber hinaus drohten sie den drei Frauen, indem sie andeuteten, dass eine Beteiligung der Polizei für sie ungünstig ausgehen würde. Nach der Veranstaltung eskortierten sie die drei Frauen zum Ausgang und schlossen sie vom anschließenden Empfang aus (Bangert 2015).

Eine weitere Episode symbolischer Proteste im Rahmen der internationalen Proteststrategien war die Tour des chilenischen Militärschiffs *La Esmeralda* im Sommer 2015, die in Kapitel 6 vorgestellt wurde. Bei den Protesten gelang es, den Unrechtsrahmen über die vergangenen Menschenrechtsverletzungen der Militärdiktatur in Chile zu erweitern, um die aktuellen Menschenrechtsverletzungen gegen die Mapuche in Chile anzuklagen. Die Protestierenden benutzten ein prestigeträchtiges Symbol der chilenischen Marine, das aber gleichzeitig für die Verbrechen gegen die Menschlichkeit während der chilenischen Diktatur steht und konnten damit die aktuelle Situation der Mapuche direkt mit den begangenen Menschenrechtsverletzungen während der Diktatur in Zusammenhang bringen.

Im Jahr 2014 initiierten Aktivist*innen aus der Mapuche-Diaspora in Europa einen symbolischen Hungerstreik in den Städten Köln und Amsterdam. Der Hintergrund war der bereits laufende Hungerstreik von fünf politischen Mapuche-Gefangenen in Chile.[58] Hungerstreiks sind in den letzten Jahren zu einem Mittel *ultima ratio* für viele politische Mapuche-Gefangene geworden, um im Rahmen ihrer Anklage unter dem Antiterrorgesetz trotzdem ein faires Verfahren einzufordern, die Haft bis zum Prozess auszusetzen, oder ihr Recht auf freie Religionsausübung während der Haft durchzusetzen. So initiierte unter anderem machi Celestino Cordova bereits mehrere Hungerstreiks, um bessere Haftbedingungen zu erkämpfen (siehe Kapitel 4). Nur in seltenen Fällen haben diese Streiks in den letzten Jahren Erfolg gehabt. Die Solidarisierung im Hungerstreik durch die Mapuche-Diaspora ist nicht nur ein wirksames Mittel, um auf die Situation der politischen Gefangenen in Chile aufmerksam zu machen, sondern verlagert auch eine spezifische Protestform auf die europäische Ebene, wo politische Hungerstreiks eher selten geworden sind. Diese Form des Protests konfrontiert die lokale Öffentlichkeit mit einer Taktik, welche die körperliche Unversehrtheit der Demonstrant*innen bedroht und die Dringlichkeit ihrer Forderungen sowie die Entschlossenheit ihres Kampfes in Erinnerung ruft. Dieser Hungerstreik dauerte zwar nur wenige Tage, aber dennoch hatte er einen stark disruptiven Charakter.

Darüber hinaus üben öffentliche Solidaritätserklärungen von Prominenten symbolisch Druck auf chilenische Regierungsinstitutionen und die chilenische Zivilgesellschaft aus. Indem sie Petitionen unterzeichnen oder öffentliche Erklärungen zur Unterstützung der Mapuche abgeben, fordern sie eine andere Politik gegenüber den Mapuche und einen Perspektivwechsel in dem Konflikt ein und solidarisieren sich mit Mapuche-Gemeinden, Organisationen und politischen Gefangenen.[59]

58 Das allgemeine Ziel des Hungerstreiks war es, »Solidarität mit den Mapuche-Gefangenen in Chile auszudrücken und das Vorgehen der chilenischen Behörden anzuprangern, damit das staatliche Anti-Terror-Gesetz endlich abgeschafft wird« (Mapuche NL 2014). Darüber hinaus stellten sie eine Reihe konkreterer Forderungen in Bezug auf die Situation der fünf inhaftierten Mapuche.

59 Einige Beispiele sind die Solidaritätsbekundungen der antirassistischen und feministischen Aktivistin und Wissenschaftlerin Angela Davis während ihres Besuchs in Chile im Jahr 2016, des argentinischen Schriftstellers und Aktivisten Raúl Zibechi, des argentinischen Nobelpreisträgers Adolfo Pérez Esquivel, des Mapuche-Fußballspielers Jean Beausejour, international bekannter Musikkünstler wie Manu Chau, Calle 13 und Ana Tijoux sowie der peruanischen Schauspielerin Qorianka Kilcher.

Alle diese symbolischen Proteste richten sich gegen bestimmte Akteure, die eine Verantwortung für den Konflikt in Wallmapu haben, zirkulieren in transnational digitalen Medien und werden (meist) von Aktivist*innen der Mapuche-Diaspora und ihrem Solidaritätsnetzwerk in Europa durchgeführt. Diese Proteste verstärken und erweitern die Forderungen der Mapuche, indem sie sie im Rahmen bereits bestehender Ungerechtigkeiten thematisieren oder ihnen durch die Stimmen von Prominenten Gehör verschaffen. Auf diese Weise erreichen die Forderungen der Mapuche-Bewegung ein wesentlich größeres Publikum. Symbolische Proteste der Mapuche-Diaspora wie die funas, Mahnwachen oder Hungerstreiks eignen sich Räume in Europa an, indem sie Symbole, Klänge, Stimmen, Kleidung und Protesttaktiken der Mapuche mobilisieren. Diese Proteste transkulturalisieren dadurch öffentlichen Räume und verlagern Formen politischen Protests von Wallmapu nach Europa. Öffentliche Räume zu besetzen trägt dazu bei, in der konkreten politischen Praxis der Aktivist*innen ein Gefühl von Gemeinschaft und Zusammengehörigkeit sowie einen politischen Raum zu schaffen, in dem Meinungsfreiheit und politische Aushandlung eingefordert und umgesetzt werden (Castells 2015: 10-11).

Während diese symbolische Protestformen meist direkten Druck auf chilenische Institutionen und Regierungsvertreter*innen ausüben, richten sich andere Strategie an Entscheidungsträger jenseits des chilenischen Nationalstaats. Dabei handelt es sich zum einen um »Hebelpolitik oder die Fähigkeit, mächtige Akteure aufzufordern, eine Situation zu beeinflussen, in der schwächere Mitglieder eines Netzwerks wahrscheinlich keinen Einfluss haben«, und zum anderen um »Rechenschaftspolitik oder das Bemühen, mächtige Akteure zur Einhaltung ihrer zuvor erklärten Politik oder Prinzipien anzuhalten« (Keck und Sikkink 1998: 16). Im vorliegenden Fall sind das Bemühungen von Mapuche-Vertreter*innen aus Wallmapu oder in der Diaspora, die ihre Situation und ihre Forderungen in supranationalen Institutionen wie den Vereinten Nationen in Genf, der Europäischen Union (EU), dem Internationalen Gerichtshof in Den Haag oder in besonderen Schreiben an die Akteure dieser Institutionen ansprechen. Etliche werken der autonomen Gemeinschaft Temucuicui sind zu verschiedenen Anlässen nach Europa gereist, um den Menschenrechtsrat in Genf über massive Verletzungen der Menschenrechte und der Rechte indigener Völker zu informieren.[60] Es gab auch Interventionen von Mapuche-Vertreter*innen im *Ständigen Forum für indigene Rechte* der UNO im Jahr 2013 und Briefe an die Sonderberichterstatter für Menschenrechte, James Anaya und Ben Emmerson, von der ATM, Hector Llaitúl von der CAM und anderen Mapuche-Gemeinden (Habersang und Ydígoras 2015: 133–38). Seit 2001 gibt es die *Ständige Mapuche-Mission* bei der UNO in Genf, vertreten durch Flor Calfunao, die derzeit im Schweizer Exil lebt, und Reynaldo Mariqueo. Ihre Strategie besteht darin, den Raum der UNO für die Zwecke der Mapuche zu nutzen, eine ständige Verbindung zu den UNO-Organen herzustellen und die Arbeit der UNO und ihre Aktivitäten für die Mapuche-Organisationen und Gemeinden transparent zu machen (ebd.: 138–40). Darüber hinaus besetzten 2012 Aktivist*innen der ATM das UNICEF-Hauptquartier in Santiago de Chile, um auf die anhaltenden Menschenrechtsverletzungen gegen Mapuche-Kinder aufmerksam zu machen. Daraufhin reiste der UNICEF-Vertreter in Chile, Tom Olsen, in die Region Araucanía und gab später eine Erklärung ab, in der er die exzessive Gewalt gegen Kinder in der Region kritisierte, die Polizeikräfte aufforderte, ihr Vorgehen an internationalen Menschenrechtsprotokollen auszurichten, und auf eine friedliche Lösung des Konflikts bestand (ebd.: 140–41).

Weitere Beispiele für die Beeinflussung institutioneller Verfahren sind die von der CME organisierte internationale Konferenz über die Mapuche-Verträge oder Parlamente in Den Haag im Mai 2015. In diesem Zusammenhang forderten Mapuche-Organisationen aus Wallmapu und der Diaspora »die Einhaltung der zwischen dem chilenischen Staat und dem Volk der Mapuche vereinbarten Verträge oder Parlamente« ein (Mapuche Coordination Europe 2015). In anderen Fällen wurden die Fälle von Menschenrechtsverletzungen gegen die Mapuche erfolgreich vor den Interamerikanischen Gerichtshof für Menschenrechte gebracht (International Federation for Human Rights 2014). Dabei wurden die Forderungen meist im Rahmen der Menschenrechte und der Rechte der Indigenen Völker formuliert, um Druck auf den chilenischen Staat aus-

60 So hatten beispielsweise Jorge Huenchullán (im Jahr 2011 und 2013) und Jaime Huenchullán (im Jahr 2012) die Möglichkeit, in diesem Forum zu sprechen.

zuüben, insbesondere um die ILO-Konvention 169 einzuhalten. Trotz ihrer offiziellen Verabschiedung durch den chilenischen Staat im Jahr 2008 kann ihre Umsetzung jedoch als »höchst mangelhaft« bezeichnet werden (Habersang und Ydígoras 2015: 266).

Doch selbst eine erfolgreiche Politik der Einflussnahme kann für Wallmapu, Mapuche-Gemeinschaften und Einzelpersonen nach hinten losgehen. So argumentiert Alina Rodenkirchen (2016), dass die fortgesetzte Repression gegen machi Francisca Linconao nach 2013 die Folge davon ist, dass sie einen Rechtsstreit gegen ein chilenisches Unternehmen gewonnen hatte. In diesem Rechtsstreit verteidigte sie erfolgreich ihre Rechte als religiöse Autorität, die in der ILO-Konvention 169 garantiert sind. Ihr juristischer Erfolg wurde zu einem »Präzedenzfall für ganz Südamerika. Eine starke Frau, die selbst vor den mächtigen Institutionen nicht Halt macht und auf ihr Recht besteht.« (ebd., 14). Dennoch wurde sie durch ihren juristischen Erfolg (indem sie sich auf den internationalen Menschenrechtsrahmen und ihre indigenen Rechte berief) zur Zielscheibe. Während ihr Fall von indigenen und Menschenrechtsverteidiger*innen international gefeiert wurde, wurden machi Francisca Linconao und ihre Gemeinde weiterhin verfolgt und ihr Protest unterdrückt. Dieser Fall leistet somit einen Beitrag zu anderen dekolonialen Kritiken an Ansätzen für Menschen- und Indigenenrechte, da ein Erfolg innerhalb westlich dominierter internationaler Organisationen und Rechtsrahmen nicht zwangsläufig Verbesserungen der konkreten Lebenssituationen betroffener Bevölkerungen im Globalen Süden erwirkt. Dadurch wird für einige Akteur*innen ein internationaler juristischer Erfolg zu einem Pyrrhussieg.

In anderen Fällen waren Mapuche-Aktivist*innen aus der Diaspora die Protagonist*innen, die in supranationalen Organisationen Einfluss nehmen konnten. So hielt Alina Rodenkirchen von der CME 2016 vor dem Europäischen Parlament in Brüssel eine Rede über die strukturelle (in diesem Fall vor allem sprachliche) Diskriminierung der Mapuche und ihren gegenwärtigen Kampf um die Wiederbelebung des Mapuzugun. Die Veranstaltung wurde von der UNPO in Zusammenarbeit mit der *Federación Mapuche de Estudiantes* (FEMAE)[61] und der

61 Mapuche Studierendenverband.

Wvñelfe Foundation organisiert (UNPO 2016). Im selben Jahr nahmen Vertreter*innen der Mapuche-Stiftung *FOLIL* in den Niederlanden an der fünfzehnten Sitzung des Ständigen Forums der Vereinten Nationen für indigene Fragen der UNO in New York teil. Die Organisation erhielt infrastrukturelle und finanzielle Unterstützung durch die GfbV aus Deutschland und befasste sich mit Themen wie den Menschen- und Indigenenrechten der Mapuche, der Wiederbelebung der Mapuche-Kultur und Sprache sowie der ökologischen Gerechtigkeit in der Region (Mapuche NL 2016).

Internationale Proteststrategien von Nicht-Mapuche-Akteur*innen und Organisationen ist weniger verbreitet, aber auch ein Faktor. So befand sich 2016 der damalige deutsche Bundespräsident Joachim Gauck auf dem Weg zu einem diplomatischen Besuch in Chile. Vor seiner Abreise hatte die GfbV ihn in einem Brief aufgefordert, sich für einen fairen und gleichberechtigten Dialog zwischen der chilenischen Regierung und den Mapuche einzusetzen. In dem Schreiben wurde auch der Einzelfall von Guido Carihuentru erwähnt, der von mehreren Menschenrechtsbeobachter*innen der Organisation besucht wurde (siehe Kapitel 4).

Derartige Politiken der Einflussnahme sind zu einer wichtigen Strategie internationaler Solidarität geworden, um Menschenrechtsverletzungen und Verletzungen der Rechte indigener Bevölkerungen länderübergreifend in der Hoffnung anzuklagen, dass internationale und supranationale Akteur*innen und Institutionen zu einem Politikwechsel in Chile beitragen. Seltener ist es, andere mächtige Akteur*innen als die chilenische Regierung, die direkt zur Verantwortung gezogen werden können, zur Zielscheibe des Protests zu machen. Dazu gehören Privatunternehmen und ihre Investitionen in umweltzerstörende Projekte, private Landbesitzer*innen sowie die Regierungen von europäischen Ländern, deren Staatsbürger*innen im letzten Jahrhundert in den Süden Chiles ausgewandert sind und eine entscheidende Rolle bei der Kolonisierung des Mapuche-Territoriums gespielt haben. Es gibt nur zwei prominente Fälle, in denen gegen private Unternehmen protestiert wurde, um sie zur Verantwortung zu ziehen. Ein Fall bezieht sich auf das italienische Modeunternehmen Benetton. Benetton erwarb 1991 in Südargentinien etwa eine Million Hektar Land – ein Gebiet, das im 19. Jahrhundert vom argentinischen Militär erobert wurde und zu einem Völkermord an der Mapuche-Bevölkerung von Puelmapu führte. Heute ist Benetton für viele Mapuche-Gemeinschaften und Organisationen in Argentinien ein Hauptgegner in ihrem Kampf um die Rückeroberung ihres Territoriums (Cregan 2016). Obwohl dieser Fall international große Aufmerksamkeit erregt hat, gibt es bisher (abgesehen von einigen symbolischen Protesten) nur wenige Bemühungen, Benetton zur Rechenschaft zu ziehen. Im Gegensatz dazu war die IDNMP – insbesondere die lokale Gruppe in Oslo – sehr aktiv, um gegen das norwegische Unternehmen Statkraft zu protestieren, das ein Wasserkraftwerk am Fluss Pilmaiquen in der Mapuche-Gemeinde Cañete baut. Obwohl das norwegische Unternehmen seine Türen für Demonstrant*innen öffnete und während einer Demonstration in Oslo im Jahr 2016 einen Protestbrief in Empfang nahm (OPAL Prensa 2016a), befindet sich das Kraftwerk weiterhin im Bau. Seit 2014 befindet sich die anliegende Mapuche-Gemeinde im Widerstand gegen dieses Projekt und wird dabei international unterstützt. Die Firma Stratkraft wurde Anfang 2023 öffentlichkeitswirksam und unter der Beteiligung von Greta Thunberg kritisiert, da sie am Bau von Windkraftwerken auf Sami Territorium in Skandinavien beteiligt ist (Huenchumil Jerez 2023).

Weitere internationale Protestformen sind Petitionen, Protest- und Unterstützungsbriefe, Postkartenaktionen und Unterschriftenlisten. Diese werden meist im Zusammenhang mit einem bestimmten Fall, z. B. zur Unterstützung eines politischen Gefangenen oder im Falle von konkreten Infrastrukturprojekten angewandt, sind aber weniger verbreitet. Druck auf internationale Akteure auszuüben ist insbesondere seit den 2000er-Jahren zu einer wichtigen Protestform geworden. Einerseits erzeugen diese Bemühungen transnationalen Druck auf chilenische Institutionen und Repräsentant*innen und schärfen so das Bewusstsein und die Sensibilität innerhalb der heimischen Zivilgesellschaft. Ebenso ist es dadurch bereits gelungen, innerhalb internationaler und supranationaler Institutionen Druck gegen den chilenischen Staat aufzubauen. Andererseits hat sich der Protest gegen transnationale Unternehmen, die für Landraub, Umweltzerstörung und die Kriminalisierung von Aktivist*innen unmittelbar verantwortlich sind, nicht zu einer dauerhaften und substanziellen Solidarisierungsstrategie mit Wallmapu entwickelt.

KAPITEL 9
Ökonomische Solidarität

Während es in den letzten Kapiteln vor allem um Solidarisierungsstrategien ging, die von Wallmapu aus in die internationale Sphäre gerichtet sind, befasst sich das folgende Kapitel mit den transnationalen Bemühungen, welche von außerhalb Chiles Mapuche-Gemeinden und Organisationen in Wallmapu unterstützen (wollen). Ein zentraler Aspekt internationaler Solidarität im 20. Jahrhundert war die direkte und materielle Unterstützung von Kämpfen im Globalen Süden durch Akteur*innen im Globalen Norden. Dazu gehören Solidaritätsreisen in den Globalen Süden und die Unterstützung durch Alphabetisierungskampagnen und andere Bildungsprojekte (im Falle der Solidarität mit Lateinamerika sogenannte Brigaden), finanzielle Hilfe für ideologisch nahestehenden Gruppen oder der Verkauf von Produkten bäuerlicher oder indigener Gemeinden im Globalen Norden.

Solidarität auf diese Kampagnen zu reduzieren wäre insofern problematisch, da es sich auf unterstützende Handlungen konzentriert, die von überwiegend *weißen* und westlichen Akteur*innen durchgeführt werden. Eine solche Sichtweise würde das Stereotyp der aktiven *white saviours*[62] und den passiven ›Empfangenden‹ reproduzieren und die Handlungsfähigkeit des Ersteren ins Zentrum stellen. Eine rassismus- und kolonialismuskritische Perspektive auf Solidarität stellt diese Rollenverteilung jedoch infrage und untersucht die konkreten und materiellen Unterstützungshandlungen des globalen Nordens gegenüber den Mapuche sowie deren Auswirkungen kritisch. Gleichzeitig sollte politischer Wandel durch Solidarität nicht nur an institutionellen oder rechtlichen Veränderungen innerhalb des Nationalstaates oder suprana-

62 Für diesen Begriff siehe Cole (2012). White saviours werden aus einer rassismus- und kolonialismuskritischen Perspektive diejenigen Positionierungen benannt, die nicht von Diskriminierung betroffen sind aber aufgrund ihres individuellen, heroisierten Engagements und ohne die Beteiligung von Betroffenen rassistische und koloniale Machtstrukturen überwinden wollen.

tionaler Organisationen gemessen werden, sondern nach den Parametern derjenigen Gruppen, die von internationaler Solidarität profitieren soll.[63] Internationale Solidarität muss daher dahingehend hinterfragt werden, wer ihre Nutznießer*innen sind: Sind es die Mapuche-Gemeinden und Organisationen, welche Solidarität in verschiedenen Formen ›erhalten‹? Oder sind es die Nicht-Mapuche-Solidaritätsaktivist*innen, die als white saviours auftreten und dadurch hierarchische Nord-Süd-Verhältnisse reproduzieren? Ob Solidaritätsaktionen und -kampagnen der Mapuche-Gesellschaft tatsächlich zugutekommen, kann daran bemessen werden, ob und welche Akteur*innen, Gruppen, Organisationen und Gemeinden in Wallmapu gestärkt werden und ob sie dadurch in ihrem Kampf für einen soziopolitischen und kulturellen Wandel unterstützt werden. Vor diesem Hintergrund setzt sich der folgende Abschnitt kritisch mit Formen und Erfahrungen ökonomischer und finanzieller Solidarität mit Wallmapu auseinander. Das folgende Kapitel stellt zwei dieser Projekte sowie eine alternative Form ökonomischer Solidarität durch die Mapuche-Genossenschaft *Kvme Mogen* vor.

Ein Fallbeispiel betrifft das deutsche christliche Hilfswerk *Adveniat*, das seinen Ursprung in der deutschen Nachkriegszeit hat. Als nach dem 2. Weltkrieg eine Gesundheits- und Hungerkrise in Deutschland ausbrach, begannen die katholische und die lutheranische Kirche in Lateinamerika, Geld für die deutsche Bevölkerung zu sammeln. Als eine Form der Gegenseitigkeit begannen einige deutsche Bischöfe in den 1960er-Jahren eine Initiative zu gründen, um die katholische Kirche in Lateinamerika durch finanzielle und humanitäre Hilfe zu unterstützen. Aus den periodischen Kollekten zu Weihnachten für Lateinamerika entstand schließlich Adveniat. Heute finanziert Adveniat 2.442 Projekte in Lateinamerika mit einem Budget von rund 41 Millionen Euro. In Chile unterstützt Adveniat insgesamt sechsundfünfzig Projekte im ganzen Land, mit einem durchschnittlichen Budget von 18.000 Euro pro Projekt im Zeitraum 2015–2016 (Bischöfliche Aktion Adveniat e.V. 2017: 13).

63 Dieses Argument ist inspiriert von Spivaks (2004) Forderung nach einer Bildung im und für den Globalen Süden, in der die betroffene Bevölkerung ihre Rechte, ihr Menschsein und ihre Parameter entwirft und bekräftigt. Auch Coulthard (2014) analysiert die Grenzen eines Ansatzes, der lediglich die Anerkennung nach westlichen und kolonialen Parametern anstrebt.

Die drei Projekte, die Arbeit mit den Mapuche fördern, habe ich während meiner Feldforschung besucht.

In Santiago de Chile stellt die *Pastoral Mapuche* einen interkulturellen religiösen Begegnungsraum und Bildungsangebote für christliche Mapuche zur Verfügung. Die finanzielle Unterstützung von Adveniat dient unter anderem zur Finanzierung eines kleinen Büros, einer Bibliothek oder der Bildungsreisen der Mitglieder. In der Küstenstadt Tirúa, einer relativ armen Region der Provinz Arauco im Süden Chiles, unterstützt Adveniat die jesuitische Mapuche Mission seit dem Jahr 2000 finanziell. Diese Mission, bestehend aus drei nicht-indigenen Pfarrern, arbeitet auf lokaler Ebene mit anderen christlichen und öffentlichen Hilfsorganisationen unter anderem in Bildungs- und Gesundheitsprojekten zusammen. Das von Adveniat finanzierte Projekt umfasst die Infrastruktur der Mission, die Mobilität und die Finanzierung von Stipendien an Mapuche aus den umliegenden Gemeinden. In den letzten Jahren begann die Mission, ihre Bemühungen darauf zu konzentrieren, die Militarisierung in der Region, die Verletzung der Menschenrechte und die ökologischen Ungerechtigkeiten zu dokumentieren und zu kritisieren (Juan Fuenzálida, Interview mit dem Autor). Schließlich finanziert Adveniat in der kleinen Stadt Quepe am Rande von Temuco seit 2000 die NGO *Justicia, Paz, e Integridad de la creación en La Araucanía* (JUPIC)[64]. Fernando Díaz, Priester und Direktor der Organisation, beschreibt die Arbeit als Unterstützung zum »Wiederaufbau des sozialen Gefüges, Stärkung der Identität, der Kultur und des interreligiösen Dialogs zwischen den Mapuche und der christlichen Welt« (Interview mit dem Autor). JUPIC besteht aus einem interkulturellen Team von drei Mapuche und vier Nicht-Mapuche auf freiwilliger Basis und unterstützt die umliegenden Gemeinden bei Fällen von Menschenrechtsverletzungen, Landkonflikten und deren politische Gefangenen.

Die Spenden von Adveniat kommen also nicht direkt den Mapuche-Gemeinden und Organisationen zugute, sondern bilden vielmehr die finanzielle Grundlage für die Arbeit dieser drei lokalen Organisationen. Indem sie Mapuche-Gemeinden unmittelbar begleiten und sich innerhalb deren soziokultureller Netzwerke einfügen, um diese zu unterstüt-

64 Gerechtigkeit, Frieden und Bewahrung der Schöpfung in der Araucanía.

zen, verweisen sie auf ein spezifisches Verständnis von Solidaritätsarbeit, das auf interkulturellen und zwischenmenschlichen Nahbeziehungen zwischen der Welt der Nicht-Mapuche und der Mapuche im lokalen Kontext und im Alltag aufbaut.

Ein weiteres Projekt, das ich begleiten konnte, fußt auf der Zusammenarbeit zwischen einer europäischen NGO, dem ehemaligen Bürgermeister einer Mapuche Gemeinde, Matías, sowie in Chile ansässigen Nicht-Mapuche-Forschenden.[65] Das Mikrokreditprojekt entwickelte die deutsche Aktivistin Eva zusammen mit drei anderen Aktivist*innen aus Europa und basiert auf Spenden durch *crowdfunding*. Es richtete sich mit dem Ziel an eine Gemeinde mit einer relativ großen Mapuche-Bevölkerung, Solaranlagen für die Stromversorgung, Werkzeuge für die wirtschaftlichen Aktivitäten der teilnehmenden Haushalte und Schulungen für die Installation, Nutzung und Wartung der Geräte sowie für mikrounternehmerische Aktivitäten zu finanzieren. Nach Zustimmung der Projektverantwortlichen konnte ich während meiner Forschung in Chile die Gemeinde besuchen und über die Erfahrung der Mapuche-Gemeindemitglieder innerhalb dieses Projektes sprechen. Einige Jahre später und nach meinem letzten Kontakt mit den Verantwortlichen wurde mir bestätigt, dass das Projekt aufgrund interner organisatorischer Hindernisse auf Eis liege und auch die Projekthomepage ist mittlerweile offline.

In der Mapuche-Gesellschaft und in Gesprächen mit meinen Forschungsteilnehmenden in Wallmapu wurden internationale (Geld-) Spenden und Finanzierungskampagnen oft scharf zurückgewiesen. Besonders eine Begegnung hinterließ dabei einen bleibenden Eindruck: kurz vor meiner ersten Exkursion nach Wallmapu im Jahr 2016 hatte Rayen Kvyeh, die bekannte Mapuche-Dichterin, einen Brandanschlag erlitten, bei dem ihr Haus fast vollständig niederbrannte. Glücklicherweise blieb Rayen (körperlich) unversehrt. Während meines Besuchs schlugen andere Solidaritätsaktivist*innen vor, für ihre bevorstehende Reise nach Europa Geld zu sammeln. Sie lehnte dies vehement ab, denn sie habe »einen gesunden Geist und Hände zum Arbeiten, und damit kann ich etwas Geld verdienen« Ihrer Meinung nach »sind die Mapuche ziemlich würdevoll [und das] ist Teil der menschlichen Würde«. Daraus folgt,

65 Alle Namen im Zusammenhang mit diesem Projekt wurden geändert.

dass »wir nicht um Almosen bitten« und man »keinen Mapuche sehen werde, der um Almosen bittet, denn dafür haben wir unseren Verstand, unseren Körper und unsere Hände, um zu arbeiten« (Rayen Kvyeh, Interview mit dem Autor).

Ausgehend von ihrer Kritik und Ablehnung von (Geld-)Spenden kann also diskutiert werden, welche Effekte finanzielle Unterstützungs- oder Spendenkampagnen in der Mapuche-Gesellschaft haben können. Das hohe Maß an Armut und der eingeschränkte Zugang zu staatlichen und privaten Versorgungssystemen für Wasser oder Strom bringen die Mapuche-Gemeinschaften (insbesondere auf dem Land) in eine verwundbare Situation. Die Mapuche-Gemeinden und Organisationen wenden sich seit den 1980er und 90er-Jahren unter anderem auch an staatliche Institutionen[66], um die Rückgabe ihres Territoriums zu bewirken oder Finanzmittel für kleinunternehmerische Projekte zu erhalten. Einer der Hauptgründe, internationale Finanzierungskampagnen in Wallmapu willkommen zu heißen, ist, dass die Beantragung nationaler Fördermittel von allgemeinem Misstrauen, bürokratischen Hemmnissen und mangelnden Erfolg geprägt sind. Nichtsdestotrotz greifen Finanzierungsprojekte, ob aus dem In- oder Ausland, in die lokalen politischen Strukturen und Entscheidungsprozesse ein. Als ehemaliger Bürgermeister setzte Matías sein symbolisches und politisches Kapital aufs Spiel, um Evas Projekt zu unterstützen. Als ich das Projekt besuchte, stand er außerdem kurz vor seiner erneuten Kandidatur für eine weitere Amtszeit. Ein Mikrokreditprojekt zu organisieren und zu koordinieren, das eventuell scheitert, könnte ein Risiko für ihn und seinen Ruf darstellen. Zum anderen wurde die Beteiligung der möglichen Nutznießer*innen ausschließlich von Matías selbst vermittelt; dabei handelte es sich meist um Personen, die ihm sozial oder politisch nahestanden – einige waren sogar direkte Familienangehörige. Dadurch können wiederum lokale paternalistische Strukturen verstärkt werden.

Auf einer anderen Ebene schien deutlich zu sein, dass das Mikrokreditprojekt ausschließlich von außen und nicht von den Mapuche-Gemeinden geplant und organisiert wurde. In einem Gespräch mit Eva zeigte sich

66 Zum Beispiel der chilenische Nationalfonds für wissenschaftliche und technologische Entwicklung, FONDECYT, oder die CONADI.

diese Logik, da sie erklärte, dass sie sich »die Probleme ansah«, »darüber nachdachte, was getan werden könnte« und »die Lösung [...] fand« (Interview mit dem Autor). Sie identifiziert also selbst und ohne Austausch mit den Betroffenen sowohl die Probleme als auch die Lösungsmöglichkeiten. Dennoch betonte sie die Notwendigkeit, die lokale Gemeinschaft in die Gestaltung des Projekts einzubeziehen, wodurch ein deutlicher Widerspruch zwischen ihrer Absicht und der Organisation des Projekts zum Vorschein kommt. Haben Nicht-Mapuche wirklich den Willen, sich die Probleme, Ideen und Lösungen der Gemeinde anzuhören? Oder dient der Anspruch, die lokale Gemeinschaft einzubeziehen, eher dazu, die Intervention von außen zu legitimieren und ein paternalistisches Projekt als partizipatorisch und inklusiv zu tarnen?

Ein weiterer problematischer Aspekt beider Fallstudien ist ihr Mangel an Transparenz. Im Falle Mikrokreditprojektes wussten die möglichen Begünstigten wenig bis gar nichts über die Projektverantwortlichen und ihre Beweggründe oder über die Bedingungen der Mikrokredite. Auch bei den drei von Adveniat finanzierten Projekten fehlt es an Transparenz gegenüber den Mapuche-Gemeinden. Meine Nachfragen, ob die Gemeinden eigentlich wissen, woher das Geld komme, überraschten die Gesprächspartner*innen und regten eine kritische Selbstreflexion über mangelnde Transparenz an. Daraus artikulierte sich die Einsicht, dass Transparenz einerseits eine Frage der Verantwortung und der Rechenschaftspflicht gegenüber den Mapuche-Partner*innen sei und andererseits zu dem Gefühl beitragen könne, von internationalen Akteur*innen ›begleitet‹ zu werden. Und andererseits, so die Reflexion weiter, würde das Zurückhalten dieser Informationen die Mapuche-Gemeinden bevormunden.

Fragen zur Transparenz der Projekte kamen auch in Diskussionen mit anderen Interviewpartner*innen über den Nutzen und die Risiken von (Geld-)Spenden für die Mapuche-Gesellschaft auf. Dabei ist die Erfahrung einer Nicht-Mapuche Solidaritätsaktivistin aus Deutschland bemerkenswert: sie hatte eine Mapuche-Gemeinde im Widerstand besucht, um eine Solidaritätsreise nach Europa für einige ihrer Vertreter*innen vorzubereiten. Während ihres Besuchs verbreitete sich in der Gemeinde das Gerücht, sie würde diesen Vertreter*innen Geld geben und diese wiederum das Geld veruntreuen. Dies führte schließlich zu einer internen Spaltung in der Gemeinde und sogar zu einem Streit zwischen diesen Vertreter*innen und einem politischen Gefangenen aus der Gemeinde. Aus ihrer Sicht kam das Gerücht nur auf, weil ihr Aufenthalt in der Gemeinde bemerkt wurde und als *weiße* Person mit dem Zugang zu finanziellen Ressourcen oder bestimmten Vorteilen assoziiert wurde. Hier stellen also nicht die möglichen Spenden an sich ein Risiko für die Gemeinde dar, sondern die bloße Anwesenheit von Nicht-Mapuche-Außenseiter*innen. Nach der traditionellen Logik innerhalb einer Mapuche-Gemeinde gilt das Prinzip der Gegenseitigkeit, sodass Mapuche-Gastgeber*innen eine Gegenleistung von seinen Gästen für den Aufenthalt erhalten würden. Daraus folgt, dass Mapuche-Gastgeber*innen durch die Gäste bestochen werden können, was wiederum sanktioniert werden muss. Auf diese Weise kann internationale Solidarität über die bloße Anwesenheit einer *weißen* Aktivistin zu einer unmittelbaren Bedrohung für den sozialen Zusammenhalt einer Gemeinschaft werden. Auch in anderen Gesprächen wurde auf die Gefahr hingewiesen, dass durch externe finanzielle Unterstützung Ungleichheiten in den Gemeinden hineingetragen oder verstärkt werden, die schließlich zu unverrückbaren Konflikten oder Spaltungen führen können. So haben beispielsweise verschiedene neoextraktivistische Projekte versucht, sich die Unterstützung der Gemeinden für ihre Projekte zu erkaufen, wodurch große politische und soziale Spannungen in den Gemeinden entstanden sind.

Diese Episoden zeigen, dass finanzielle Unterstützungs- oder Spendenkampagnen die Autonomie der Mapuche bedrohen und paternalistische Strukturen und Hierarchien in den Gemeinden, besonders durch einen Mangel an Transparenz, verstärken können. Mapuche-Gesprächspartner*innen betonten immer wieder, wie wichtig es bei solchen Projekten sei, dass die Gemeinde mit einbezogen werden und die Entscheidungsmacht behalten müsse. Das beinhaltet vor allem die Kommunikation über die entsprechenden Institutionen und Mechanismen der Gemeinde, wie z.B. deren Verrammlungen oder die Gemeinderollen des longko oder werken. Dies erfordert, dass Solidaritätsprojekte die internen Beziehungslogiken innerhalb der Mapuche-Gesellschaft verstehen und respektieren und die internen Reziprozitätsmechanismen nicht für ihre Zwecke missbrauchen und destabilisieren.

Zusätzlich zu den beiden Fallbeispielen über die Finanzierungskampagnen von Adveniat und das Mikrokreditprojekt, bespricht der Rest des Kapitels eine aus der Mapuche-Gesellschaft entstandene Alternative ökonomischer Solidarität, der sich auch Nicht-Mapuche anschließen können. Ökonomische Solidarität beschreibt eine theoretische und praktische Alternative wirtschaftlicher Reziprozität, Umverteilung und Gemeinschaftlichkeit, die bestehenden Herrschafts- und Ausbeutungsverhältnissen innerhalb der Gesellschaft und zwischen Gesellschaft und Natur entgegenwirken möchte (Marañon Pimentel 2012). Beispiele für internationale wirtschaftliche Solidarität zwischen dem Globalen Süden und dem Norden sind zum Beispiel Netzwerke, die kapitalistische und neoliberale Mechanismen in den Handelsbeziehungen infrage stellen.[67] Was sind also die Alternativen einer ökonomischen Solidarität innerhalb der Mapuche-Gesellschaft und gibt es ähnliche Erfahrungen den Mapuche und dem Globalen Norden?[68]

Die Mapuche-Kooperative *Kvme Mogen* hat in diesem Zusammenhang eine alternative Vision für ökonomische Solidarität zur Unterstützung ihrer Gesellschaft entwickelt. Bei meinen beiden Forschungsreisen nach Wallmapu lernte ich die Aktivist*innen und die Arbeit von *Kvme Mogen* mit Sitz in der Stadt Temuco gut kennen. Im Jahr 2016 hatte die Kooperative etwa 200 Mitarbeiter*innen, sowohl Mapuche als auch Nicht-Mapuche. Jede*r Gesellschafter*in kann einen kleineren oder größeren Geldbetrag in die Genossenschaft investieren, solange es 10 % des Gesamtkapitals der Genossenschaft nicht übersteigt. Die Zinsen liegen

---

67 Ein berühmtes Beispiel dafür ist die Vermarktung von Kaffee und anderen Waren von zapatistischen Bauernkooperativen und Gemeinden im Widerstand.

68 Ich habe nur wenige ausgewählte Erfahrungen von Mapuche-Gemeinschaften und Organisationen kennengelernt, die versuchen, bestimmte Produkte im Rahmen des transnationalen Solidaritätsnetzwerks zu verkaufen. Es besteht jedoch ein Interesse daran, diese Möglichkeiten zu schaffen, denn die internationale Vermarktung von Mapuche-Produkten findet meist im kleinen und zwischenmenschlichen Rahmen von Solidaritätsnetzwerken statt. Hier kaufen internationale Aktivisten Produkte (Kunsthandwerk wie Mapuche-Schmuck oder Webwaren; Naturprodukte wie das geräucherte Chilipulver *merken* oder andere Kräuter) von Produzent*innen, zu denen sie eine persönliche, vertrauensvolle Beziehung haben, und verkaufen diese Produkte im Kontext von Solidaritätsaktivitäten in Europa, zum Beispiel bei Demonstrationen oder Vorträgen. Es gibt jedoch keine formalisierten Netze ökonomischer Solidarität, die in der Lage sind, eine große Menge von Produkten mit einer größeren Reichweite zu transportieren.

bei ca. zwei Prozent und gehören damit zu den niedrigsten in Chile. *Kvme Mogen* ist rechtlich eine Genossenschaft und darf laut Gesetz keine Gewinne erzielen. Die Gewinne der Genossenschaft müssen unter allen Mitgliedern verteilt werden, und jedes Mitglied hat eine Stimme in der jährlichen Generalversammlung. Das allgemeine Ziel der Kooperative ist die »wirtschaftliche Befreiung« (Painel zitiert in Pérez Guerra 2016) des Wallmapu und der Mapuche-Gesellschaft als kolonisierter und ausgebeuteter Teil der chilenischen Gesellschaft.

In der Kooperative wurden Elemente der Mapuche-Kosmologie und Philosophie übernommen. Dazu gehören die Prinzipien des *keyuwvn* (unter allen/als Gemeinschaft arbeiten), *mingako* (kollektive Arbeit in der ländlichen Gemeinschaft) und *trafkintu* (fairer und gleicher Austausch). Die Gründer*innen sahen in der Rechtsform einer Genossenschaft eine Chance, diese Vorstellungen nicht nur zu respektieren, sondern innerhalb der chilenischen Gesellschaft umzusetzen. Die einzige Bedingung für eine Mitgliedschaft ist die Einhaltung der ethischen Grundsätze der Mapuche, des az mapu, sodass sowohl Mapuche als auch Nicht-Mapuche Mitglieder werden können. Die Genossenschaft möchte dabei auch die neoliberale Abhängigkeit der Mapuche-Gesellschaft vom privaten Kreditsystem in Chile bekämpfen, indem sie Mapuche- und Nicht-Mapuche-Kleinunternehmer*innen direkt finanziert, um die private Haushaltsverschuldung einzudämmen. Sie setzen ihr Kapital auch ein, um die Rechtskosten der politischen Gefangenen zu tragen und deren Holzarbeiten und Kunsthandwerk, hergestellt in der Haft, werden über die Netzwerke der Kooperative vermarktet.

Daneben besteht ein weiteres Ziel von *Kvme Mogen* darin, die neoliberale Subjektivierung und Ideologie innerhalb der chilenischen und der Mapuche-Gesellschaft herauszufordern, um so die sozialen Beziehungen und Netzwerke der Reziprozität unter den Mapuche wiederherzustellen. Gloria Marivil, Mitglied des Vorstands, unterstreicht die Bedeutung des (Wieder-)Aufbaus einer Gemeinschaft unter den Mitgliedern, nicht nur in wirtschaftlicher, sondern vor allem in sozialer Hinsicht: »Diejenigen, denen man Geld leiht, sind Teil dieser Gemeinschaft« (Gloria Marivil, Interview mit dem Autor). Auf diese Weise zielen die Aktivitäten von *Kvme Mogen* darauf ab, »das Vertrauen, unsere Wirtschaft wiederherzustellen, indem wir unsere informellen Ökonomien anerkennen« (ebd.).

Die Rekonstruktion dieser »Kultur der gegenseitigen Unterstützung« nimmt dabei auf die historischen Erfahrungen der Mapuche-Gesellschaft solidarischer Gemeinschafts- oder Familiennetze Bezug (ebd.). *Kvme Mogen* überträgt diese historischen Erfahrungen auf den Bereich der finanziellen Kooperation, indem die Idee des mingako erweitert und übersetzt wird. So ist die Arbeitsdynamik der Kooperative sensibel für die Notwendigkeit, Herrschafts- und Ausbeutungsverhältnisse nicht nur in der Produktionssphäre, sondern auch in der Sphäre der Zirkulation und ihrer sozialen Auswirkungen zu beseitigen. Denn ein Problem solidarischen Wirtschaftens bleibt nach wie vor, dass beispielsweise die Produkte aus einer fairen Produktion letztlich auf den konventionellen gewinnorientierten Märkten landen. So basieren Bemühungen wie die von *Kvme Mogen* auf der mehrdimensionalen Autonomiepolitik und rekonstruieren diese, indem sie soziale und kommunale Netzwerke, Beziehungen der Reziprozität und soziale Nahbeziehungen durch gegenseitige finanzielle Unterstützung wiederherstellen.

Folglich spielt die internationale Solidarität in dieser Alternative eine eher untergeordnete Rolle. Es gibt einige internationale Mitglieder der Genossenschaft, die weder Mapuche noch Chilen*innen sind und regelmäßig im Ausland leben. Diese müssen sich ebenso wie die lokalen Mitglieder an die Grundsätze der az mapu halten. Nichtsdestotrotz gibt es einen engen und regelmäßigen Austausch mit der europäischen Genossenschafts- und solidarischen Landwirtschaftsbewegung. Diese internationalen Netze tragen zu einer stärkeren Sichtbarkeit und Glaubwürdigkeit von *Kvme Mogen* im In- und Ausland bei und ermöglichen es, sich über Erfahrungen mit ökonomischer Solidarität auszutauschen und die Möglichkeiten engeren Kooperationen für die Zukunft zu skizzieren. Das bedeutet zudem, dass solidarische Beziehungen nur auf horizontaler und gleichberechtigter Basis entstehen können und es notwendig ist, jemanden genau kennen zu lernen, bevor er oder sie als Mitglied der Genossenschaft aufgenommen wird. Dies liegt daran, dass die Aufnahme in die *Kvme Mogen* ein »bewusster Prozess« ist (Vicente Painel, Interview mit dem Autor). Es besteht also nicht die Möglichkeit, nur die Produkte der Genossenschaft zu kaufen oder Geld zu spenden. Solidarität mit der Genossenschaft bedeutet vielmehr, sich an den Netzwerken ökonomischer Solidarität auf lokaler Ebene, einschließlich ihrer sozialen, ideologischen und kosmologischen Dimensionen zu beteiligen. Dies beinhaltet letztendlich ein viel tiefergehendes Engagement als (Geld-)Spenden oder der Vertrieb von Produkten. Während Letzteres einer individualisierten Logik folgt, in der Solidarität jederzeit aufkündbar ist, versuchen Netzwerke wie *Kvme Mogen* eine langfristige Beziehung und Interaktion mit den beteiligten Personen als Grundlage der Solidarität zu verankern.

KAPITEL 10
Im Dialog sein

Einen Dialog oder ein Gespräch zu führen, wurde von zahlreichen Mapuche-Gesprächspartner*innen als zentraler Aspekt der Solidaritätsarbeit bezeichnet. Im Dialog zu sein stellt daher eine weitere wichtige Strategie transnationaler Solidarität, insbesondere zwischen Mapuche und Nicht-Mapuche dar. Die hier skizzierten Räume transnationaler Solidarität bringen Mapuche- und Nicht-Mapuche-Gesellschaften innerhalb und außerhalb Chiles miteinander in Kontakt, verbinden deren Welten und schaffen Begegnungen, in denen soziokulturelle Bedeutungen, Symbole, Identitäten und Konzepte verhandelt, transformiert und letztendlich auch transkulturalisiert[69] werden. Die Idee der Transkulturalisierung hilft dabei, den wechselseitigen, prozessualen, multidirektionalen und offenen kulturellen Austausch und Wandel zwischen Mapuche und Nicht-Mapuche im Rahmen von Solidaritätsaktionen zu beschreiben und dabei auf (post)koloniale, rassifizierte Machtunterschiede und Privilegien, sowie konfliktreiche Repräsentationspolitiken einzugehen.

Im Dialog sein wurde zunächst von Jaime Huenchullán, Sprecher der autonomen Gemeinde von Temucuicui in Stellung gebracht, indem er betonte, dass die Mapuche schon immer ein »sehr offenes Volk für den Dialog« waren (Interview mit dem Autor). Für ihn ist die Bereitschaft zum Dialog mit Nicht-Mapuche eine historische Konstante seiner Gesellschaft. In ähnlicher Weise erklärten auch andere Gesprächspartner*innen die Bereitschaft der Mapuche-Gesellschaft zum Dialog als historisch verankertes Merkmal ihrer Kultur. Folglich

69 Der Begriff der Transkulturalisierung geht zurück auf den kubanischen Anthropologen Fernando Ortíz, der damit kulturelle Wandlungs- und Durchmischungsprozesse in der kubanischen Gesellschaft beschrieb, und wird heute in den kritischen Kultur- und Sozialwissenschaften verwendet, um »die Transformation von Kultur durch den Einfluss verschiedener historischer Hinterlassenschaften auf den kulturellen Austausch« zu analysieren. Diese Transformation ist aber »kein Ergebnis eines harmlosen Zusammenlebens. Vielmehr entsteht sie aus einer Vielzahl historischer Kämpfe und Verhandlungen […]« (Gutiérrez Rodríguez 2010b: 116).

können die historisch und kosmologisch verwurzelten Vorstellungen vom Dialog als zentrale Kulturtechnik der Mapuche für die gegenwärtigen transkulturellen Beziehungen im Rahmen internationaler Solidarität verstanden werden. Zunächst wird die Bedeutung von Gesprächspraktiken innerhalb der Mapuche-Kultur im Kleinen durch die Praxis des matetun, des kollektiven Mate-Tee-Trinkens sichtbar, das »durch gesellige, lockere, liebevolle und empathische Zusammenkünfte gekennzeichnet ist, die diskursive Praktiken beinhalten« (Becerra et. al. 2017: 13–14). Darüber hinaus wird der Begriff und die Funktion des Dialogs durch den Mapuzugun-Begriff *ragiñelwe* beschrieben, der mit »Raum der Mitte« übersetzt werden kann. Ragiñelwe ist »ein kultureller Ausdruck, dessen Funktion darin besteht, zwischen den betroffenen Teilen zu vermitteln«, zum Beispiel »zwischen Personen, bei denen eine bestimmte Art von Entfremdung[70] zu einem gewissen Ungleichgewicht [führt]« (COTAM 2003: 1166). Die Institution des ragiñelwe initiiert einen Dialog zwischen den betroffenen Parteien, um das Gleichgewicht wiederherzustellen. Diese Bereitschaft zum Dialog findet sich beispielsweise auch in der soziopolitischen Institution des trawvn, einem Raum und Moment der selbstorganisierten Begegnung mit Dialogen, offener Entscheidungsfindung und transparenten Vereinbarungen (Nahuelpan 2016: 114). Auch in der Institution des koyang, die später als Parlamente und Begegnungen zwischen den Mapuche und der spanischen Kolonialmacht übersetzt wurde (siehe Kapitel 3), war das dialogische Element von höchster Relevanz, um Konflikte diplomatisch zu lösen (Contreras Painemal 2010: 52–55).

Die Bereitschaft zum Dialog wird weiterhin aktiviert, um die Mapuche-Organisationen und Gemeinschaften vom chilenischen Staat abzugrenzen. Hier werden die Regierungsvertreter*innen aufgrund ihrer mangelnden Bereitschaft zu einem offenen Dialog auf gleichberechtigter und horizontaler Basis kritisiert. Im Gegensatz dazu wurde die Notwendigkeit eines Dialogs zur Lösung des Konflikts in Wallmapu vor allem in den Berichten der UN-Berichterstatter*innen hervorgehoben (Staven-

70 ›Entfremdung‹ schlage ich als deutsche Übersetzung des spanischen Begriffs *desencuentro* vor, der sich auf eine gescheiterte Begegnung zwischen zwei oder mehreren Personen bezieht, die zu einer Uneinigkeit oder einem Streit führen könnte.

hagen 2003: 20) und ist weiterhin eine zentrale Forderung von (auch autonomistischen) Mapuche-Organisationen und Gemeinden heute.

Indem sie ihre Offenheit für den Dialog betonen, zielen die Akteur*innen internationaler Solidarität darauf ab, den vermeintlich gewalttätigen Charakter des Mapuche-Widerstands in ein anderes Licht zu rücken und ihre Fähigkeit zur transkulturellen Kommunikation und Übersetzung hervorzuheben. Diese Fähigkeit wird dadurch als eine spezifische politische Strategie artikuliert, die in kosmologischen Vorstellungen über institutionalisierte Räume der Beratung, des Austauschs und letztlich der transkulturellen Interaktion wurzelt. Diese kulturelle Strategie ist somit die Grundlage für transnationale Interessenvertretung. Übersetzungen sind ein zentrales Merkmal transnationaler sozialer Bewegungen (Keck und Sikkink 1998; Tarrow 2011) und umfassen komplexe kulturelle Prozesse der Transkulturalisierung und Transnationalisierung (Gutiérrez Rodríguez 2006; Langenohl 2015). Übersetzungen im Rahmen der Solidarität mit Wallmapu sind in erster Linie Manöver, durch die Äußerungen, Ideen und Weltanschauungen in verschiedene kulturelle und sprachliche Kontexte übersetzt und translokalisiert werden. Bestimmte strukturelle und individuelle Unrechtserfahrungen werden so ausgewählt, übersetzt und schließlich bekannt macht. Der politische Zweck dieser Übersetzungsstrategien besteht im vorliegenden Fall darin, Unterstützung und Sympathie für den Kampf der Mapuche sowie internationale Empörung über die Ungerechtigkeiten, denen sie ausgesetzt sind, hervorzurufen. Diese Strategien führen jedoch nie zu einer perfekten eins-zu-eins-Übersetzung der unterschiedlichen soziohistorischen, politischen, epistemologischen, kosmologischen und kulturellen Kontexte zwischen Wallmapu und anderen Orten. Vielmehr müssen diese Übersetzungsstrategien als Prozesse verstanden werden, »in denen ambivalente soziale und kulturelle Positionen verhandelt werden. So schafft Übersetzung Verständnis und weist gleichzeitig auf die Möglichkeit der Unübersetzbarkeit hin« (Gutiérrez Rodríguez 2006). In diesem Sinne kann die (Un-)Übersetzbarkeit des interkulturellen Kontakts zwischen Mapuche und Nicht-Mapuche dazu beitragen, die Möglichkeit und Grenzen der Solidarität untereinander auszuloten.

Transkulturelle Übersetzungen zwischen Nicht-Mapuche und Mapuche sind auf beide Gesellschaften ausgerichtet. Ein möglicher Effekt ist, dass dabei materielle und immaterielle kulturelle Elemente der Mapuche-Gesellschaft in die dominante chilenische Nationalkultur übertragen werden. Der Mapuche-Koch José Luis Calfucura (Interview mit dem Autor) schlägt den Begriff des »Filterns« vor, um transkulturelle Übersetzungen und Interventionen prominenter Mapuche-Personen in die Nicht-Mapuche-Gesellschaft zu beschreiben. Er beschreibt dabei sich und andere prominente Mapuche, die über ein tiefes Wissen sowohl über die Mapuche als auch über die chilenische Gesellschaft und Kultur verfügen.[71] Allerdings haben nur wenige Mapuche innerhalb der chilenischen Zivilgesellschaft ein derartiges Maß an öffentlicher Sichtbarkeit erreicht, die es ihnen erlauben würde, als transkulturelle Filter zu wirken. Ein problematischer Aspekt dieser Vorstellung besteht darin, dass die Mapuche-Prominenz in Chile stark männerdominiert ist und von hegemonialen kulturellen Codes wie wirtschaftlichem Erfolg oder Respektabilität durch Chilen*innen abhängt. Erst im Zuge der sozialen Revolte in Chile seit 2019 begannen Mapuche-Frauen wie die Linguistin und spätere Präsidentin des Verfassungskonvents, Elisa Loncón auf nationaler Ebene bekannt zu werden. Es besteht daher die Gefahr, dass diese Mapuche-Filter von einer dominanten, gegen die Mapuche gerichteten chilenischen Nationalkultur absorbiert werden und dass ihr Spielraum für transkulturelle Übersetzung eingeschränkt wird. Auf der anderen Seite werden Angehörige dieser Mapuche-Elite in den bestimmten Sektoren der Mapuche-Gesellschaft kritisch als betrachtet, die den Kontakt zu Land und Gesellschaft verloren haben.

Als chilenischer Nicht-Mapuche beschreibt Juan Fuenzálida von der jesuitischen Mission in Tirúa (siehe vorheriges Kapitel) transkulturelle Übersetzungen als Brückenschlag zwischen der Mapuche- und der Nicht-Mapuche-Gesellschaft. Dieser kann dazu dienen, den Bemühungen der Nicht-Mapuche einen Sinn zu geben, da sie die Grundlage für einen transkulturellen Dialog auf der Basis von gegenseitigem Respekt und Gleichberechtigung bilden. Bezeichnenderweise bedeutet der Name des

---

71 José Luis Calfucura ist ein sehr bekannter Koch, der durch seine Teilnahme an Fernsehsendungen und Berichte über seine Arbeit in Zeitungen einen gewissen Bekanntheitsgrad innerhalb der chilenischen Zivilgesellschaft erlangt hat. Andere Persönlichkeiten, die man als Mapuche-Prominente bezeichnen könnte, sind der Journalist Pedro Cayuqueo, der Fußballspieler Jean Beausejour oder der Politiker Francisco Huenchumilla.

Ortes Tirúa, wo diese Mission stattfindet, übersetzt »Ort der Begegnung«. Ihre Aufgabe ist es, so Juan, »Brücken zu bauen [...], damit es nicht zwei getrennte Welten gibt« und »Brücken der Kommunikation, des Engagements und des Vertrauens zu bauen« (Juan Fuenzálida, Interview mit dem Autor). Es bedeutet für ihn Möglichkeiten für transkulturelle Begegnungen zwischen zwei geteilten Welten, der Mapuche und der chilenischen, zu ermöglichen und alternative Kommunikationskanäle aufzubauen. Er berichtete auch, dass sein eigenes Engagement die Sichtweise seiner Familie auf die Mapuche und den Konflikt verändern konnte. In seiner Metapher sieht er sich also selbst als eine Brücke, auf der seine eigene Familie zu einem transkulturellen Dialog und einer Begegnung schreitet, die dazu dient, ihre Stereotype zu dekonstruieren.

Ein alltäglicher Aspekt der Arbeit in Tirúa und des JUPIC in Temuco besteht darin, Räume für einen politischen Dialog zwischen Mapuche-Vertreter*innen und Vertreter*innen des chilenischen Staates zu schaffen. Solche Räume wurden von einigen Mapuche-Gemeinschaften und Organisationen kritisiert, da sie deren mangelnde Horizontalität ablehnen. Stattdessen bemühen sich Vermittler*innen darum, dass »die Stimme der peñis[72] anstelle der unseren gehört wird« (Juan Fuenzálida, Interview mit dem Autor), damit »ein bisschen mehr Macht bei der Entscheidungsfindung« haben (Fernando Díaz, Interview mit dem Autor). Sie haben nicht das Ziel, die Mapuche-Gesellschaft zu repräsentieren, sondern Räume für transkulturelle Dialoge auf horizontaler und gleichberechtigter Ebene zu schaffen. Unter diesen Bedingungen fordern sie, dass der chilenische Staat die Autonomiepolitik der Mapuche respektiert und sich mit ihr auseinandersetzt.

Transkulturelle Übersetzungen und Dialoge versuchen nicht nur, die Mapuche-Kultur einer Nicht-Mapuche-Welt zu vermitteln oder zu übersetzen, sondern letztere auch zu transformieren. Auf diese Weise transkulturalisieren Mapuche-Organisationen, Gemeinden und Individuen die eurozentrische und westlich geprägte Kulturlandschaft in Chile (und darüber hinaus) durch immaterielle und materielle Elemente ihrer Kultur und Kosmologie. In diesem Zusammenhang verstehe ich die Bedeutung des Begriffs »Mapuchisierung«, der mir von José Luis Calfucura

72 Mapuzugun für Bruder

(Interview mit dem Autor) sowie von Victor Carilaf vom Bildungskollektiv *Kimeltuwe* (Interview mit dem Autor) vorgeschlagen wurde. Ich verstehe diesen Begriff als eine transkulturelle Praxis des Dialogs und des Austauschs mit Nicht-Mapuche, die kulturelle Elemente der Mapuche in die hegemoniale Kultur einführt, aber sensibel für die Machtverhältnisse zwischen beiden ist. Mapuchisierung zielt darauf ab, die Mapuche-Kultur in einer Weise zu popularisieren und wiederzubeleben, um letztlich die kulturelle Hegemonie zu verändern. Diese Transkulturalisierung destabilisiert die koloniale Dominanz innerhalb der westlichen Kultur und führt stattdessen Mapuche-Elemente ein, sodass sie in der Folge, ohne die Elemente der Mapuche, selbst unverständlich werden würde. Allen voran das pädagogische Kollektiv *Kimeltuwe* zielt darauf ab, die Sphären der sozialen Medien durch transkulturelle und dekolonisierende Strategien zu mapuchisieren. Sie beabsichtigen nicht nur, Begriffe in Mapuzugun in den sozialen Medien einzuführen, sondern zielen darauf ab, Facebook oder Twitter ausschließlich in Mapuzugun zu verwenden, so dass sie nicht nur die Inhalte, sondern auch die Art und Weise ihrer Nutzung, verändern (Victor Carilaf, Interview mit dem Autor). Der digitale Mapuche-Aktivismus leistet daher seinen eigenen Beitrag, die Online-Kommunikation zu transformieren und zu transkulturalisieren.

Darüber hinaus wurde der Tourismus in Wallmapu als ein Bereich aufgegriffen, um über die eigene Situation bei (inter-)nationalen Gästen durch transkulturelle Begegnungen aufzuklären. Das touristische Projekt der Mapuche in Llaguepulli zielt darauf ab, »Tourismus aus unserer Logik heraus zu machen, aus unserer Kultur, aus dem, was wir wissen« (Mauricio Painefil, Interview mit dem Autor). Auf diese Weise, so Mauricio Painefil weiter, ist es möglich, »Bindungen, Verbindungen mit verschiedenen Menschen zu schaffen, die aus verschiedenen Teilen der Welt kommen« (ebd.). Der Tourismus wird also nicht nur durch die Übernahme bestimmter Elemente der Mapuche-Kultur in der dominanten Arena, sondern auch durch die Veränderung der Art und Weise, wie eine solches Projekt durchgeführt wird, verändert.

Schließlich tragen auch die transnationalen Solidaritätsaktionen der Mapuche-Diaspora zu solchen Transkulturalisierungsprozessen bei. So werden beispielsweise religiöse Zeremonien wie das wetripantu nach Europa übertragen und nach den traditionellen Abläufen durchgeführt.

Solche Aktivitäten bieten einen Raum für transkulturelle Begegnungen und Übersetzungen für die diasporischen Mapuche aus verschiedenen europäischen Ländern sowie für ihre eingeladenen Nicht-Mapuche-Freund*innen und Familien. Dies steht in scharfem Gegensatz zu den Erfahrungen in Chile, wo wichtige Feste der Mapuche wie das wetripantu oder das *nguillatun*[73] nach wie vor als ausschließlich indigene Feste und ohne die Beteiligung von Nicht-Mapuche durchgeführt werden. Öffentlich abgehaltene und touristisch besuchte Feste, wie z.B. das *Pow-Wow* bei den *First Nations* in Nordamerika können zwar aufgrund ihrer Kommerzialisierung durchaus kritisiert werden, aber stellen trotzdem transkulturelle Begegnungsräume dar, die in Chile in dieser Form heute nach wie vor unvorstellbar sind.

73 Das nguillatun ist vielleicht eine der wichtigsten und komplexesten rituellen Zeremonien der Mapuche-Gemeinschaften. Es wird normalerweise einmal im Jahr gefeiert, zelebriert lokale oder regionale Allianzen innerhalb der Mapuche-Gesellschaft und kann im weitesten Sinne mit einem Erntedankfest verglichen werden.

KAPITEL 11
Privilegien in der Solidaritätsarbeit

Die folgenden Kapitel wenden nun den Blick auf die nicht-indigenen Akteur*innen und knüpfen dabei an die laufenden Debatten in der antirassistischen, dekolonialen und feministischen Forschung an, die sich kritisch mit der Rolle privilegierter Positionen in der Solidaritätsarbeit beschäftigen (Conway, Dufour und Mason 2021; Land 2015; Mahrouse 2014). Einerseits soll dadurch gezeigt werden, wie Praktiken, Aktionen und Begegnungen der Solidarität innerhalb rassialisierter und postkolonialer Machtverhältnisse stattfinden und diese nicht einfach überwinden, sobald man sich solidarisch erklärt. Gleichzeitig bedeutet eine solidarische Kritik nicht notwendigerweise, die beteiligten Handlungen oder das Engagement bestimmter Menschen zu delegitimieren, sondern sie versucht vielmehr zu zeigen, wie sowohl diese Handlungen als auch die Akteur*innen in koloniale Vorstellungen und rassifizierte soziale Hierarchien verstrickt sind und sich ohne deren eigenes Zutun und ohne böse Absichten zu Kompliz*innen dieser Hierarchien machen.

Zunächst soll es darum gehen, wie Nicht-Mapuche-Akteur*innen aufgrund ihrer Privilegien und ihres Weißseins mit dem Solidaritätsaktivismus mit Wallmapu in Kontakt kommen und sich zu ihm verhalten. Dabei werden drei besondere Ausdrucksformen des Privilegs von Nicht-Mapuche-Akteur*innen skizziert, die sich solidarisch engagieren (möchten). Zu diesem Zwecke werden eine Reihe von Personen kurz vorgestellt, die ich während meiner Forschung kennengelernt habe und interviewen durfte. Während sich die bisherigen Kapitel vor allem auf die Handlungsfähigkeit der Mapuche innerhalb des Solidaritätsnetzwerks auf der Grundlage ihrer Autonomiepolitik konzentrierten, werden also nun die Nicht-indigenen-Akteur*inne und ihre Privilegien, Motivationen und Stereotype näher beleuchtet.

Begegnungen der Solidarität konstituieren ein hierarchisiertes und rassifiziertes Feld, in dem ungleiche und unterschiedliche Positionierungen in einer »postkolonialen Kontaktzone« (Pratt 2008: 8) aufeinandertreffen, »in der das Herrschaftssystem unterschiedliche nationale, soziale, ökonomische, ethnische, geschlechtliche und rassifizierte Gruppen zwingt, ein und denselben Raum zu bevölkern.« (Hall 2020: 94) Ein kritischer und dekolonialer Ansatz von Solidarität erfordert eine kritische Betrachtung dieser Begegnungen, indem er sich darauf konzentriert, wie Weißsein und Privilegien darin mobilisiert und aktiviert werden (Ahmed 2004; Alcoff 1998; Land 2015; Mahrouse 2014; Pratt 2008). Auf diese Weise zielt dieses Kapitel darauf ab, das Weißsein aus seiner privilegierten Komfortzone des scheinbar Unmarkierten und Unsichtbaren herauszuholen und es in ein kritisches Licht zu stellen.

Kritische und dekoloniale Perspektiven auf Solidarität verlangen von nicht-indigenen Unterstützenden ein besonderes »Selbstverständnis«, um »einen klareren Blick auf die Funktionsweise von Rassismus und *weißem* Privileg sowie auf die Mitschuld auf persönlicher und struktureller Ebene« zu erhalten (Land 2015: 163). Die Nicht-Mapuche-Akteur*innen sind nicht neutral, sondern »bringen ihre eigenen vielschichtigen Identitäten und ihr Wissen über eine Reihe von Kämpfen in ihre politischen Beziehungen ein« (ebd.: 263). Eine solche Positionalität kann dadurch betrachtet werden, wie Nicht-Mapuche-Akteur*innen mit den Mapuche in Verbindung treten und sich auf sie beziehen. Ihr Engagement in Solidaritätsaktionen wird somit konstitutiv für ihre Identität und Positionierung. Die Erforschung des Weißseins in der transnationalen Solidarität bedeutet also, zu hinterfragen, wer die Nicht-Mapuche-Akteur*inne sind, mit wem sie Projekte durchgeführt haben, was sie vorhatten, und wer tatsächlich in den Mapuche Gemeinschaften war (ebd.: 93–95). Diese Perspektiven fordern auch ihren biografischen und kulturellen Hintergrund, ihren materiellen und immateriellen Privilegien sowie ethische Überlegungen zu Rassismus und Kolonialismus zu kennen (ebd.: 163). Kritische Fragen könnten sich auch damit befassen, wer die Themen bestimmt oder wer einen Nutzen oder Handlungsmacht aus solidarischem Handeln zieht (Smith 2008: 10).

Diese Fragen habe ich mit fünfzehn Nicht-Mapuche-Interviewpartner*innen zwischen November 2015 und Juni 2016 in Abstimmung mit Aktivist*innen aus der Mapuche-Diaspora diskutiert. Gemeinsam ist diesen Personen, dass ihre Positionalität als *weiß*, also nicht-indigen, verstanden werden kann, dass sie einen biografischen Hintergrund im Globalen

Norden, meist in Deutschland, haben und dass sie sich in der Solidaritätsarbeit für die Mapuche engagierten oder engagieren wollten. Dass ich diese Interviews mit anderen Nicht-Mapuche-Solidaritätsakteur*innen führe, war auch ein explizites Anliegen von Personen aus der Mapuche Diaspora, da sie mögliche Unterstützende erst besser kennenlernen wollten, bevor sie ihre Netzwerke öffneten. Zudem entlasteten die Gespräche prominentere Aktivist*innen aus der Diaspora, da die vielen Anfragen dadurch durch mich gefiltert wurden.

Eine dekoloniale Perspektive fordert uns heraus, Wissen und Wege der Welterkenntnis jenseits eurozentrischer Vorstellungen zu betrachten. Daher könnte eine kritische, dekoloniale Perspektive gegenüber (potenziellen) Verbündeten auch eine Reihe von Fragen aus einer anderen Kosmologie beinhalten, in diesem Fall der Mapuche-Kosmologie. Dazu können beispielsweise Fragen über den guten/bösen Geist der (potenziellen) Verbündeten, die Gutherzigkeit, die emotionale Last oder alltagspraktische Themen und technischen Fähigkeiten der Person gehören (z.B. ob sie die Stromversorgung in der Gemeinde reparieren kann) (Smith 2008: 10). Solche Fragen wurden während meiner Ethnografie auch an mich gerichtet und die verschiedenen Arten, wie ich diese Fragen beantwortete, eröffneten, aber verschlossen auch Möglichkeiten in meiner Forschung und meinem Aktivismus. Ich erlebte auch kritische Fragen über den spirituellen Zustand und die Gutherzigkeit anderer oder meiner selbst. In einem Fall wurde der Besuch einer deutschen Person in einer Mapuche-Gemeinde mit dieser Begründung abgelehnt.

Die erste Frage an die Nicht-Mapuche-Unterstützende war, wie sie überhaupt auf die Mapuche und ihren Kampf aufmerksam geworden sind. Diese Frage geht von einem Verständnis internationaler Solidarität als politische Allianz zwischen verschiedenen Gruppen von Menschen aus, bei der Akteur*innen im Globalen Norden sich mit sozialen Gruppen oder einem politischen Kollektiv im Globalen Süden solidarisch erklären und/oder handeln. Bei diesen Gruppen kann es sich um ethnische Minderheiten, Vertriebene, Frauen*, rassifizierte Gruppen und Geflüchtete handeln. Wichtig dabei ist, dass diese Arten von politischer Solidarität die Voraussetzung haben, dass die Gruppen, die sich solidarisch zusammenschließen, geografisch, sozial und/oder kulturell voneinander getrennt sind, bevor es zu einer solidarischen Handlung oder Beziehung kommt. Wenn dies zutrifft, wie kommen dann Mapuche und Nicht-Mapuche miteinander in Kontakt?

Solidaritätsaktivist*innen in Europa (sowohl Mapuche als auch Nicht-Mapuche) gaben im Wesentlichen fünf verschiedene Antworten darauf, wie sie auf die Mapuche und den Konflikt in Wallmapu aufmerksam wurden. Dazu gehören biografische, persönliche oder private Faktoren, Zufälle, akademisches Interesse und schließlich politisches Interesse. Im Gegensatz zu den Mapuche nannten die Nicht-Mapuche-Akteur*inne nur selten biografische Faktoren als Grund für ihr Engagement. Während die Mapuche ihre Beweggründe mit ihrer ethnischen Zugehörigkeit erklärten, begründeten die chilenischen Nicht-Mapuche-Akteur*inne ihr Engagement in der Solidaritätsarbeit meist mit dem Unrechtsrahmen der Menschenrechtsverletzungen, von denen ihre Familien in Zeiten der Diktatur betroffen waren (siehe Kapitel 4). Im Gegensatz dazu nannten Nicht-Mapuche Europäer*innen keine expliziten biografischen Gründe, durch die sie ihr Engagement erklären könnten. Zwei der Befragten gaben an, dass sie durch private Beziehungen mit Mapuche in Kontakt kamen und sich für ihre Kultur und Gesellschaft interessierten. Eine Interviewpartnerin merkte an, dass ihre beste Freundin eine chilenische Nicht-Mapuche ist, die ihr »eine grobe Vorstellung gab«, bevor sie sich in der Solidaritätsarbeit engagierte. Eine andere lebte mit zwei Mapuche in einer Wohngemeinschaft während eines Auslandssemesters in Argentinien und kam so in Kontakt mit deren »Weltanschauung«. Vier weitere Interviewpartner*innen betonten, dass sie nur durch Zufall von den Mapuche und ihrem Kampf erfahren haben. Amanda beispielsweise, die in der in den Niederlanden ansässigen Mapuche-Organisation *FOLIL* aktiv ist, stellt fest, dass »ich wirklich nur durch Zufall im Internet auf sie gestoßen bin« (Interview mit dem Autor) als sie auf der Suche nach einer Freiwilligenarbeit für eine NGO war.

Untersuchungen zu transnationalen Solidaritätsnetzwerken sind selten kritisch gegenüber den Gründen und Motivationen der nicht betroffenen Gruppe für ein solches Engagement – sie gehen davon aus, dass dieses Engagement gut und richtig sei. Im Gegensatz dazu können Erkenntnisse aus dekolonialen Perspektiven und der kritischen Rassismusforschung helfen, die Gründe und Motivationen, warum sich nicht-indigene Unterstützende mit indigenen Kämpfen solidarisch erklären, zu hinterfragen.

Dass sich Mapuche und Nicht-Mapuche-Aktivist*innen unterschiedlich innerhalb der Solidaritätsarbeit verortet, wurde von Akteur*innen aus der Mapuche-Diaspora kritisch angesprochen. Insbesondere in einem informellen Gespräch merkte eine junge Mapuche-Frau kritisch an, dass sie keine andere Wahl habe, als sich für ihre Gesellschaft zu engagieren, während die Weißen sich aussuchen könnten, jede Woche zu einer anderen Demonstration für eine andere Sache zu gehen. Ähnlich äußert sich Llanquiray Painemal, eine in Berlin lebende Mapuche-Aktivistin, die aus eigener Erfahrung sagt, dass das persönliche Engagement *weißer* Deutscher für eine bestimmte Sache bestimmte Zyklen hat und »wie ein Konsumgut funktioniert, [...] man konsumiert [als wäre das Thema eine Ware], was immer gerade aktuell ist« (Interview mit dem Autor). Eine dekoloniale Kritik von Solidarität über Differenzen hinweg erfordert daher eine Sensibilität für die unterschiedlichen Beziehungen und Motivationen, welche die beteiligten Akteur*innen als Gründe für ihr Engagement anführen. Hier wird bereits die Möglichkeit, sich für die Unterstützung eines bestimmten Kampfes entscheiden zu können, als Privileg hervorgehoben, während die Gründe für indigene Menschen, für ihre Sache zu kämpfen, als eine ererbte Last dargestellt werden (Land 2015: 208–11).

Ein weiteres Privileg zeigte sich in Erzählungen über und von Nicht-Mapuche-Unterstützenden, die im Allgemeinen leichteren Zugang zu den Mapuche in Wallmapu oder Europa haben. In diesen Berichten werden vor allem europäische Nicht-Mapuche-Unterstützende als vertrauenswürdiger im Vergleich zu nicht-indigenen Chilen*innen dargestellt. Dieses Privileg ist eine Folge der langen Geschichte der Diskriminierung der Mapuche durch den *weißen* chilenischen Staat und die chilenische Gesellschaft. Madelaine (Interview mit dem Autor) erzählt zum Beispiel, dass sie durch die Beteiligung internationaler, nicht-chilenischer Mitarbeiter*innen einen viel leichteren Zugang zu Mapuche-Gemeinden hatten. Dieser leichte Zugang für Nicht-Chilen*innen wird durch eine Reihe positiver Stereotype über *weiße* Personen aus dem Globalen Norden noch verstärkt, die in einigen Aussagen von Mapuche-Gesprächspartner*innen reproduziert und aktiviert wurden. Sie unterstellten *weißen* Europäer*innen beispielsweise mehr Erfahrungen in der solidarischen Arbeit in Kooperativen, mehr Vertrauenswürdigkeit oder

Respekt und Wertschätzung gegenüber indigenen Kulturen im Vergleich zu Chilen*innen. Dadurch lässt sich sagen, dass sie nicht-chilenischen Solidaritätsakteur*innen ein Privileg des Vertrauens gewähren. Dieses Vertrauen stellt jedoch ebenso ein Risiko für die Mapuche-Organisationen und Gemeinschaften dar, wenn sie die Möglichkeit des Paternalismus durch nicht-chilenische Akteure oder Organisationen ignorieren.

Ein weiteres Privileg betrifft die Tatsache, dass Nicht-Mapuche-Aktivist*innen immer die Möglichkeit haben, ihr Engagement in der internationalen Solidaritätsarbeit aufzukündigen. Ich wurde in dieser Angelegenheit selbst herausgefordert, nachdem ich ein Interview mit einer Mapuche-Politikerin während einer öffentlichen Kundgebung beendet hatte. Nach dem Interview wurde ich von einem anderen Mapuche-Parteimitglied angesprochen, der die Situation beobachtete und mich in einem herausfordernden Ton fragte, ob ich schon gehen wolle. Ich hatte nicht das Gefühl, dass er wissen wollte, ob oder wann ich (die Kundgebung oder Wallmapu) verlasse, sondern eher, ob ich mein Engagement und Interesse jetzt, nachdem ich mein Interview in der Tasche hatte, aufkündigen würde. Seine Intervention konfrontierte mich mit dem Privileg, dass ich immer die Möglichkeit habe, zu gehen, wenn die Dinge unangenehm werden. Die Möglichkeit zu gehen, macht die Entscheidung, sich solidarisch zu engagieren, viel leichter. Dieses Privileg des Weggehens wird von Nicht-Mapuche und Mapuche gleichermaßen als ein Faktor genannt, der die unterschiedlichen und ungleichen Positionen, die mit dieser Art von Solidaritätsarbeit verbunden sind, am deutlichsten widerspiegelt.

KAPITEL 12
Vom linken Internationalismus zu einem ökologischen Kosmopolitismus von unten

In diesem Kapitel werden die persönlichen Beweggründe und politischen Überzeugungen von Nicht-Mapuche-Akteur*innen in Bezug auf ihr Engagement im transnationalen Solidaritätsaktivismus diskutiert. Hier sticht vor allem die Abwesenheit von expliziten Bezügen zu linken Ideen unter den Nicht-Mapuche-Akteur*innen, wie sie vor allem noch im Rahmen internationalistischer Solidarität im 20. Jahrhundert artikuliert wurden, heraus. Dies lässt sich auf die komplizierte Beziehung zwischen den Mapuche (und anderen indigenen Bevölkerungen in Lateinamerika) und linken Parteien oder Bewegungen zurückführen. Diese »linke Melancholie«[74] (Traverso 2019) bedeutet im vorliegenden Fall zunächst eine Entpolitisierung der Solidarität, eröffnet aber auch die Möglichkeit eines ökologischen Kosmopolitismus von unten, auf dessen Basis Gemeinsamkeiten zwischen indigenen und nicht-indigenen Akteur*innen geschaffen werden.

Die Frage, aus welchen ideologischen Gründen und mit welchen politischen Motiven Nicht-Mapuche ihre Beteiligung oder Interesse an Solidaritätsaktionen legitimieren, verdient besondere Aufmerksamkeit. Im Anschluss an das letzte Kapitel möchte ich nicht dabei stehen bleiben, die Motivationen und Beweggründe der *weißen* Akteure zu untersuchen, sondern auch, wie diese mit den politischen Überzeugungen der Gruppe, die sie unterstützen wollen, zusammenhängen, miteinander verknüpft

74 Mit linker oder revolutionärer Melancholie wirft Enzo Traverso einen »Blick auf die Besiegten« (2019: 10) und beschreibt dabei »[d]ie Traurigkeit und die Trauer, das überwältigende Gefühl des Scheiterns, der verlorenen Freund*innen und Genoss*innen, des gestohlenen Glücks« (ebd.: 12) in der Geschichte des (Kampfes um) Sozialismus. Diese linke Melancholie hat auch den Charakter eines »verpassten Rendezvous« (ebd.: 179) zwischen antikolonialen, dekolonialen und indigenen Bewegungen auf der einen und sozialistischer Befreiung auf der anderen Seite.

sind oder ihnen widersprechen. Das Engagement *weißer* Menschen in der transnationalen Menschenrechts- oder Solidaritätsarbeit mit *People of Color* (PoC) oder Menschen im Globalen Süden wurde mit dem Konzept des »white saviour complex« kritisch beleuchtet (Cole 2012). Innerhalb dieses Komplexes werden strukturelle Ungerechtigkeiten ignoriert, während die individuelle Handlungsfähigkeit und der Enthusiasmus von Einzelnen hervorgehoben und das Leiden und die Unterdrückung anderer sentimentalisiert werden. Auf der Grundlage meiner Gespräche mit Nicht-Mapuche-Akteur*innen ist es möglich, diesen Komplex empirisch und im Detail zu untersuchen, indem man »die kritische Analyse auf den Westen richtet« (Frey 2016: 188) und die Motivationen und ideologischen Beweggründe der Nicht-Mapuche in den Blick nimmt. Die Interviews mit Nicht-Mapuche-Akteur*innen wurden so zu kritischen Interventionen in ihre Motivationen und Rechtfertigungen, indem sie »nicht-indigene dazu aufforderten, ihre eigenen Interessen in einem Kampf zu sehen, der viel weiter gefasst ist als die Suche nach Gerechtigkeit für indigene Menschen« (Land 2015: 208). Diese Interessen könnten das Streben nach einem guten Leben im Allgemeinen, die Durchsetzung allgemeiner ethischer Prinzipien, ökologische Gerechtigkeit oder der Kampf gegen intersektionelle Unterdrückung umfassen (ebd.: 215).

Historisch gesehen war und ist internationale Solidarität im globalen Norden mit revolutionären oder indigenen Bewegungen im globalen Süden ein Kernaspekt linker Politik. Gerade deswegen ist es bemerkenswert, dass die politischen Überzeugungen der befragten Nicht-Mapuche ein ambivalentes Verhältnis zu linken Werten und Überzeugungen zeigten. Einerseits bezeichnen sich einige als »eher links denkende Person« oder sogar »definitiv eher links« und kritisch gegenüber Kapitalismus und »großen Konzernen«. Viele engagierten sich bei politischen Kundgebungen »gegen Rechts« oder in antirassistischen und/oder mit Geflüchteten solidarischen Zusammenhängen. Somit war es ziemlich offensichtlich, dass Menschen aus der Linken die Mapuche unterstützen. Allerdings haben nur zwei Befragte antikapitalistische Überzeugungen als Verbindung zum Kampf der Mapuche genannt. Eine Frau hob ihren Feminismus als Grund hervor, sich für die Rechte von Minderheiten und Indigenen zu engagieren. Andererseits gab es auch einige Personen, wenn auch deutlich weniger, die sich selbst als unpolitisch, »politisch neutral« oder politisch nicht aktiv bezeichnen. Vielmehr bezogen sie sich auf abstrakte oder scheinbar universelle Werte: Sie erklärten ihre Beweggründe mit »viel Idealismus«, positiven Bezügen zu Projekten globaler Gerechtigkeit oder mit dem Eintreten für »Würde« und »gegenseitigem Respekt«.

Diese Aussagen zeigen, dass nicht unbedingt explizit artikulierte linke Überzeugungen die Hauptmotivation der Solidaritätsarbeit und ideologische Verbindungslinie zwischen Mapuche und Nicht-Mapuche ist. Dies ist eine Folge der historisch ambivalenten und widersprüchlichen Beziehung zwischen der politischen Linken (in Chile) und dem Kampf der Mapuche. Während die frühesten politischen Äußerungen der Mapuche innerhalb des chilenischen Staates ideologisch heterogen waren (Kaltmeier 2004: 116–28; Marimán et al. 2006), betrachtete die chilenische Linke die Mapuche traditionell als ihre ›natürlichen‹ Verbündeten. Diese Überzeugung führte zu einer paternalistischen Haltung gegenüber den Mapuche innerhalb der Linken, indem ihre besondere koloniale Erfahrung als Teilwiderspruch des Klassenkampfes eingeordnet wurde (Andrea Cotrena, Interview mit dem Autor, 6. Juni 2017). Im Gegensatz dazu entwickelte die politische und akademische Linke in anderen lateinamerikanischen Ländern, inspiriert von einer marxistischen Analyse der sozialen Klassen und des Kapitalismus, eine Sensibilität für die historisch-strukturelle Heterogenität ihrer Gesellschaften.[75] In einem Land wie Chile, dessen politische und intellektuelle Klasse die Nation eher als ausschließlich *weiß* und monokulturell wahrnahm, fehlten solche Überlegungen weitgehend (siehe auch Pairican 2021: 180). Ungeachtet dessen haben linke Regierungen (sozialdemokratische und sozialistische) in den 1960er und 70er-Jahren fortschrittliche Agrarreformen durchgeführt und erhebliche Verbesserungen der Lebensbedingungen einiger Teile der Mapuche-Gesellschaft vorangetrieben. Sie wurden jedoch weiterhin als Teil der bäuerlichen Klasse und nicht als kolonisierte Gesellschaft betrachtet. Außerdem gab es in Chile seit der Rückkehr zur Demokratie im Jahr 1990 außer den beiden Amtszeiten von Sebastián

75 Beispiele hierfür sind die Arbeiten der peruanischen Soziologen José María Mariátegui und Aníbal Quijano, in Bolivien die Arbeiten von René Zavaleta und Silvia Rivera Cusicanqui sowie einiger Akteure der mexikanischen Revolution ab 1910.

Piñera (2010-2014, seit 2018) nur Mitte-Links-Regierungen, die seitdem eine Hauptverantwortung für den aktuellen Konflikt und die Menschenrechtsverletzungen in Wallmapu tragen (Garbe 2016a).

Neben dem generellen Misstrauen gegenüber chilenischen politischen Institutionen erklären diese Erfahrungen, warum viele Mapuche nicht oder nur ungern mit Personen, Organisationen oder Parteien der Linken innerhalb und außerhalb Chiles zusammenarbeiten wollen. Die historische Erfahrung der Bevormundung durch die Linke führte zu einer kritischen Haltung gegenüber ausschließlich linken Parteien seitens von Organisationen oder Akteur*innen der Mapuche, insbesondere im Rahmen von Solidaritätsaktionen. Dies führt manchmal sogar zu Aussagen von Mapuche-Aktivist*innen, die behaupten, weder Links noch Rechts, sondern in erster Linie Mapuche zu sein. Dieser Widerstand gegen politische Bevormundung birgt jedoch wiederum die Gefahr einer generellen Entpolitisierung, wie die in Berlin lebende Mapuche-Aktivistin Llanquiray Painemal kritisierte (Interview mit dem Autor).

So entsteht ein Szenario, in dem nicht nur die Bevormundung von links kritisiert, sondern auch das kritische Potenzial linker Denktraditionen *in toto* als eurozentrisch abgelehnt wird. In der Tat gibt es scharfe Kritik von indigenen Bewegungen an der marxistisch inspirierten Gesellschaftskritik als eurozentrisch und unvereinbar mit indigenen Kosmologien (Means 2011). Im Gegensatz dazu betonten andere Mapuche-Gesprächspartner*innen, dass es eine Komplementarität zwischen westlichem antikapitalistischem Denken und den Überzeugungen im Mapuche-Denken gibt. Ihrer Ansicht nach ist »der Kampf der Mapuche ein antikapitalistischer Kampf« (Andrea Cotrena, Interview mit dem Autor), »weil es sich um eine Lebensphilosophie handelt, in der [...] das Privateigentums nicht existierte und die menschlichen Beziehungen völlig anders waren« (Llanquiray Painemal, Interview mit dem Autor). Sie legen mehr Wert darauf, eine erkenntnistheoretische Horizontalität zwischen antikapitalistischen Ideen und Mapuche Kosmologie einzufordern.

Diese widersprüchliche Beziehung zur Linken verkompliziert die Optionen internationaler Solidarität mit den Mapuche und führt unter anderem zu Konflikten zwischen linken Mapuche in der Diaspora und zwischen Mapuche, die sich mit politisch uneindeutigeren, liberalen und der politischen Mitte zugewandten NGOs wie der UNPO oder

der GfbV engagieren. So fühlte sich beispielsweise Llanquiray Painemal von einigen Organisationen und Akteur*innen ausgeschlossen, »denn, wenn man einen antineoliberalen, antikapitalistischen Diskurs führt, wird man nicht eingeladen« (Interview mit dem Autor). Sie sieht ihre Erfahrung als Ausdruck des Paternalismus dieser NGOs, die nur diejenigen indigenen Akteure einladen, die sich »fügen«. Gleichzeitig führt diese komplizierte Beziehung zu Dissonanzen zwischen linken Nicht-Mapuche-Akteur*innen und diasporischen Mapuche. Aufgrund ihrer historischen Erinnerung an paternalistische Erfahrungen mit der Linken werden Nicht-Mapuche-Linke nicht als die selbstverständlichen Verbündeten der Mapuche betrachtet, auch wenn sie es selbst gerne so hätten. Außerdem ist vor allem die autonomistische Mapuche-Bewegung sehr darauf bedacht, die ideologische Vereinnahmung ihrer Sache durch Nicht-Mapuche-Linke zu verhindern.

Zusammenfassend lässt sich sagen, dass all diese Faktoren zu einer Entfremdung zwischen internationalistischer, linker Solidarität aus dem Globalen Norden und der Mapuche-Bewegung beitragen, die sich beharrlich dagegen wehrt, unter linke Projekte unter nicht-indigener Führung subsumiert zu werden. Dies erklärt die Ambivalenz und Uneindeutigkeit der interviewten Nicht-Mapuche gegenüber einer explizit linken Positionierung, und andersherum bevorzugen die beteiligten Mapuche-Organisationen und Akteur*innen offensichtlich keine Solidaritätsaktivist*innen aus der Linken.

Als Folge der Erfahrungen der Mapuche mit dem linken Paternalismus kann man sagen, dass die internationale Solidarität mit den Mapuche von einer »linken Melancholie« befallen ist (Traverso 2019). Während dieser Begriff einen Zustand beschreibt, der die gescheiterten politischen Projekte der Linken im zwanzigsten Jahrhundert betrauert, aber dennoch zukünftige politische Aktionen inspiriert, möchte ich seine Bedeutung auf eine Melancholie in Bezug auf die gescheiterten Begegnungen zwischen einer (eurozentrischen) Linken und indigenen Befreiungsbewegungen ausweiten. Auf diese Weise geht eine dekoloniale linke Melancholie über die sogenannte »postkoloniale Melancholie« (Gilroy 2006) hinaus. Eine dekoloniale Melancholie betrauert vielmehr die koloniale und rassistische Voreingenommenheit linker Projekte während des gesamten zwanzigsten Jahrhunderts, welche die sehr unterschiedlichen historischen

Erfahrungen von Unterdrückung und Beherrschung von PoC, indigenen Menschen, Migrant*innen und anderen Minderheiten ignorierten. Ein dekoloniales Verständnis linker Melancholie muss die gescheiterten Allianzen der Linken mit rassifizierten Gruppen und kolonisierten Gesellschaften kritisch reflektieren, um gegenseitiges Vertrauen für ein potenziell gemeinsames emanzipatorisches Projekt zurückzugewinnen.

Diese Form der Melancholie macht im vorliegenden Fall eine Lücke in der möglichen ideologischen Gemeinsamkeit zwischen Mapuche und Nicht-Mapuche sichtbar. Die internationale Solidarität mit dem Widerstand der Mapuche könnte so eine ideologische Sollbruchstelle haben und entpolitisiert werden. Einige Erklärungen von Nicht-Mapuche-Akteur*innen, die ihr Engagement begründen, spiegeln diese Gefahr wider. Zunächst erklärt Amanda, dass ihr ideologischer Einfluss »von den Menschen um mich herum« kommt, einschließlich Werten wie »freundlich sein, helfen, wenn man kann, sich in der Gemeinschaft engagieren, lokal, aber auch global« (Interview mit dem Autor). Auch Rike (Interview mit dem Autor) gibt an, politisch »nicht genau definiert« zu sein oder »eine klare Haltung gegenüber den meisten politischen Parteien« zu haben. Außerdem erklärt Clarissa, sie sei politisch »neutral« und habe eine »offene Weltanschauung« (Interview mit dem Autor).

Dennoch bietet die entstandene ideologische Lücke auch die Möglichkeit, neue politische Verbindungen und Gemeinsamkeiten zwischen Mapuche- und Nicht-Mapuche-Akteur*innen jenseits des Links-Rechts-Schemas zu schaffen. Gerade das Interesse an Fragen der Nachhaltigkeit, ökologischer Transformation, Klimaschutz und der Respekt gegenüber der Natur stellt hier eine Verbindung zwischen nicht-indigenen Akteur*innen und Mapuche und mögliche gemeinsame ideologische Basis dar. Indem sie auf ihre Besorgnis zu ökologischen Krisen hinweisen, stellen die Nicht-Mapuche-Akteur*innen eine Gemeinsamkeit zwischen ihnen und den Mapuche her. Gleichzeitig wurden diese Themen genutzt, um Probleme zu identifizieren, die sowohl in Europa als auch in Wallmapu relevant sind. Mit anderen Worten, diese Aussagen drücken gleichzeitig ein gemeinsames positives Gefühl der Sorge um die Natur und ein gemeinsames negatives Gefühl gegenüber ökologischer Zerstörung und Klimakrise aus und lassen sich daher als »terrestrisches Denken« (Latour 2020) beschreiben, das die Herausforderungen der Klimakrise annimmt und eine politische Alternative zum Links-Rechts-Schemas entwirft. Konkret artikulierten Nicht-Mapuche-Aktivist*innen ihre Überzeugungen und ihr Engagement in Bezug auf die Kritik am Extraktivismus und Landgrabbing in Lateinamerika, ihrem eigenen und dem Respekt der Mapuche gegenüber der Natur oder alternativen Praktiken des (urbanen) Gärtnerns. Auch NGOs, die in der Solidaritätsarbeit mit Wallmapu aktiv sind, stellen eine Verbindung zwischen der Verteidigung indigener Rechte und der Natur her, aber mobilisieren dabei strategisch auf problematische Art und Weise das Stereotyp der ökologisch verantwortungs- und respektvollen Indigenen. Dementsprechend nannten mehrere Mapuche-Interviewpartner*innen gemeinsame ökologische Anliegen als das wichtigste ideologische Bindeglied zwischen ihnen und europäischen Nicht-Mapuche-Aktivist*innen. Genauer gesagt, werden ideologische Verbindungen und Gemeinsamkeiten auf der Grundlage einer »Liebe zum Leben«, des »Schutzes der Mutter Erde«, einer »ökologischen Intelligenz« oder eines »gemeinsamen Respekts gegenüber der Natur« argumentiert. Darüber hinaus identifizierten politische Vertreter*innen von Mapuche-Organisationen und Gemeinden potenzielle Verbündete in Europa explizit auf Grundlage ihrer ökologischen Agenda.

Diese ideologische Gemeinsamkeit eines vermeintlich gemeinsamen ökologischen Bewusstseins und Verantwortungsübernahme bleibt jedoch nicht ohne Widersprüche. Ein Grund dafür ist, dass diese scheinbar gemeinsame Sorge um die Natur auf unterschiedlichen, vielleicht sogar konkurrierenden Kosmologien und Epistemologien darüber beruht, was Natur eigentlich ist und in welchem Verhältnis Mensch und Natur zueinanderstehen. Gleichzeitig werden in der Suche nach politischen Gemeinsamkeiten koloniale Stereotype, wie das der indigenen Bevölkerungen als ›Beschützer*innen der natürlichen Umwelt‹, reproduziert. Daneben hat das, was im Globalen Norden oftmals als Naturschutz aussieht, katastrophale Folgen im Globalen Süden und fördert »[d]ie Gefahr eines neuen, grünen Extraktivismus« (Brand/Dietz 2022: 107). Unter diesem Licht müssen auch die Aktionen von Umweltorganisationen verstanden werden, welche vorgeben, sich für den Schutz der Natur in Wallmapu einzusetzen. So kritisierte das *Red por la Defensa de los Territorios* im Jahr 2017 eine Reihe internationaler Umweltorganisationen wie den WWF, Greenpeace und Rainforest Alliance dafür, dass sie chilenischen

Unternehmen Umweltzertifikate verliehen, obwohl diese für Landraub und Abholzung sowie für die Verschmutzung von Wasser und Boden verantwortlich sind und vorantreiben (Mapuexpress 2016).

Trotz dieser Widersprüche stellt der gemeinsame Bezug auf den Widerstand gegen die ökologische Zerstörung und Klimakrise einen wichtigen Rahmen dar, in dem Nicht-Mapuche ihre ideologischen Verbindungen mit den Mapuche konstruieren. Das gemeinsame Erfahren der drohenden, unumkehrbaren Zerstörung des Planeten kann als eine wichtige Ressource für eine universalisierbare, zwischenmenschliche Solidarität verstanden werden, da das gemeinsame Überleben der Menschheit notwendigerweise von der Bewältigung der Klimakrise abhängt (Chakrabarty 2009). Auf diese Weise könnte das gemeinsame Gefühl einer unmittelbaren ökologischen Katastrophe der Ausgangspunkt für einen ökologischen Kosmopolitismus von unten sein.[76] Solche ökologisch begründeten solidarischen Verbindungslinien zwischen Mapuche und Nicht-Indigenen sind ein spezifischer Ausdruck dieses Strebens nach einem ökologischen Kosmopolitismus, der die Akteur*innen über verschiedene Positionalitäten und Territorien hinweg miteinander in Beziehung bringt.

76 Die Idee eines »Kosmopolitismus von unten« ist kritisch gegenüber den elitären Vorstellungen von Kosmopolitismus und transkulturellem Kontakt und meint daher einen Kosmopolitismus der Subalternen, Unterdrückten, Benachteiligten im globalen Kapitalismus (Robbins und Lemos Horta 2017: 9).

KAPITEL 13
Eine Kritik des Maputhusiasmus

In diesem Kapitel wird der Begriff des Maputhusiasmus als ein Interpretations- und Repräsentationsrahmen eingeführt, der von Nicht-Mapuche-Akteur*innen, insbesondere Menschen aus Deutschland, in der Solidaritätsarbeit aktiviert wird und der die Mapuche-Kultur und Gesellschaft durch meist positiv konnotierte, romantisierte und antimoderne Vorstellungen rassifiziert und stereotypisiert. Das Bewusstsein über die eigenen Stereotypen erzeugt bei Nicht-Mapuche-Akteur*innen dabei den Wunsch nach einer authentischen Begegnung mit den Mapuche, vor allem im Kontext von Solidaritätsaktionen. Allerdings wird der Maputhusiasmus von Akteur*innen aus der Mapuche-Bewegung kritisiert, aber auch für Solidarität mit Wallmapu strategisch angeeignet.

Wie kommt der Begriff des Maputhusiasmus zustande? Eine Reihe von literatur-, kultur- und geschichtswissenschaftlichen Untersuchungen hat das sehr eigentümliche imaginäre Verhältnis zwischen Deutschland und den (nord-)amerikanischen *Native Americans* als »Indianthusiasmus«[77] beschrieben, in dem amerikanische Indigene essentialisiert und stereotyp in einem grundsätzlich positiven Licht dargestellt werden (Berkhofer 1979; Calloway, Gemunden und Zantop 2002; LaFramboise 2017; Usbeck 2015). Innerhalb dieses Komplexes werden indigene Menschen nicht als minderwertig angesehen, sondern vielmehr »durch eine positive rassistische Linse« betrachtet (Usbeck 2015: 208), die von »einer Sehnsucht nach allem, was indianisch ist« geprägt ist (Lutz zitiert in Usbeck 2015: 2). Diese Untersuchungen beschreiben und dekonstruieren den insbesondere deutschen Indianthusiasmus seit dem 15. Jahrhundert bis in die Gegenwart als »sozial konstruierter deutscher National(istischer) mythos« (Ridington 2004: 403) und als »Teil des nationalen Gefüges,

77 Mit dem Begriff »Indianer« verweisen diese Autor*innen auf die stereotype Figur und das rassifizierte Bild meist nordamerikanischer Indigener. Das Wort wird über diese Fußnote hinaus nicht weiter reproduziert und stattdessen der dem Englischen nahestehenden Begriff des Indianthusiasmus verwendet.

eingebettet in nationale Diskurse des ›Deutschseins‹« (LaFramboise 2017: 33). Der deutsche Indianthusiasmus beansprucht dabei eine besondere Verbindung zwischen Indigenen und *weißen* Männern, in der die *weißen* Deutschen die Helden der Geschichten bleiben. Daher fordert die Dekonstruktion des Indianthusiasmus also nicht, indigene Völker auf irgendeine Weise authentischer zu begreifen oder diese Stereotypen durch vermeintlich korrektes Wissen zu ersetzen. Vielmehr bedeutet es:

> »die rassistischen Aspekte des zutiefst bedeutsamen Wunsches vieler Deutscher zu verstehen, Indianer sein zu wollen, denn ein guter Indianer zu sein, bedeutet, ein guter Deutscher zu sein. Diese rassistischen und nationalen Ideologien sind an sich interessant, aber sie sind auch Teil eines größeren, historischen Diskurses von Essentialismus und Rassismus.« (LaFramboise 2017: 33)

Als Teil einer breiteren Geschichte des deutschen Rassismus zeigen zeitgenössische rassismuskritische Studien zum Beispiel, das der deutsche Indianthusiasmus auch mit Stereotypen innerhalb des antimuslimischen Rassismus verbunden ist (Attia 2009: 39). Diese Untersuchungen laden also dazu ein, die Darstellungen und Ideen über die Mapuche zu hinterfragen, die von Nicht-Mapuche-Akteur*innen im Kontext internationaler Solidarität mobilisiert werden. Diese Akteure übersetzen die Indignität der Mapuche, die Grundlage ihrer kolonialen Diskriminierung und Ressource zur Behauptung ihrer eigenen Nationalität, in den europäischen Kontext. Wie in Kapitel 10 dargelegt, geschehen solche Übersetzungen nicht ungehindert, sondern innerhalb eines bereits bestehenden konfliktiven Feldes, in dem Bedeutungen und Ideen erst ausgehandelt werden (müssen). Vielmehr sind sie Teil des Repräsentationsrahmens, der von Nicht-Mapuche, insbesondere deutschen Akteur*innen, aktiviert wird und die Mapuche-Kultur und Gesellschaft durch meist positiv konnotierte, romantisierte und antimoderne Imaginationen rassifiziert und stereotypisiert.

Internationale Solidarität mit den Mapuche greift daher in den bereits bestehenden Komplex des deutschen Indianthusiasmus ein und trägt dazu bei, das zu produzieren, was in diesem Kapitel als Maputhusiasmus definiert wird. Dies liegt daran, dass (insbesondere nicht-indigene) Menschenrechts-NGOs als Folge ihrer Bürokratisierung und Institutionalisierung dazu neigen, stereotype und essentialisierte Darstellungen über indigene Menschen zu reproduzieren und einen »hyperrealen Indigenen« (Ramos 1994) als gescheiterte transkulturelle Übersetzung zu produzieren. Was sind nun die Elemente des Maputhusiasmus und der hyperrealen Mapuche, die von Nicht-Mapuche-Akteur*innen und NGOs artikuliert und mobilisiert werden?

Isabell zum Beispiel engagiert sich seit den 1970er-Jahren für die Rechte indigener Bevölkerungen in Deutschland. Sie stellt fest, dass die ersten indigenen Delegationen aus Zentral- und Südamerika sich dagegen wehren mussten, unter die vorherrschenden Vorstellungen über indigene Gesellschaften subsumiert zu werden. Denn als Folge des Indianthusiasmus wurden indigene Gesellschaften in den Amerikas als ausschließlich nordamerikanisch angesehen. Die Delegationen aus Süd- und Mittelamerika mussten erst einmal klären, dass es sie überhaupt gibt. Mehrere Aussagen aus Interviews mit Nicht-Mapuche-Akteur*innen, die sich solidarisch engagieren, zeigen, wie der Rahmen des Indianthusiasmus auch Stereotype über die Mapuche prägt. Clarissa gibt zu, dass ihre Vorstellung von den Mapuche, bevor sie das erste Mal nach Wallmapu reiste, die war, dass »das Indigene sind, wie in den USA« (Interview mit dem Autor). Andere stellten sich vor, dass die Mapuche »um ein Lagerfeuer sitzen«, »bunte Kleidung« tragen und »besondere Traditionen und Musik« haben. Obwohl die meisten der nicht-indigenen Interviewpartner*innen Vorstellungen über die Mapuche artikulierten, die indianthusiastisch geprägt waren, waren sie sich ihrer stereotypen Dimension bewusst. Sie stellten sie sich zum Beispiel als technologisch rückständig, von der verwestlichten chilenischen Gesellschaft abgeschnitten und in enger Verbundenheit mit Natur und Tieren lebend vor.

Nachdem einige Solidaritätsaktivist*innen eine gewisse Zeit in Wallmapu verbracht hatten, gaben mehrere Interviewpartner*innen zu, dass sie aufgrund solcher Stereotype die hoch konfliktreiche und gefährliche Situation unterschätzt hatten. Diese Berichte zeigen, dass rassistische und koloniale Stereotype wie Maputhusiasmus alles andere als unschuldig sind, sondern konkrete lebensbedrohliche Folgen haben können. Die Vorstellung indigener ›Friedlichkeit und Unschuld‹ machte sie unvorsichtig und führte sie während ihres Aufenthalts in Wallmapu in gefährliche Situationen. Auf diese Weise schaden Stereotype nicht nur der stereotypisierten Gruppe, sondern auch den Menschen, die sie reproduzieren. Darüber hinaus stellt diese Unachtsamkeit nicht nur ein Risiko für die Unterstützenden dar, sondern kann auch die Mapuche-Gastgeber*innen in Gefahr bringen, die sich für ihre Gäste verantwortlich fühlen.

Die Stereotype über die Mapuche waren im Allgemeinen sehr positiv dargestellt. Einige beschrieben ihr Interesse an indigenen Kulturen bewusst als das Ergebnis der »Idealisierung indigener Menschen« und eines »positiven und idyllischen« Bildes ihrer Kultur. Insbesondere die Vorstellungen über die Mapuche als naturverbundene Menschen wurden sehr positiv und sogar bewundernd wiedergegeben. Solche positiven Bezüge auf ein vermeintliches ökologisches Bewusstsein der Mapuche sind Teil einer größeren Reihe kolonialer Stereotype über indigene Gesellschaften und Kulturen als ›Bewahrer*innen und Hüter*innen‹ der natürlichen Umwelt (LaFramboise 2017: 15).

Auffällig war, dass nicht-indigene Akteur*innen Stereotype reproduzierten, obwohl sie sich dieser bewusst waren. Wenn sie sich ihres Maputhusiasmus explizit bewusst sind, welche Konsequenz ziehen sie dann daraus für ihr Handeln in Solidarität? Setzen sie sich kritisch mit ihrem Maputhusiasmus auseinander, versuchen sie, ihn zu hinterfragen, oder verändert ihr vermeintlich kritisches Bewusstsein im Wesentlichen nichts in ihrer politischen Praxis (Ahmed 2004)? Für einige weckte die Konfrontation mit ihren Stereotypen »das Interesse, diese Länder zu besuchen, um zu sehen, wie es wirklich ist«. In ähnlicher Weise hatte die Mapuche-Weberin María Teresa Loncón während ihrer Reise nach Europa das Gefühl, dass nicht-indigene Menschen »auf der Suche nach dem Authentischsten« sind (Interview mit dem Autor, 3. März 2016). Auch in verschiedenen Solidaritätsveranstaltung in Europa habe ich die Faszination bei Zuhörenden über die Möglichkeit wahrgenommen, mit ›echten‹ Mapuche zu sprechen. Solche Äußerungen und Reaktionen können als »Suche nach dem authentischen Indigenen« (Penny 2006) beschrieben werden – in diesem Fall nach etwas, das als echte und authentische Mapuche-Kultur und Gesellschaft gelten könnte. Das Bewusstsein über ihren eigenen Maputhusiasmus und ihre Reproduktion des hyperrealen Mapuche hinterlässt bei den Nicht-Mapuche-Akteur*innen das beunruhigende Gefühl, nicht zu wissen, was eigentlich authentisch und real ist. Kurz gesagt, das Hyperreale muss durch etwas Reales ersetzt werden. Und dieses Streben nach einer echten Begegnung mit den Mapuche drückt sich in dem Wunsch aus, internationale Solidaritätsprojekte so authentisch wie möglich zu gestalten. Es sollen dabei also nicht nur die indigenen Beteiligten authentifiziert, sondern auch die Solidaritätsbemühungen glaubwürdiger und vertrauenswürdiger gemacht werden.

Für einige könnte die authentischste Erfahrung von Solidarität durch die Anwesenheit von Mapuche erreicht werden. Wie in vorausgegangenen Kapiteln gezeigt, gelingt es den Mapuche-Akteur*innen, ein hohes Maß an Handlungsmacht und Autonomie innerhalb der Solidaritätsbemühungen zu bewahren. Für viele Nicht-Mapuche-Aktivist*innen ist diese Authentifizierung ein zentraler Aspekt im Solidaritätsaktivismus. Zum Beispiel wird die Anwesenheit von Mapuche als »wichtig angesehen, weil es authentischer ist […], wenn jemand […] aus dieser Kultur kommt« und weil »das, was von diesen Menschen selbst kommt, sie viel mehr repräsentiert«. Während die Präsenz und die Handlungsfähigkeit von Mapuche-Akteur*innen in Solidaritätsbemühungen eine wichtige Errungenschaft ist, könnte das Bestreben, Solidarität authentisch zu machen, letztendlich aber auch nur Nicht-Mapuche-Akteur*innen und Organisationen zugutekommen, indem es sie für Außenstehende glaubwürdiger macht. Der Versuch, Solidaritätskampagnen authentischer zu machen, setzt Mapuche-Aktivist*innen bei Kundgebungen, bei denen sie vom Publikum oder den Medien als vermeintlich authentische Stimmen angesprochen werden, auch stark unter Druck. Llanquiray Painemal hat das Gefühl, dass ihre Anwesenheit als Mapuche-Frau manchmal zu einer Last wird, indem von ihr erwartet wird, ein authentisches und informiertes Bild zu liefern. Für sie bleibt der legitime Anspruch der Mapuche, für sich selbst zu sprechen, und der Druck, Solidarität zu authentisieren, ein ungelöstes Dilemma (Interview mit dem Autor).

Postkoloniale und dekoloniale Perspektiven lösen dieses Dilemma nicht auf, da ihre Kritik nicht darauf abzielt, ein Stereotyp durch etwas Reales oder Authentisches zu ersetzen.[78] Stattdessen verkomplizieren solche Kritiken die generelle Möglichkeit, kulturelle Differenz angemes-

78 So betont Edward Said (2003) in seinem Werk über den Orientalismus, dass es ihm eben nicht darum geht, eine scheinbar falsche Darstellung ›des Orients‹ durch bessere und objektivere Darstellungen zu korrigieren.

sen repräsentieren zu können. In ähnlicher Weise hält es eine Kritik des deutschen Indianthusiasmus für »irrelevant, ob deutsche Autor*innen wussten, wie die Realität des indianischen Lebens tatsächlich aussah« (Usbeck 2015: 8). Vielmehr besteht ein »kritischer Konsens« darüber, dass indigene Bevölkerungen »die ultimative Autorität erlangt haben, um Darstellungen der Indignität zu vermitteln« (Penny 2006: 814). Daher sollte es in der Auseinandersetzung letztendlich darum gehen, eine rassismuskritische und dekoloniale Gegenmacht in der Debatte über Realismus und Authentizität aufzubauen, da »die Debatte über ›Realismus‹ immer in Begriffen weißer Werte und Bedürfnisse, weißer Ideologien und kreativer Verwendungen geführt« wurde (Berkhofer 1979: 111). Bei der Suche nach Authentizität und der Authentifizierung von Solidarität geht es also nicht darum, das Hyperreale durch einen realen Mapuche zu ersetzen, sondern sie muss vielmehr als eine weitere umkämpfte Arena verstanden werden, in der verschiedene Akteur*innen – indigene und nicht-indigene – um Autorität, Zugang und Inhalte ringen. Gleichzeitig ebnet das Streben nach Authentizität den Weg für Begegnungen in Solidarität zwischen Mapuche und Nicht-Mapuche, die sich jedoch nie auf eine einzige Begegnung reduzieren lassen.

Schließlich steht der Maputhusiasmus in scharfem Gegensatz zu den negativen Stereotypen über die Mapuche in der chilenischen Medienlandschaft. Eine der größten Herausforderungen internationaler Solidarität mit den Mapuche besteht darin, die rassistische Ideologie herauszufordernden, die sie nicht nur als gewalttätige Terrorist*innen darstellt, sondern letztlich auch ihre Behandlung als solche legitimiert. Im Gegensatz dazu schlägt internationale Solidarität mit Wallmapu einen Repräsentationsrahmen vor, in dem die Mapuche in einem grundsätzlich positiven Licht erscheinen.

In mehreren Gesprächen, insbesondere mit Mapuche-Aktivist*innen und Vertreter*innen, kam es zu einer kritischen Auseinandersetzung der Repräsentationspolitik im Zuge internationaler Solidarität. Zunächst kritisierte Llanquiray Painemal die Art und Weise, wie die Mapuche (in der Solidaritätsarbeit) essentialisiert werden und fordert, dass die Mapuche nicht über Aspekte biologischer Abstammung oder Blutsverwandtschaft identifiziert werden sollen. Im Gegensatz dazu argumentiert sie, dass das Mapuche-Sein viel mehr mit einer anti- und dekolonialen politischen

Positionierung zusammenhänge, die unabhängig von der Abstammung angenommen oder abgelehnt werden kann (Interview mit dem Autor). Damit schlägt sie eine integrative und dynamische Perspektive auf indigene Zugehörigkeit vor. Auch Nicht-Mapuche-Aktivist*innen äußerten sich kritisch zu Essentialisierung der Mapuche durch romantisierende Vorstellungen, denn diese »romantisierende Indianer-Brille« trage dazu bei, dass die Menschen im Globalen Norden die oft prekäre Lebensrealität von Indigenen missverstehen.

Eine weitere Kritik richtet sich gegen Haltungen und Diskurse von Nicht-Indigenen, welche die Mapuche unter eine nationale (chilenische oder argentinische) Zugehörigkeit subsumieren wollen. Solche Praktiken sind Ausdruck eines nationalistischen Paternalismus von Nicht-Mapuche Chilen*innen oder Europäer*innen, der aus den rassistischen Gesellschaftsstrukturen stammt und nun in der Solidaritätsarbeit reproduziert wird. Insbesondere auf der diskursiven Ebene sprechen *weiße* Chilen*innen oft in einer besitzergreifenden Weise über Indigene und »sagen zum Beispiel ›Ach, unsere Mapuche‹« (Llanquiray Painemal, Interview mit dem Autor). Diese Kritik betrifft auch die Tatsache, wenn Nicht-Mapuche-Chilen*innen bei Solidaritätsveranstaltungen in Europa mit einer chilenischen Nationalflagge auftreten, ohne sich bewusst zu sein, dass »die chilenische Flagge eine koloniale Geschichte hat« (ebd.). Die Mapuche-Flagge hingegen hat die »Bedeutung eines antirassistischen, antikolonialen Kampfes« (ebd.). Diese nationalistische und paternalistische Vereinnahmung drückt sich auch in Erfahrungen aus, in denen »sie [die Chilen*innen] für dich sprechen wollen, aber nicht wollen, dass du sprichst« oder behaupten, die »Vertreter*innen der Mapuche in Europa« zu sein (ebd.). Die Kritik an einer solchen Bevormundung richtet sich auch gegen nicht-indigene Einzelpersonen oder Organisationen, die sich für indigene Rechte einsetzen und »sich selbst zu den Eigentümerinnen [...], den Vertreterinnen aller indigenen Themen in der Welt machen [...]« (ebd.). Auf diese Weise führt ihr Paternalismus zu einer kulturellen Aneignung indigener Themen im Rahmen von Menschenrechts- und Solidaritätsarbeit. Diese Akte der Aneignung sind keineswegs auf die Ebene kultureller Repräsentation beschränkt, sondern haben ganz konkrete materielle Folgen. So können zum Beispiel Nicht-Mapuche-Akteur*innen und Organisationen von dieser Aneignung profitieren, indem sie Spenden und Finanzmittel erhalten, oder Solidaritätsaktivist*innen können ihrer Erfahrung Zugang zu interessanten Jobs oder Praktika in transnationalen Menschenrechtsorganisationen erhalten. Mapuche-Gemeinschaften und Organisationen in Wallmapu scheinen sich dieser Möglichkeit der symbolischen oder materiellen Aneignung im Rahmen von Solidaritäts- und Interessenvertretungs-Aktionen bewusst zu sein. Andrea Cotrena, eine Mapuche-Aktivistin in Belgien, zum Beispiel erklärt, dass »die Leute dort [in Wallmapu] denken, dass wir [die Mapuche-Diaspora] noch Geld dazuverdienen [...], den Namen der Mapuche ausnutzen und solche Dinge« (Interview mit dem Autor).

Dass sich »das Mapuche-Thema als kulturelle Sache [...] verkauft«, verdeutlicht Llanquiray Painemal (Interview mit dem Autor) mit einer besonderen Episode: In Berlin gibt es eine Organisation mit einem Mapuche-Namen, die seit zehn Jahren behauptet, Geld für eine Schule in Wallmapu zu sammeln und zahlreiche Solidaritätsveranstaltungen organisiert hatte. Ein Aktivist dieser Organisation hat sich sogar einen Mapuche-Namen gegeben. Llanquiray Painemal erklärte, dass keine Informationen über das Schulprojekt öffentlich gemacht wurden, welche die Organisation vorgibt, zu finanzieren.

Eine weitere Kritik richtet sich gegen die Entpolitisierung der Solidarität durch den Maputhusiasmus. Isabel Cañet von der Mapuche-Partei *Wallmapuwen* forderte beispielsweise mehr politische Inhalte in Solidaritätsaktionen und kritisiert diejenigen, die Mapuche-Slogans wiederholen, ohne die politische Botschaft dahinter zu verstehen (Interview mit dem Autor). Llanquiray Painemal berichtete außerdem von einer Erfahrung, bei der sie eingeladen wurde, Workshops über Mapuche-Zeremonien in Berliner Schulen zu leiten. Sie drückt aus, dass sie gerne mit Kindern arbeiten würde, aber sie nicht »nur« über Mapuche-Zeremonien unterrichten möchte (Interview mit dem Autor). Dies hängt mit der Erfahrung zusammen, dass die Forderungen bestimmter Mapuche-Organisationen oder Gemeinschaften in der internationalen Solidaritätsarbeit unsichtbar gemacht werden, wenn sie nicht mit den politischen Positionen der Nicht-Mapuche-Partner*innen vereinbar sind (ebd.). Die Parteimitglieder von *Wallmapuwen* haben eine solche Erfahrung gemacht: eines ihrer Mitglieder reiste nach Kanada und kam in Kontakt mit einer lokalen

Zeitschrift, die sich für die Sache der Mapuche einsetzte. In einer Ausgabe wurde der Vorsitzende der CAM, Héctor Llaitul, in einem Interview nach seiner Meinung zu *Wallmapuwen* befragt. Obwohl er zwar mit deren Politik nicht einverstanden war, antwortete Llaitul in der Originalaussage sehr diplomatisch. In der englischen Übersetzung des Interviews, die schließlich veröffentlicht wurde, widersprach Llaitul dem Ansatz von *Wallmapuwen* jedoch offenbar vehement und lehnte ihn ab. Isabel Cañet erklärt mir, dass die Redaktion des Magazins seine Antwort also absichtlich verzerrte, weil sie mit der Politik von *Wallmapuwen* nicht einverstanden waren; sie beschädigten und sabotierten absichtlich ihr politisches Projekt auf einer transnational sichtbaren Ebene (ebd.).

Ein letzter Einwand gegen die schädliche Stereotypisierung von Nicht-Mapuche betrifft die Darstellung der Mapuche als bloße Opfer. Isabel Cañet spricht dieses Thema im Rahmen einer »Selbstkritik [...] an, dass einige Mapuche, wenn sie ins Ausland gehen, sich manchmal auch als Opfer darstellen, und das ist auch ärgerlich« (ebd). Diese Kritik richtet sich in erster Linie gegen ihre eigene politische Gemeinschaft und deren Repräsentationspraktiken gegenüber der Nicht-Mapuche-Welt. Ihre Kritik schwingt auch in anderen Kontexten der Solidarität zwischen indigenen und Nicht-indigenen Menschen mit, wo die »kontinuierliche Produktion und Verstärkung von Opfernarrativen zur Befriedigung des weißen Appetits auf Traumapornos« (Simpson, Walcott und Coulthard 2018: 81) problematisiert wird.

Die Kritik an den negativen Auswirkungen des Maputhusiasmus ist jedoch nicht die einzige Möglichkeit, sich mit der Repräsentationspolitik im Rahmen internationaler Solidarität auseinanderzusetzen. Andere Aussagen, insbesondere von Mapuche-Interviewpartner*innen, zeigen auch eine positivere Reaktion auf den Maputhusiasmus. Solche Reaktionen sind in zweierlei Hinsicht positiv: Einerseits nutzen sie den Maputhusiasmus auf produktive Weise, anstatt ihn abzulehnen. Zum anderen heben sie positive Ideen über die Kultur, Gesellschaft und Kosmologie der Mapuche hervor und greifen sie auf. Positive Darstellungen einer stereotypen Gruppe von Menschen zu in Stellung zu bringen, bedeutet letztendlich auch, den modernen/kolonialen Rassismus und das ihm zugrundeliegende »Delirium des Manichäismus« (Fanon 2008: 141) herauszufordern, in dem Schwarzsein – und ich würde hinzufügen: Indigenität – im Vergleich zum Weißsein in erster Linie negativ konnotiert wird.

Mehrere Mapuche-Interviewpartner*innen, wie Alex Mora oder das *Kimeltuwe* Kollektiv versuchen zum Beispiel, in ihrer Arbeit als Künstler*innen oder Pädagog*innen positive Bilder über die Kultur, Gesellschaft und Kosmologie der Mapuche zu (re)produzieren. Sie fordern damit die weitgehend negativen Vorstellungen über die Mapuche in der chilenischen Zivilgesellschaft und den einheimischen Medien heraus. In der Arbeit von *Kimeltuwe* zum Beispiel werden die Mapuche-Figuren durch »sehr freundliche, [...] sehr nahbare und sogar lustige Animationen« dargestellt (Victor Carilaf, Interview mit dem Autor). Diese Bemühungen müssen als integraler Bestandteil des Kampfes um Dekolonisierung verstanden werden, da sie »einen indigenen Geist, eine indigene Erfahrung oder eine indigene Weltsicht zum Ausdruck bringen, [indem] sie dem Bild der dominanten Gesellschaft von indigenen Völkern, ihren Lebensweisen und Glaubenssystemen entgegenwirken« (Smith 2008: 151). Die eigene subalternisierte oder unterdrückte Gesellschaft mit einer positiven Identität zu versehen, ist dabei als integraler Bestandteil dekolonialer und antirassistischer Kämpfe zu verstehen.[79]

Die Vermittlung eines positiven Bildes indigener Menschen im Rahmen transnationaler Solidarität wird jedoch durch den Rahmen des Indianthusiasmus erschwert und beispielsweise von Maike, der Redakteurin einer deutschen Menschenrechts-NGO, als »Gratwanderung« beschrieben (Interview mit dem Autor). Einerseits verbreiten nicht-indigene NGOs positive Bilder und Geschichten über indigene Lebensentwürfe, die aber auch den indianthusiastischen Blick befriedigen können. Auf der anderen Seite versucht internationale Menschenrechts- und Solidaritätsarbeit kritische Informationen über den politischen und historischen Hintergrund ihres Kampfes zu liefern und die heterogenen Ausdrucksformen der Mapuche zu respektieren.

Die Aneignung eines (negativen) Stereotyps und seine Umwandlung in etwas Positives und Würdevolles wurde von Gayatri Spivak (1990: 11)

79 Zum Beispiel die dekolonialen Bewegungen wie die *Black Power* (Ongiri 2009) und *Red Power* Bewegungen (Nagel 1997) in Nordamerika, die *Zapatistas* (Hayden 2002), die Maori-Bewegung in Neuseeland (Smith 2008) sowie in der deutschen Migrant*innenerfahrung (Steyerl und Gutiérrez Rodríguez 2012).

als »strategischer Essentialismus« bezeichnet. Während er zwar zur Essentialisierung einer Identität beiträgt, kann man bei der strategischen Aneignung »dieses irreduzible Moment des Essentialismus selbstbewusst als Teil der eigenen Strategie nutzen« (ebd., 109). Interessant ist hier, dass die Mapuche den Essentialismus und den Maputhusiasmus von Nicht-Mapuche-Akteur*innen und Organisationen strategisch nutzen und aneignen. Die Essentialisierung ihrer Identität durch den Maputhusiasmus fällt also weniger ins Gewicht als seine mögliche strategische politische Nutzung. Vicente Painel von der Kooperative *Kvme Mogen* überraschte, als er sagte, dass ihn der Maputhusiasmus nicht störe, solange er dazu beiträgt, die Repression der Mapuche zu bekämpfen (Interview mit dem Autor). Hier wird dem unmittelbaren politischen Ziel ein pragmatischer Vorrang vor den möglichen negativen Folgen des Maputhusiasmus eingeräumt.

Darüber hinaus führt die Mapuche-Diaspora Elemente der Mapuche-Kultur in Europa, z. B. durch das Tragen traditioneller Kleidung als grundsätzlich positive Merkmale, öffentlich ein. Dadurch gewinnen sie zusätzliche Aufmerksamkeit, indem sie den öffentlichen *weißen* Raum mit einer indigenen Präsenz stören. Gleichzeitig profitieren sie aufgrund des Indianthusiasmus, vor allem in Deutschland, von einer allgemein positiven Einstellung der nicht-indigenen Zuschauer*innen gegenüber indigenen Kulturen. Alex Mora (Interview mit dem Autor) erklärte, dass diasporische Mapuche-Gruppen in Europa ihre indigene Identität bei öffentlichen Kundgebungen strategisch und kollektiv aufführen, aber stellte auch fest, dass sie im Alltag nicht getragen wird. Ein weiteres Beispiel für die strategische Nutzung des Maputhusiasmus liefert Andrea Cotrena (Interview mit dem Autor). Sie begleitet unter anderem die Gemeinde ihres Vaters in Wallmapu, indem sie deren ökologische und kulturell sensible Tourismusprojekte unterstützt. Aus ihrer Sicht kann der Kontakt zwischen der Gemeinde und Nicht-Mapuche-Besucher*innen positive Auswirkungen auf die Gemeinde haben: sie geht davon aus, dass nicht-indigene Besucher*innen, die von den Stereotypen des Indianthusiasmus beeinflusst sind, den Mitgliedern der Gemeinde Fragen über ihre Kultur stellen würden. Infolgedessen müssten die Gemeindemitglieder damit beginnen, »ihre Identität zu überprüfen« und »mehr nach ihren Wurzeln zu suchen und auch die Sprache wiederzuerlangen«. Sie würden sich zum Beispiel auch an einige Traditionen ihrer Vorfahren erinnern. Für sie gilt: »Wenn Europäer*innen indigene Gruppen besuchen, erwarten sie, dass sie wie ein Stamm leben« (ebd.). Dieser Indianthusiasmus wiederum macht ihnen bewusst, dass sie ihre kulturelle Identität verloren haben und *wigkanisiert* wurden.[80] Daher würde die strategische Auseinandersetzung mit dem Maputhusiasmus einen Prozess der Bewusstseinsbildung über die Tatsache in Gang setzen, dass die Mapuche-Gesellschaft von der chilenischen Kultur assimiliert wurde. Diese strategische Nutzung einer essentialisierenden Zuschreibung ist eine bemerkenswerte Art und Weise, wie Mapuche-Akteur*innen mit dem Maputhusiasmus umgehen. Im Rahmen des Indianthusiasmus nutzen sie also die *weißen* und stereotypen Vorstellungen für ihre eigenen politischen Zwecke auf pragmatische und kreative Art.

Darüber hinaus erzeugen diese Begegnungen einen »mimetischen Überschuss« (Taussig 1993: 254–55) zwischen Mapuche und Nicht-Mapuche.[81] Indigene Menschen, und im vorliegenden Fall Mapuche, nehmen aktiv an dem Prozess kultureller Transformation durch gegenseitige Nachahmung teil. Im Beispiel von Andrea Cotrena imitiert die Mapuche-Gemeinde die Nachahmung einer vermeintlich authentischen Mapuche-Kultur durch die Nicht-Mapuche-Besucher*innen. Dieser Austausch trägt somit zu einer kulturellen Wiederbelebung der Mapuche-Gemeinde bei und hat letztlich das Potenzial, den Essentialismus der Nicht-Mapuche durch den mimetischen Exzess zwischen beiden Gruppen zu verändern (da letztere die Nachahmung der Nachahmung nachahmen würden und so weiter). In ähnlicher Weise nährt zwar die öffentliche Darbietung von Mapuche-Kultur bei Demonstrationen in Europa den europäischen Appetit auf Maputhusiasmus, wird aber gleichzeitig zu einer Bühne der Wiederbelebung kultureller Symbole und Sprache für die Mapuche-Diaspora und trägt damit zur Rekonstruktion einer positiven Mapuche-Identität bei.

---

80 Das Mapuzugun-Wort *wigka* (manchmal *huinca*) bezeichnet im Allgemeinen eine Nicht-Mapuche Peron oder einen Außenseiter der Mapuche-Gesellschaft in einer eher abwertenden Weise.

81 Die Idee des mimetischen Überschusses beschreibt die kreative Transformation von Kulturen durch wiederholte, wechselseitige und rückgekoppelte Nachahmung im interkulturellen und interethnischen Kontakt zwischen westlichen und indigenen Kulturen.

KAPITEL 14
Praktiken und Begegnungen in Solidarität

Das letzte Kapitel betrachtet Praktiken und Begegnungen in Solidarität aus einer rassismuskritischen und dekolonialen Perspektive. Auf der Grundlage von Gesprächen über Solidarität mit Mapuche und Nicht-Mapuche-Gesprächspartner*innen sowie meinen eigenen Erlebnissen als Menschenrechtsbeobachter soll dadurch ein kritisches Verständnis von Solidarität über Differenzen innerhalb von Nord-Süd Hierarchien entstehen. Erfahrungen internationaler Solidarität mit Wallampu finden dabei innerhalb von Begegnungen zwischen Mapuche und Nicht-Mapuche-Akteur*innen statt, in denen eine konfliktreiche aber möglicherweise auch solidarische, »postkoloniale Kontaktzone« entsteht, innerhalb derer »geografisch und historisch getrennte Bevölkerungen miteinander in Kontakt kommen und dauerhafte Beziehungen aufbauen, die in der Regel mit Zwang, radikaler Ungleichheit und hartnäckigen Konflikten verbunden sind« (Pratt 2008: 8). In diesen Begegnungen hat die politische Praxis der Solidarität das Potenzial, Beziehungen zwischen der beteiligten Akteur*innen, die über ungleiche Machtverhältnisse und Geografien hinweg miteinander in Kontakt kommen, herzustellen und zu verändern (Featherstone 2012). Das vorliegende Kapitel wird zeigen, welche Art von politischen Praktiken der Solidarität innerhalb des von den Mapuche gewebten Solidaritätsnetzwerks stattfinden und wie diese Praktiken soziale Beziehungen der Solidarität zwischen Mapuche und Nicht-Mapuche herstellen und transformieren.

Die Qualität internationaler Solidarität hängt zunächst davon ab, wie sie unmittelbar *on the ground* ausgeübt und praktiziert wird. Dazu gehört zu verstehen, wie sie als soziale Praxis in einem rassifizierten und postkolonialen Raum verankert ist und gelebt wird. Dies ist eine Praxis, welche die Beteiligten in und durch ihre Beziehungen zueinander konstituiert und existiert »im Sinne einer Ko-Präsenz, Interaktion, ineinandergreifenden Verständnissen und Praktiken und oft innerhalb von radikal asymmetrischen Machtverhältnissen.« (Pratt 2008: 8). Ein kritisches Verständnis von Solidarität muss also von der konkreten Praxis der beteiligten Akteure ausgehen, denn »der einzige Weg, eine radikale, alternative Gegenwart aufzubauen, ist, sie vor Ort, in Echtzeit, mit echten Menschen zu schaffen« (Simpson, Walcott und Coulthard 2018: 81). Was wird also in den politischen Praktiken der internationalen Solidarität getan? Wie handeln und agieren Nicht-Mapuche-Aktivist*innen?

Zunächst kann die Beteiligung von Nicht-Mapuche-Solidaritätsakteur*innen als Hilfe und Unterstützung, z. B. im Rahmen der Vorbereitung von Solidaritätsveranstaltungen, als Übersetzer*innen, als juristische Mitarbeiter*innen, als Teilnehmer*innen an den Besuchen von Mapuche-Delegationen in Europa oder an Demonstrationen beschrieben werden. Sie charakterisierten ihre Hilfe oft in einer Weise, die sie als bloße Unterstützungsleistung beschreibt, indem sie zum Beispiel »viele kleine Dinge« erledigen oder eine »helfende Hand« sind. Sie verstehen solidarische Praxis sodass sie sich auf pragmatische Art und Weise in den Dienst der bereits laufenden Vernetzungen der Mapuche-Diaspora stellen. Solche Äußerungen reflektieren zwar mögliche Machtungleichgewichte, spielen aber ihre eigene Handlungsmacht, die sie daher ja nicht verlieren, auch herunter. Daher sind Hilfe und Unterstützung keine unumstrittenen Begriffe, wenn es um die Beschreibung von Solidaritätsaktionen geht, da sie Solidarität mit einer individualisierten Praxis und einer paternalistischen Sorge um etwas oder jemanden verbinden.

Eine weitere konkrete Praxis der Solidarität sind Besuche von Solidaritätsaktivist*innen aus Europa in Wallmapu, die über einen kurzen Zeitraum Mapuche-Gemeinden, Organisationen, oder politische Gefangene besuchen. Diese Begegnungen sind ein zentraler Bestandteil solidarischer Nord-Süd Praktiken und wurden mir von allen Beteiligten überwiegend als positive Erlebnisse beschrieben. Besuche von Nicht-Mapuche-Akteur*innen oder Vertreter*innen nicht-indigener Organisationen verleihen den Solidaritätsprojekten sowie den jeweiligen politischen Projekten zudem Transparenz und Legitimität. Dies liegt daran, dass die Besuche internationaler Delegationen als Ausdruck politischer Gemeinsamkeiten dargestellt wurden und dadurch impliziert wird, dass die Besuche Ausdruck politischer Bündnisse ist. Solche Besuche sind eingebettet in die generelle Bereitschaft der Mapuche, Dialoge mit Nicht-Mapuche-Vertreter*innen zu führen (siehe Kapitel 10) und schaffen dadurch die Möglichkeit eine eventuelle zukünftige Zusammenarbeit zu diskutieren. Diese Begegnungen bieten zudem die Möglichkeit, um den Maputhusiasmus und die Vorstellung von den hyperrealen Mapuche zu hinterfragen (siehe Kapitel 13).

Eine besondere Art, solidarische Praktiken oder solidarisches Engagement zu beschreiben, ist der spanische Begriff des *compromiso*.[82] Im Rahmen der radikalen Forschungstradition der partizipatorischen Aktionsforschung, die von dem kolumbianischen Soziologen Orlando Fals-Borda seit 1960er-Jahren entwickelt wurde, wird compromiso beschrieben als »die Handlung oder Haltung des Intellektuellen, der, indem er sich seiner Zugehörigkeit zur Gesellschaft und zur Welt seiner Zeit bewusst wird, die Position des bloßen Zuschauers aufgibt und sein Denken oder seine Kunst in den Dienst einer Sache stellt.« (Fals-Borda 2009: 243) Dieses Verständnis widersetzt sich daher dem scheinbaren Neutralitätsanspruch akademischer und intellektueller Arbeit und verlangt von den Personen, die nicht der (von Rassismus, Armut, etc.) betroffenen Gruppe zugehören, ihre Beteiligung für das politische Ziel einer Bewegung zu mobilisieren. Die innere Haltung des compromiso übersetzt sich somit in eine politische Praxis, die verlangt, auf eigene Privilegien[83] zu verzichten und sie für eine bestimmte politische Sache einzusetzen. Der compromiso kann nach der bolivianischen Soziologin Silvia Rivera-Cusicanqui daher als eine »Selbstverpflichtung für das Leben« verstanden werden, »welche nicht den Geist vom Körper, die Ethik von der Politik und das Handeln vom Denken trennt, sondern es erlaubt, sich der Ausbeutung der Natur, der Menschen und der materiellen Ressourcen entgegenzustellen.« (Garbe, Cárdenas und Sempértegui 2018: 13).

Eine Kritik solidarischer Praktiken muss berücksichtigen, ob und wie in den Begegnungen *weiße* Handlungsmacht und *weißer* Protagonismus bekräftigt wird. Gleichzeitig gilt es, jene Praktiken der Solidarität zu finden, die sich verweigern, koloniale und rassifizierte Hierarchien zu

82 Da deutsche Begriffe wie Engagement, Einsatz, Beteiligung oder Verantwortung die Bedeutung nicht vollständig erfassen können, wird hier der spanische Begriff verwendet. Am ehesten könnte compromiso mit Selbstverpflichtung übersetzt werden.

83 z.B. den Objektivitäts- oder Neutralitätsanspruch wie er sowohl in der Wissenschaft aber auch in der Menschenrechtsarbeit postuliert wird.

reproduzieren und die Autonomie und Handlungsfähigkeit der beteiligten Mapuche unterstützen. Ein häufiger Handlungsimpuls, der in Solidaritätskontexten häufig zu beobachten ist, wird als Aktionismus von Nicht-Betroffenen beschrieben. Dieser Aktionismus entsteht oft aus einer wahrgenommenen unmittelbaren Notwendigkeit zu handeln, aber schließt dabei eine gemeinsame Entscheidungsfindung mit Betroffenen aus. Ein solcher Handlungsimpuls kann selbst verschiedene widersprüchliche Gründe haben:

> Der Impuls zum Handeln ist verständlich und kompliziert; er kann sowohl eine Abwehr gegen den ›Schock‹ sein, von Rassismus zu hören [...]; er kann ein Impuls zur Versöhnung als ›Wiederaufarbeitung‹ der Vergangenheit sein (der Wunsch, sich besser zu fühlen); es kann darum gehen, das eigene Urteil öffentlich zu machen (›was geschehen ist, war falsch‹); oder er kann ein Ausdruck der Solidarität sein (›ich bin bei dir‹); oder er kann einfach eine Orientierung auf die Offenheit der Zukunft sein (umformuliert als: ›was kann getan werden?‹). (Ahmed 2004: 56)

Problematisch kann dabei zudem werden, dass der Handlungsimpuls die Fürsorge und Aufmerksamkeit von Betroffenen fordert, wenn sich Nicht-Betroffene unvorbereitet rassistischem Stress oder kolonialer Gewalt begegnen und dadurch übermäßig mehr emotionale Fürsorge verlangen als diejenigen, die darunter leiden – ein Phänomen, das mit dem Begriff »weiße Fragilität« (DiAngelo 2011) bezeichnet wird. Wenn aufgrund des unbedingten Willens zum Handeln und vermeintlichen Helfens, Nicht-Betroffene immun für Kritik werden, kann der Impuls zum Handeln letztlich auch »das Hören blockieren« (Ahmed 2004: 56). Als paternalistische Praktik reproduziert der Aktionismus ungleiche und hierarchische Beziehungen zwischen *weißen* Menschen und PoC.

Der Paternalismus äußerte sich zudem in verschiedenen Instanzen, in denen beispielsweise Nicht-indigene Unterstützer*innen beispielsweise als »Verteidiger des Mapuche-Volkes« bezeichnet werden. Dadurch wird ein kolonialer Stereotyp über indigene Menschen reproduziert, die sich nicht selbst helfen können und deshalb den Schutz von nicht-Indigenen brauchen. Ein solcher Paternalismus wurde von einigen Mapuche-Interviewpartner*innen abgelehnt, weil er bedeutet, dass Nicht-

Mapuche-Akteur*innen zu viel Protagonismus in der Solidaritätsarbeit übernehmen. Paternalistische Praktiken sind insofern dialektisch zu betrachten, als dass die Handlungsfähigkeit einer Gruppe (der Nicht-Mapuche) unmittelbare Auswirkungen auf die Handlungsmöglichkeiten einer anderen Gruppe (der Mapuche) hat. Mit anderen Worten, der Paternalismus beschreibt die praktische und performative (Re-)Produktion der Subalternen als diejenigen, die nicht sprechen können und jemanden brauchen, der für sie spricht (Spivak 1988).

Im Gegensatz zu Aktionismus und Paternalismus stehen alternative Praktiken der Solidarität, welche die Handlungsfähigkeit der Nicht-Betroffenen minimieren und die Autonomie der Mapuche respektieren. Zunächst forderten Mapuche-Gesprächspartner*innen bei mehreren Gelegenheiten die Vorsicht und Zurückhaltung von Nicht-Mapuche-Aktivist*innen ein. Auch einige Nicht-Mapuche-Aktivist*innen, insbesondere mit langjähriger Erfahrung, zeigten ein gewisses Bewusstsein für die Notwendigkeit, vorsichtig zu handeln. Solidarität zu praktizieren, ohne die *weiße* Handlungsfähigkeit zu reproduzieren, wurde als Passivität oder völliges Fehlen von Handlungsfähigkeit artikuliert. Manche Unterstützer*innen, mit denen ich sprach, würden nur auf Nachfrage handeln, bestimmte Aufgaben erst gar nicht übernehmen, oder eine weitere Zusammenarbeit nur dann in Erwägung ziehen, wenn sie wirklich von den beteiligten Mapuche gewollt ist. Diese aktiv regulierte Passivität beinhaltet die Vorstellung einer (radikalen) Passivität[84] als eine Form solidarischer Praxis. Sie entsteht dadurch, dass Nicht-Mapuche-Akteur*innen herausgefordert werden, einen großen Teil ihres Protagonismus aktiv aufzugeben. Für einen dekolonialen Ansatz der Solidarität scheint die Idee interessant, um die Machtungleichgewichte innerhalb politischer Solidaritätspraktiken zu navigieren, die *weiße* Handlungsfähigkeit zu reduzieren und die Autonomie der Mapuche zu respektieren. Aber sie macht auch deutlich, dass Passivität mächtiger Akteur*innen nur aufgrund bestehender Privilegien ausgeübt werden kann und diese nicht vollständig aufhebt. Das bedeutet, dass eine radikale Passivität

84 Eine radikale Art der Passivität bedeutet nicht nur passiv zu bleiben, sondern sich aktiv in Richtung Passivität zu bewegen. Es ist die Handlung, aktiv aus dem Rampenlicht zu treten und nicht zu warten, bis das Rampenlicht weitergeht (siehe Wall 1999).

kritisch und prekär bleibt, weil sie aufgrund bestehender Privilegien zurückgenommen und es immer offen lässt, die *weiße* Handlungsfähigkeit wiederherzustellen.

Eine weitere wichtige, auf den ersten Blick unscheinbare, solidarische Praxis ist das gemeinsame Essen. Fast alle politischen Veranstaltungen im Rahmen internationaler Solidarität mit Wallmapu, die ich in Chile oder Europa erlebt habe, beinhalteten eine Form des gemeinsamen Essens. Dabei ist besonders interessant, welche Bedeutung die Beteiligten diesen gemeinsamen Momenten des Zusammenkommens geben. Gastgeber*innen üben dadurch ihre Verantwortung gegenüber ihren Gästen aus, die wiederum dazu verpflichtet sind, die Einladung anzunehmen. Das bedeutet, dass es eine eigene, meist unausgesprochene Ethik für die Praxis des Zusammenkommens zum Essen gibt.[85] Dabei wird auch der Art und Weise, wie die Mahlzeiten geteilt werden, eine besondere Bedeutung beigemessen, wenn beispielsweise am gemeinsamen Esstisch Vertrauen geschaffen wird. Das gemeinsame Essen kann als eine Möglichkeit interpretiert werden, Gäste in die intime kulturelle Praxis des *ngvtram*, das Familiengespräch, einzubeziehen. Darüber hinaus ist es aber auch eine Gelegenheit, bei der ein immaterieller und materieller Austausch stattfindet. Das Teilen einer Mahlzeit wird zu einer ritualisierten Praxis zwischen ehemals Fremden, bei der eine neue Beziehung aufgebaut wird: »Das Teilen des Essens und das Essen [selbst] sind die Währung« und »wenn ich dich bediene, bist du der Schuldner. Du bist mir etwas schuldig« (Fernando Díaz, Interview mit dem Autor). Die Gäste müssen also die Schuld zurückzahlen und um dies zu tun, wiederkommen.

Der Akt des gemeinsamen Essens kann aber auch ein Symbol für eine bereits etablierte, vertrauensvolle, intime soziale Beziehung sein, der in dem Mapuche-Begriff des *mizawvn,* wenn zwei (oder mehr) Menschen von demselben Teller essen, ausgedrückt werden kann. Das Teilen von Essen wird so zu einer Metapher, die nicht nur umschreibt, wie Solidarität gelebt wird oder um den Akt des Essens selbst zu be-

85 Über die Praxis des gemeinsamen Essens hinaus ist die Weitergabe von Wissen über Lebensmittel und deren Zubereitung von entscheidender Bedeutung für die zeitgenössische Wiederbelebung kultureller Praktiken der Mapuche, die zumeist von Mapuche-Frauen ausgeübt werden. (Becerra et. al. 2017: 13)

zeichnen, sondern um auf eine kritische Praxis zu verweisen, durch die sozial verbindliche, langfristige Beziehungen zwischen Nicht-Mapuche und Mapuche als eine Form des compromiso hergestellt oder im Fall von mizawvn fortgeführt werden. Durch diese Metapher hört die Solidarität im vorliegenden Fall auf, eine Beziehung zwischen zwei, sozial voneinander getrennten Gruppen zu sein, die durch ein politisches Ziel zusammengekommen sind, und verwandelt die politische Begegnung allmählich in eine Form von Solidarität, in der die zwischenmenschliche Beziehung im Vordergrund steht.

Während das Teilen von Essen zwar für sich eine sehr konkrete und anschauliche Metapher ist, verdient die Bedeutung des Teilens und des Austauschs selbst besondere Aufmerksamkeit, um das kritische Potenzial solidarischer Praktiken zu beleuchten. Das kritische und transformative Potenzial solidarischer Begegnungen liegt also in den Praktiken des Teilens und Tauschens materieller und immaterieller Güter. Solidarität mit Wallmapu führt zu einer Vielzahl von Begegnungen, bei denen verschiedene Akteur*innen zusammenkommen und ihre Erfahrungen austauschen. Zahlreiche Gesprächspartner*innen bezeichneten diese Begegnungen mit dem spanischen Begriff für teilen – *compartir*. Als spanischer Begriff kann er als intransitives Verb zwei Dinge einschließen: das Tauschen von Geschenken als auch den gemeinsamen Zeitvertreib. Ausgehend von diesen Bedeutungen kann Solidarität als Tauschverhältnis zwischen Mapuche und Nicht-Mapuche begriffen werden, das beide Parteien zueinander in Verbindung setzt. Compartir wurde also in einer Vielzahl von Aussagen verwendet, um eine positive Beziehung zwischen Mapuche und Nicht-Mapuche zu beschreiben, die auf gegenseitigem Teilen und Austausch sowohl im materiellen als auch im immateriellen Sinne beruht. Auf diese Weise sind Handlungen des Teilens gemeinsamer Zeitvertreib, Austausch (kulturellen) Wissens oder Geschenktausch, sowie das Teilen von Räumen der Solidarität. Auf diese Weise wird das compartir zu einem Indikator für die Qualität der Beziehungen, die durch transnationale Solidaritätsaktionen entstehen. Alex Mora beklagt zum Beispiel, dass es im europäischen Solidaritätsnetzwerk einige Leute gibt, die zwar aktiv sind, aber »nicht zusammenkommen« und »isoliert sind und versuchen, sich auf Distanz zu halten« (Interview mit dem Autor). Auf der anderen Seite gibt es (vor allem bei soziokulturellen Veranstaltungen der Mapuche-Diaspora) Momente des compartir, »wo wir zusammenkommen und es alle Arten von Organisationen gibt, die kommen, um sich zu treffen, zusammenkommen, sich kennenlernen, sich sehen, miteinander reden« (ebd.). Auf diese Weise hat der Begriff compartir eine inhärent soziokulturelle Dimension. Auf der anderen Seite schätzten mehrere Nicht-Mapuche die Möglichkeit, Zeit mit Mapuche zu verbringen und zusammenzukommen.

Bei diesen Tauschbeziehungen, allen voran dem Geschenktausch beim Besuch einer Gemeinde, ist es wichtig, dass die Geschenke dem Kontext angemessen sind und nicht zu teuer oder zu unbedeutend sein – sie müssen also eine realistische Möglichkeit der Gegenleistung enthalten. Teurere Geschenke sind daher problematisch, weil sie diese Option erschweren und sogar zu einer ungleichen Beziehung beitragen, indem sie Möglichkeit einer gleichberechtigten Reziprozität untergraben und stattdessen klientilistische Dynamiken entstehen lassen (Graeber 2011: 119). Diese Ungleichheit kann zu einer paternalistischen Beziehung beitragen oder wird als eine Form der Korruption und Bestechung angesehen, da Personen in eine Schuldposition gezwungen werden. Denn um eine Gegenleistung zu erbringen, müssten sie eine nicht gleichwertige Gegengabe erbringen und dadurch das hierarchische Verhältnis implizit akzeptieren. Auch aus diesem Grund wurden zum Beispiel übermäßige Geldspenden oft abgelehnt.

Daher müssen die verschiedenen Modalitäten des Teilens kritisch diskutiert und dahingehend befragt werden, wer letztendlich auch materiell profitiert. Dekoloniale Interventionen haben die ausbeuterische Dynamik der Beziehungen zwischen Nicht-Indigenen und Indigenen im Rahmen von Begegnungen der Solidarität kritisiert. Sie thematisieren insbesondere den ungleichen Tausch, sprich Ausbeutung, von Wissen als Teil einer »Kritik [am] imperialistischen Enthusiasmus für das ›Kennenlernen des Anderen‹ als einseitiger Austausch, der nur Nicht-Indigenen zugutekommt« (Land 2015: 119). Das Interesse von Nicht-Mapuche-Akteur*innen, von den Mapuche zu lernen, verwandelt letztere somit in einheimische Informant*innen, ohne dass der Wissenstransfer auf Gegenseitigkeit beruht. Auch Mapuche-Akteur*innen haben solche Erfahrungen mit ausbeuterischen Dynamiken im Rahmen von Solidaritätsaktionen kritisiert und fordern eine gerechte Umverteilung[86], Rechenschaftspflicht und Transparenz.

Dennoch werden Solidaritätsprojekte von Mapuche-Gemeinden nicht bloß utilitaristisch nach ihrem bloßen Nutzen bewertet. Denn es kann durchaus vorkommen, dass manche Solidaritätsprojekte nicht wie geplant ablaufen oder sogar scheitern. Jaime Huenchullán von der autonomen Gemeinde Temucuicui begegnet solchen Fällen mit Verständnis: »Wenn Dinge nicht funktioniert haben, dann deshalb, weil sie einfach nicht machbar waren (Pause) und wir das verstanden haben.« (Interview mit dem Autor). Im Gegensatz dazu und trotz solcher Enttäuschungen fährt er fort, dass »[von] all den Menschen [Nicht-Mapuche-Ausländer*innen], die wir getroffen haben, wir mit den meisten in Kontakt sind und einige zurückkommen oder uns besuchen« (ebd.). Dies offenbart etwas Bemerkenswertes: Trotz der gescheiterten Projekte und der damit verbundenen Enttäuschungen, schätzt Jaime Huenchullán das Engagement und den compromiso dieser Akteur*innen, wenn sie für weitere Besuche und Begegnungen zurückkommen. Es zählen also nicht nur die solidarischen Begegnungen, die in einem erfolgreichen Projekt endeten, sondern auch jene, die zu einer dauerhaften sozialen Beziehung führten und sich in gegenseitigen Besuchen ausdrücken. Mit anderen Worten: Der politische Aspekt der Solidarität rückt gegenüber ihrer sozialen Dimension in den Hintergrund. Juan Fuenzálida von der jesuitischen Mission in Tirúa berichtete über seine Arbeit ebenso, dass die »Beziehung an erster Stelle steht« (Interview mit dem Autor). Die Begegnungen in Solidarität werden also danach bewertet, ob und wie sie eine soziale Beziehung, also eine soziale Form von Solidarität, zwischen den beteiligten Akteur*innen schaffen.

Der letzte Abschnitt dieses Kapitels befasst sich nun damit, wie diese Begegnungen neue soziale Bindungen, Verhältnisse und Allianzen unter den beteiligten Akteur*innen entstehen lassen. Um die vielfältigen Möglichkeiten dieser neu entstandenen sozialen und vergemeinschaftenden Beziehungen zu begreifen, schlage ich das Konzept der Gefüge vor, welches auf die philosophischen Arbeiten von Gilles Deleuze und Félix

86 Allen voran in der Form von Veröffentlichungen, die im Rahmen der Solidaritätsarbeit entstanden sind und an die Gemeinden und Organisationen zurückgegeben werden sollen.

Guattari (1992) zurückgeht. Besonders bei gegenwärtigen politischen Mobilisierungen und Kämpfen kann das Konzept der Gefüge deren kreative Offenheit, die Produktivität und die Frage der Differenz innerhalb politischen Aktivismus erfassen (Conway, Osterweil und Thorburn 2018). Gefüge sind dabei als »offene Ansammlungen« zu verstehen und der Begriff »gestattet es, nach gemeinschaftlichen zu fragen, ohne sie vorauszusetzen« (Tsing 2018: 40). Ich schlage den Begriff der Solidaritätsgefüge deswegen vor, weil erstens die in der Solidarität entstehenden Beziehungen das momentane Produkt einer ganz bestimmten und kontingenten Begegnung innerhalb des rhizomatischen Solidaritätsnetzes sind. Zweitens handelt es sich um eine teilweise autonome Beziehung innerhalb einer umfassenderen vernetzten Struktur, die jedoch nicht durch diese bestimmt wird. Das bedeutet, dass spezifische soziale Bindungen (neu) geschaffen werden und mit anderen Formen von Beziehungen innerhalb derselben Struktur koexistieren können. Drittens macht die Idee der Gefüge die Einzigartigkeit der kreativen und transformativen Solidaritätsbeziehungen greifbar. Schließlich unterstreicht die Idee der Gefüge die Möglichkeit menschlicher/nicht-menschlicher Begegnungen, was im vorliegenden Fall die Herstellung von Beziehungen zwischen den Nicht-Mapuche-Akteur*innen und der nicht-menschlichen Umwelt in Wallmapu als Teil eines ökologischen Kosmopolitismus von unten bedeuten könnte (siehe Kapitel 12). In diesem Sinne hat internationale Solidarität nicht nur Auswirkungen auf politischer, rechtlicher oder institutioneller Ebene, sondern beinhaltet auch neue, transnationale Vergemeinschaftungsprozesse zwischen den Beteiligten.

Zudem möchte die vorliegende Arbeit Solidarität in Dialog mit dekolonialen Perspektiven begreifen. Ein dekolonialer Ansatz der Solidarität sollte in zwei Richtungen gehen. Einerseits verlangt er eine Kritik an eurozentrischen Vorstellungen von Solidarität, die zeitgenössische Solidaritätspraktiken prägen, Paternalismus legitimieren, *weiße* Handlungsfähigkeit zentrieren oder koloniale Stereotype reproduzieren. Andererseits fordert er dazu heraus, Solidarität jenseits eurozentrischer Kategorien zu denken und stattdessen auf Basis anderer kosmologischer und epistemologischer Begriffe zu verstehen. Der letzte Abschnitt dieses Kapitels befasst sich mit letzterem. Zwei Konzepte oder Ideen der Mapuche, keyuwvn und mingako, sind dabei besonders aufschlussreich, um die Bedeutung sozialer und gemeinschaftlicher Beziehungen für ein kritisches Verständnis von Solidarität hervorzuheben.

Mehrere Mapuche-Gesprächspartner*innen stellten eurozentrische Verständnisse von Solidarität infrage und schlugen stattdessen Ideen vor, die auf einer Mapuche-Kosmologie basieren. Die ausführlichste Kritik stammt von Rayen Kvyeh, die anmerkt, dass »ihr [Europäer*innen] ein Konzept der Solidarität habt, bei dem es darum geht, den Armen zu helfen« (Interview mit dem Autor). Sie erklärt die Idee der Mapuche von Solidarität folgendermaßen:

> »Bei den Mapuche ist das nicht das Konzept der Solidarität. Das Konzept unserer Solidarität ist nicht die Solidarität im wigka-Stil, wie wir sagen. Man sollte nicht [nur] jemandem helfen, weil er arm ist, oder? Warst Du zum Beispiel schon einmal in Chiloé? Nun, dort benutzt man die *mingka*, richtig? [...] Man baut ein Haus, weil es ein Gefühl ist, es ist eine Zugehörigkeit, sagen wir mal, und jeder beteiligt sich daran und baut das Haus. Im westlichen Sprachgebrauch würde man das als Solidarität bezeichnen, oder? Aber für uns ist es keine Solidarität, es ist ein Teil des Lebens selbst. Denn man verteidigt die Mapuche-Gefangenen nicht aus einem politischen Konzept heraus, sondern weil es Teil des Lebens ist. Das westliche Konzept von Solidarität bedeutet, dass man jemandem etwas gibt. Wir geben nicht jemandem etwas, wir teilen. Man teilt den Schmerz, man teilt das Land, man teilt das Essen, man teilt die Liebe, den Glauben, den Kampf um die Zugehörigkeit zu den Mapuche – das ist Solidarität. Es geht nicht darum, dass man dem anderen etwas gibt. Die Solidarität der Mapuche hat keinen Preis, sie hat keine Währung. Sie lässt sich nicht in Währung ausdrücken. Sie drückt sich in Fakten aus, in Fürsorge, in Liebe, in Arbeit, in Anwesenheit. Das ist Solidarität.« (ebd.)

Sie assoziiert das westliche Konzept der Solidarität mit paternalistischen und hierarchischen Praktiken. Stattdessen ist Solidarität bei den Mapuche nach ihrer Auffassung Teil der Zugehörigkeit zu einer Gruppe und findet als Teil des Gemeinschaftslebens und als Mitglied dieser Gemeinde statt. Dieses Verständnis hat eine wesentlich gemeinschaftliche und soziale Grundlage und die dazugehörigen solidarischen Praktiken können nicht aus dem sozialen Kontext, in dem sie stattfinden, herausgelöst werden, da sie an ein bestimmtes Kollektiv oder eine Gemeinschaft gebunden sind und dadurch ihren ethischen Wert erhalten.

Die Kooperative *Kvme Mogen* stützt ihre Arbeit ebenfalls auf die Mapuche-Kosmologie als Leitprinzipien. Dort wird argumentiert, dass die Prinzipien des keyuwvn, der geteilten Arbeit, und mingako, der kollektiven Arbeit in der Gemeinde, im institutionellen Ausdruck einer Kooperative aufgehen können (Pérez Guerra 2016).

Folgt man der Einsicht von Rayen Kvyeh, so bedeutet dies, dass in den Begegnungen der internationalen Solidarität zwei unterschiedliche Verständnisse von Solidarität aufeinandertreffen. Vicente Painel versteht dies im Sinne des soziologischen Unterschieds zwischen mechanischer und organischer Solidarität[87] und ihm zufolge pflegt man bei den Mapuche eher mechanische Solidarität (Interview mit dem Autor). Dies bedeutet, dass die solidarischen Beziehungen aktiv hergestellt werden müssen, da es keine ausdifferenzierte Arbeitsteilung wie im Falle der organischen Solidarität gibt. Das keyuwvn oder mingako, aber auch die Praxis des malluntu, das nach Marcel Mauss (2013) als gegenseitiger und obligatorischen Geschenkaustausch beschrieben werden kann, sind für ihn Ausdrücke dieser mechanischen Solidaritätsarbeit. Aus dieser Perspektive ist es nun möglich, die »beziehungsknüpfende Kraft der Gabe« (Tsing

87 In seiner Studie über die gesellschaftliche Arbeitsteilung weist Durkheim (2012) darauf hin, dass es in sogenannten traditionellen oder archaischen Gesellschaftsformationen und in kapitalistischen Industriegesellschaften zwei verschiedene Arten von Solidarität gibt, die er als mechanisch und organisch bezeichnet. In den mechanischen Formen der Solidarität wird dem sozialen Zusammenhalt mehr Bedeutung beigemessen als dem Individuum und ist »nur in dem Maße möglich, in dem die individuelle Persönlichkeit in der kollektiven Persönlichkeit aufgeht« (Durkheim 2012: 183). Das bedeutet, dass Solidarität in ihrem mechanischen Sinne keine Beziehung zwischen Individuen ist. Vielmehr handelt es sich um eine Beziehung, die auf die (Re-)Produktion von Sozialität ausgerichtet ist. Hier sind die sozialen Bindungen durch einen starken und gemeinsamen Bezugsrahmen (z. B. Religion oder Identität) gesichert, die Arbeitsteilung ist relativ undifferenziert, und es gibt wenig Sinn für Individualität, aber ein hohes Maß an gegenseitiger Identifikation. Im Gegensatz dazu wird in der organischen Solidarität die Funktion des Individuums über die Gruppe gestellt und Solidarität »ist nur möglich, wenn jeder ein eigenständiges Betätigungsfeld hat, wenn er also eine Persönlichkeit hat« (Durkheim 2012: 183). Trotz dieser gesteigerten Individualität sind die sozialen Bindungen noch stärker als in der mechanischen Solidarität, weil die gegenseitige Abhängigkeit mit einem höheren Grad an Arbeitsteilung exponentiell wächst. Hier entstehen soziale Bindungen eher durch Notwendigkeit als durch gegenseitige Identifikation (Delitz 2013: 96–127).

2018: 174) zwischen Mapuche und Nicht-Mapuche zu begreifen, da eine fortwährende Schuld über den obligatorischen Geschenkaustausch aufrechterhalten wird und somit soziale Beziehungen schafft. Diese Art von Solidarität ist nicht vertraglich geregelt, sondern vielmehr aufgrund der ihr zugrunde liegenden sozialen Beziehung zwischen den Individuen bindend.

Das Prinzip des compartir verdeutlicht diese Logik der gegenseitigen Verpflichtung, weil dabei immer eine Schuld zwischen den Akteur*innen geschaffen und reproduziert wird, die nun gegenseitig verpflichtet sind, ihre Beziehung aufrechtzuerhalten. Die Entstehung eines Schuldverhältnisses verwandelt somit freiwillige Solidaritätsakte in eine Verpflichtung, die in einem ritualisierten, materiellen oder immateriellen Geschenkaustausch zum Ausdruck kommen können. Dieser ritualisierte und obligatorische Geschenkaustausch in der Mapuche-Gesellschaft, der malluntu, schafft einen moralischen und sozialen Überschuss, der durch das Geschenk symbolisiert wird. Die gemeinsamen Essen und der Austausch von Gütern ist im Wesentlichen eine Form des Gabentauschs innerhalb einer mechanischen Logik der Solidarität. Dabei werden kleine Zeichen der Wertschätzung symbolisch aufgeladen, die gegenseitige Verpflichtungen schaffen und zu sozialen Beziehungen und Verpflichtungen führen. Und im Gegensatz zur Vertragslogik bei der organischen Solidarität zielt der Gabentausch im Wesentlichen auf die Aufrechterhaltung der sozialen Bindungen ab (Frank 2016: 274).

Solche Begegnungen zwischen Nicht-Mapuche und Mapuche und der ihnen zugrunde liegende Geschenktausch imitieren somit die Logik der Mapuche, Bündnisse mit Fremden auf der Grundlage eines instabilen Gleichgewichts zwischen Freund- und Feindschaft zu schließen. Das wichtigste Ritual der Mapuche, das nguillatun, besteht beispielsweise aus einer Reihe von Geschenkaustauschen, die symbolische Feinde oder Fremde in Verbündete verwandeln (Díaz Fernandez 2012: 80) und dadurch zu einer Dynamik der Bündnisbildung und der sozialen Rekrutierung in die Mapuche-Gesellschaft beitragen (Stuchlik 1999). Auf diese Weise finden Begegnungen im Zuge internationaler Solidaritätsaktionen gemäß dieser mechanischen Logik innerhalb der Mapuche-Gesellschaft statt. Internationale Nicht-Mapuche-Akteur*innen werden aufgrund ihres politischen Engagements in dieses soziale Netzwerk sozial eingewoben und gehen Beziehungen und Gefüge mit den Mapuche-Gemeinden und Organisationen ein, die ihre generelle »Offenheit für einen möglichen sozialen Horizont« mit den Außenstehenden demonstrieren (Díaz Fernandez 2012: 69).

Mehrere Mapuche-Interviewpartner*innen betonten, dass Solidarität aus ihrer Sicht eine gegenseitige, wechselseitige und horizontale Beziehung sein sollte.[88] In der Mapuche-Gesellschaft gibt es das Prinzip einer verallgemeinerten Reziprozität, die nicht unmittelbar die Rückgabe beispielsweise eines Geschenks erwartet, sondern die allgemeine Bereitschaft zur Rückgabe verlangt. So ist es »diese Bereitschaft zur Reziprozität, die sich in Form von Gastfreundschaft und Großzügigkeit manifestiert und die sich der schnellen Antwort im Sinne einer ›Bezahlung‹ für eine Dienstleistung entzieht, die ein Netz gegenseitiger Unterstützung schafft, auf dem die Mapuche-Gesellschaft gegenwärtig aufbaut« (Díaz Fernandez 2012: 82). Diese Logik manifestiert sich auch in solidarischen Begegnungen mit der Welt der Nicht-Mapuche. Wenn Rayen Kvyeh (Interview mit dem Autor) über ihr Exil in Deutschland sprach, betonte sie immer wieder die Gegenseitigkeit und Wechselseitigkeit des Lernprozesses zwischen ihr und ihren deutschen Gastgeber*innen, von dem beide profitierten.

Solche Beziehungen der Gegenseitigkeit können jedoch von außen korrumpiert werden. So haben beispielsweise chilenische Institutionen versucht, innerhalb einer Gemeinschaft Einfluss zu gewinnen, indem sie sich in die alltäglichen Netze des gegenseitigen Austauschs oder in ritualisierte Praktiken wie dem nguillatun einklinkten. Fernando Díaz beschreibt solche Versuche wie eine Art »Virus, der in ein Netzwerk eindringt« (Interview mit dem Autor) und der mit der hierarchischen und zentralistischen Logik des Staates das Prinzip der Gegenseitigkeit innerhalb der Mapuche-Gesellschaft destabilisieren würde.

Die gegenseitige Unterstützung wird daher als eine horizontale Form der Solidarität eingefordert, die keine Hierarchien produziert, sondern vielmehr ausgewogene und gleichberechtigte soziale Beziehungen stärkt.

---

88 Dies ist wichtig, weil mechanische Solidarität und Geschenkaustausch auch Hierarchien zwischen verschiedenen Akteur*innen schaffen oder vertiefen können. Insbesondere der nicht-monetäre Austausch von Geschenken ist ein Schlüsselfaktor für die Entstehung von Schulden und damit von Hierarchien in menschlichen Gesellschaften (Graeber 2011).

Horizontale Unterstützung und Solidarität würde bedeuten, »eine Welt zu schaffen, in der jede*r einen Platz hat, in der du einen Platz hast, in der die andere Genossin einen Platz hat, in der wir uns gegenseitig respektieren und in der wir natürlich auch horizontale Beziehungen lernen« (Llanquiray Painemal, Interview mit dem Autor) und »die gleichen Möglichkeiten haben, unter Gleichen zu diskutieren« (Rayen Kvyeh, Interview mit dem Autor).

Aus der Sicht der Mapuche werden Solidaritätsbeziehungen gemäß diesen Prinzipien als dauerhafte, langfristige und intime soziale und politische Verpflichtungen verstanden. Während eines Besuches einer Mapuche-Gemeinde im Widerstand, wurde Solidarität als *caminar juntos,* einen gemeinsamen Weg mit den Mapuche gehen, beschrieben. Die Idee des gemeinsamen Gehens beinhaltet sowohl eine zeitliche als auch die räumliche Dimension, indem sie auf die Notwendigkeit der Nachhaltigkeit und Langlebigkeit von Solidarität und auf die Nähe, Verbundenheit und Intimität zwischen den beteiligten Personen verweist. Letztlich drückt sie auch eine eindeutig ethische und soziale Qualität der Solidaritätsbeziehungen aus.

Die Wertschätzung eines langfristigen Engagements ist die Kehrseite der Medaille, die ein kurzfristiges Engagement oder das Privileg des Weggehens (siehe Kapitel 11) sanktioniert. Juan Fuenzálida stellte beispielsweise fest, dass während der ersten Jahre seines Engagements in Tirúa die Distanz zu den örtlichen Mapuche-Gemeinden noch groß war. Vor allem nach dem verheerenden Seebeben von 2010 erwarteten die lokalen Gemeinden, dass er und sein Team bald abziehen würden. Laut Juan Fuenzálida hat die Tatsache, dass sie geblieben sind, dazu geführt, dass die Gemeinden ihnen ihr Vertrauen schenkten. Das liegt daran, dass ihre Logik lautet: »Wenn du nicht kommst, um zu bleiben, dann kommst du besser gar nicht erst!« (Interview mit dem Autor). Zum langfristigen Engagement der Solidarität gehört auch die Nachhaltigkeit der sozialen Beziehungen, die im Rahmen von Solidaritätsaktionen entstehen und an ihrer Dauerhaftigkeit gemessen werden. Positive Beispiele für Beziehungen der Solidarität sind solche, bei denen »man in Kontakt bleibt und jemand zurückkommt« (Jaime Huenchullán, Interview mit dem Autor). Bleibt man dagegen nicht in Kontakt und »vergisst man, eine E-Mail zu schreiben, vergisst man, mich anzurufen, hat man vergessen, was es heißt, eine Freundschaft zu pflegen« (José Luis Calfucura, Interview mit dem Autor).

Dekoloniale Forschungen haben auch die Erfahrungen der Solidarität zwischen nicht-indigenen und indigenen Menschen ohne eine langfristige Bindung kritisiert (Land 2015: 166–69). Denn ein antirassistisches oder dekoloniales Engagement »erfordert, dass weiße Subjekte die Kritik *mit ihrer langen Dauer* bewohnen und [...] die Welt, die durch die Kritik neu beschrieben wird, als eine anerkennen, in der sie leben« (Ahmed 2004: 57; Hervorhebung im Original). Diese Dauerhaftigkeit und die Forderungen nach nachhaltigen Solidaritätsbeziehungen wird im vorliegenden Kontext unter anderem durch die »unendliche Abfolge von Austauschbeziehungen« geschaffen (Frank 2016: 274). Diese Situationen ermöglichen zudem, intime und enge Begegnungen zwischen Nicht-Mapuche und Mapuche-Akteur*innen, auf die internationale Solidarität mit Wallmapu abzielt.

Zwischenmenschlicher Nähe als eine Bedingung für gelungene Solidarisierung stellt das Verständnis internationaler Solidarität als Distanzbeziehung und mit nur wenig persönlichem Kontakt in Frage (Gould 2007: 157). Nähe im interethnischen Kontakt hat eine produktive und transformative Dimension und kann sowohl zur Aufrechterhaltung als auch zur Dekonstruktion von Stereotypen und rassistischen Vorurteilen führen (Hamann und Karakayali 2016: 84; Land 2015: 153; Usbeck 2015: 210). In jedem Fall produzieren sie »Domänen der Gemeinsamkeit« (Glick Schiller 2016: 7), die durch eine »Demokratie der Nähe« (Kristeva zitiert in Squire 2018: 130), als Folge der »geteilten Produktion von Raum« (Lefebvre zitiert in Purcell 2003: 577), entstehen kann. Die entstandene Nähe enthält zudem ein ethisches Prinzip der Solidarität, da die »empirische Unmittelbarkeit zweier menschlicher Gesichter, die sich gegenüberstehen [...], an *die politische Verantwortung des Anderen* appelliert« (Dussel 2006: 81; Hervorhebung im Original).

Kritische Praktiken der Solidarität wie compromiso und compartir lassen neue Beziehungen zwischen den beteiligten Akteur*innen und Gemeinschaften entstehen und dadurch findet Solidarität innerhalb dieser neu geschaffenen Bindungen als eine Form der gegenseitigen und gemeinschaftlichen Unterstützung unter der Logik der Reziprozität und

Horizontalität statt. Diese Art von Solidarität erfordert eine zeitlich nachhaltige und dauerhafte sowie räumlich intime und enge Beziehung. Auf diese Weise verwandeln sich die ursprünglichen Verhältnisse der beteiligten Personen im Moment des Zusammenkommens in neue Gefüge, welche die Form von Freundschaften oder verwandtschaftlichen Beziehungen annehmen können.

Nachhaltige und intime Solidaritätsbeziehungen können zunächst eine Grundlage bieten, auf der sich Nicht-Mapuche mit dem Kampf der Mapuche identifizieren können, da sie deren Verwundbarkeit im Zuge einer dauerhaften Nahbeziehung mit den Betroffenen miterleben. Dadurch kann ebenso ein Gefühl der Zugehörigkeit auf der Grundlage des Engagements und des compromiso von Nicht-Mapuche-Aktivist*innen entstehen. Llanquiray Painemal stellte dabei fest, dass zum Beispiel Chilen*innen, die sich »für den Kampf der Mapuche-Nation eingesetzt haben«, von den Mapuche selbst »als Mapuche gezählt« werden (Interview mit dem Autor). Dies wird auch damit begründet, da »die Mapuche-Gemeinden schon immer sehr integrierend waren« (ebd.) und politisch Gleichgesinnte eingemeindet haben. Dadurch sind Solidaritätsnetzwerke als Erweiterungen der Mapuche-Gesellschaft zu begreifen, die den bereits bestehenden verwandtschaftlichen und freundschaftlichen Sozialbeziehungen ähneln.

Familiäre und verwandtschaftliche Netzwerke sind, wie in Kapitel 5 gezeigt, die soziale Basis für die internationale Solidarität mit Wallmapu, indem sie die Solidaritätsbeziehungen der einzelnen Aktivist*innen und Ortsgruppen strukturieren und zusammenführen. Gleichzeitig werden ihre Solidaritätsbemühungen durch direkte familiäre und verwandtschaftliche Beziehungen zu Wallmapu organisiert und vermittelt. Aber auch in anderen Fällen werden solidarische Begegnungen über verwandtschaftliche Netzwerke reproduziert, denn die internationalen Solidaritätsaktivist*innen, die keine Mapuche sind, besuchen selten Einzelpersonen, sondern fast immer Mapuche-Familien. Dadurch werden sie Gäste einer gesamten Familieneinheit und praktisch wie Verwandte behandelt.

Dass Besuche über Solidaritätsprojekte in der Logik von Verwandtschaftsbeziehungen stattfinden, zeigt sich in der Teilnahme von Nicht-Mapuche-Gästen an Mapuche-Ritualen oder Zeremonien wie dem nguillatun oder dem *palin.*[89] Es gibt zwei Möglichkeiten, als Nicht-Mapuche-Gast an einem nguillatun teilzunehmen. Eine Möglichkeit ist, als Gast einer Mapuche-Familie der Gemeinde teilzunehmen und sich dazu verpflichtet, die gastgebende Familie in ihrer Teilnahme am nguillatun zu unterstützen. Im anderen, selteneren Fall kann man als Gast der gesamten Gemeinde und als eigene soziale Einheit teilnehmen und dadurch selbst zum Teil des Bündnisses werden, das während eines nguillatun gefeiert, aufgeführt und reproduziert wird. Dies war der Fall der jesuitischen Mission in Tirúa. Juan Fuenzálida erzählte, dass sein Team im Laufe der Jahre als Gäste der benachbarten Mapuche-Familie zu mehreren nguillatun eingeladen wurde. Bei der letzten Gelegenheit wurde das Team jedoch als eigene Familieneinheit eingeladen und nicht mehr als Gast von jemandem. Für ihn »ist das eine Art Bestätigung, dass wir dazugehören und nicht mehr nur Gäste sind, oder? […] Das ist eine wichtige Geste, die viel aussagt« (Juan Fuenzálida, Interview mit dem Autor). Dieser Mechanismus zeigt, dass solidarische Beziehungen zwischen Nicht-Mapuche und Mapuche die sozialen Verhältnisse rekonfiguriert und dadurch die gesamte Sozialität der Mapuche-Gesellschaft erweitern kann.

Als weitere soziale Beziehung schaffen solidarische Verhältnisse Freundschaften zwischen Nicht-Mapuche und Mapuche. Begegnungen in Solidaritätsprojekten und -aktionen wurden als Gelegenheit beschrieben, Freundschaften und Vertrauen zwischen Mapuche und Nicht-Mapuche aufzubauen. Bei den Mapuche werden Nicht-Mapuche-Freunde als *wenuy* bezeichnet und nur sehr wenige Nicht-Mapuche-Unterstützer*innen wurden öffentlich so genannt. Freundschaften sind sowohl unter den diasporischen Mapuche in Europa als auch mit anderen Netzwerken entstanden. Auf diese Weise ist das gegenseitige Kennenlernen Teil des »Aufbaus von Netzwerken [und] Freundschaften« (Llanquiray Painemal, Interview mit dem Autor) und hat eine wesentlich soziale Dimension. Solidarität ist also hier keine rein politische Beziehung zwischen Menschen mit der gleichen Überzeugung, sondern eine, bei der »man sich in Freundschaft und Vertrauen annähern muss« (José Luis

89 Der traditionelle Sport der Mapuche und ähnelt aus einer eurozentrischen Perspektive dem Feldhockey.

Calfucura, Interview mit dem Autor). Für Rayen Kvyeh zum Beispiel haben ihre regelmäßigen Reisen nach Europa nicht nur eine politische oder berufliche Bedeutung, sondern dienen dazu, ihre langjährigen Freundschaften in Europa zu pflegen: »Das bewegt mich, und ich freue mich, zurückzukehren und meine Freund*innen, die Kamerad*innen, zu treffen. Denn die Freundschaften, die ich habe, sind auch Menschen, Genoss*innen, die solidarisch arbeiten, weil sie an eine bessere Welt glauben, mit mehr Gleichgewicht« (Interview mit dem Autor).

Eine Freundschaft wird so zum Ausgangspunkt für eine befreiende und dekolonisierende Solidarität mit rassifizierten, unterdrückten und ausgebeuteten Anderen (Dussel 2006). Zugleich verlangt eine solche Freundschaft auch eine andere Beziehung zur eigenen Umgebung. Denn eine solche Freundschaft mit Anderen setzt die bisherigen Freundschaften innerhalb der eigenen Gesellschaft aufs Spiel, indem die gesellschaftlichen Ausschluss- und Diskriminierungsmechanismen zurückgewiesen und verweigert werden. Die Hinwendung zu den Anderen und Ausgeschlossenen bedeutet die eigene gesellschaftliche Position aufzugeben und sich den bisherigen Freund*innen abzuwenden (ebd.). Diese radikale und befreiende Vorstellung von Freundschaft verlangt, die eigenen Privilegien (seine Freundschaften innerhalb des Systems) aufzugeben und durch das Streben nach Solidarität (ein Freund der Anderen zu werden) die sozialen Mechanismen, die den Ausschluss der Anderen begründen und legitimieren, zu verraten.

KAPITEL 15
Schlussfolgerung: Verwebende Solidarität

In diesem Buch sollten die gegenwärtigen Möglichkeiten und Grenzen internationalen Solidarität mit Wallmapu aus einer antirassistischen und dekolonialen Perspektive diskutiert werden. Dabei lag der Fokus auf den sozialen und politischen Beziehungen, die in den Begegnungen der Solidarität zwischen Mapuche und Nicht-Mapuche in Chile und Europa geschaffen und produziert werden. Dabei wurden deren unterschiedliche Positionierungen, Ressourcen, Privilegien und Motivationen für die Beteiligung an der Solidaritätsarbeit berücksichtigt. Ausgehend von einem historisch begründeteren, intellektuell ausgearbeiteten und politisch praktiziertem Autonomieverständnis der Mapuche (Kapitel 3) sowie von den Menschen- und Indigenenrechtsverletzungen in Wallampu (Kapitel 4) wurden zunächst die Transnationalisierung der Mapuche-Gesellschaft durch deren diasporische Erfahrung (Kapitel 5) und das Verweben internationaler Solidaritätsbeziehungen (Kapitel 6) nachgezeichnet. Innerhalb dieses Solidaritätsnetzwerkes kommen verschiedene Strategien zum Tragen und wurden als Informationspolitik und digitaler Aktivismus (Kapitel 7), translokaler Protest (Kapitel 8), ökonomische Solidarität (Kapitel 9) und dialogische Strategien (Kapitel 10) besprochen. Anschließend lag der Fokus auf den sich solidarisierenden Akteur*innen, deren Privilegien innerhalb der Solidaritätsarbeit (Kapitel 11), dem Wandel der ideologischen Referenzrahmen von einem linken Internationalismus hin zu einem ökologischen Kosmopolitismus von unten (Kapitel 12) und schließlich die von ihnen reproduzierten Stereotypen des Maputhusiasmus (Kapitel 13). Das letzte Kapitel befasste sich mit den Praktiken und Begegnungen in Solidarität zwischen Mapuche und nicht-Indigenen und schlug die vier Konzepte des compromiso, compartir, keyuwvn und mignako als kritische, alternative und eventuelle dekolonisierende Praktiken der Solidarität vor (Kapitel 14).

Ein Anliegen des Buches ist es dabei, Ideen und Praktiken der Solidarität durch die Auseinandersetzung mit dekolonialen Perspektiven[90] zu aktualisieren. Dies erfordert allerdings nicht, die ›richtigen‹ Autor*innen zu zitieren, welche mit den entsprechenden Theorien in Verbindung gebracht werden. Stattdessen erfordert eine intellektuelle Dekolonisierung einen produktiven (im besten Fall horizontalen und wechselseitigen) Dialog mit akademischen, intellektuellen und politischen Perspektiven aus dem Globalen Süden sowie mit nicht-eurozentrischen Wissenstraditionen. Was bedeuten dekoloniale Perspektiven für das Panorama internationaler Solidarität, so wie sie hier am Beispiel der Solidarität mit Wallmapu vorgestellt wurden? In diesem Fall bestand das Ziel darin, einen Dialog zwischen dekolonialen Perspektiven und den vielfältigen Praktiken internationaler Solidarität mit Wallmapu zu etablieren. Aufgrund der Macht- und Herrschaftskritik internationaler Solidaritätsbeziehungen tragen mehrere der hier vorgestellten Praktiken und Aussagen, insbesondere der Mapuche-Vertreter*innen, gewiss zur Dekolonisierung von Solidaritätsbeziehungen bei. Dennoch erfordert meine Positionierung als Wissenschaftler und Aktivist im Globalen Norden einen bescheideneren Anspruch an einen möglichen Beitrag zu Dekolonisierung – einen Dialog zwischen unterschiedlichen Perspektiven herzustellen, erscheint mir dafür geeignet. Dadurch können sowohl die Grenzen als auch die Möglichkeiten sichtbar gemacht werden, um Solidarität aus ihrer Komplizenschaft mit *weißem* Paternalismus, Bevormundung und Abhängigkeit zu lösen und den dekolonialen Kampf der Mapuche in Wallmapu zu unterstützen. Gleichzeitig suchte dieser Dialog stets das Gespräch mit bestimmten Ausdrucksformen dekolonialen Denkens, d.h. des kritischen Mapuche-Denkens. Auf diese Weise können die erkenntnistheoretischen Dekolonisierungsbemühungen der Mapuche in Wallmapu artikuliert werden, ohne sie zu vereinnahmen. Solidarität aus

90 Kurz gesagt, lassen sich »[p]olitische, kulturelle, aber auch intellektuelle (nicht nur akademische) Perspektiven und Bewegungen, welche das Fortbestehen dieser kolonialen Verhältnisse kritisch in den Blick nehmen und ihre Überwindung anstreben, [...] als ›dekolonial‹ beschrieben werden.« (Garbe 2020: 151) Auf erkenntnistheoretischer Ebene hat sich der Begriff ›dekolonial‹ in akademischen Debatten als Bezeichnung für kritische und historisch unterworfene Perspektiven durchgesetzt, die meist von Akteur*innen aus dem Globalen Süden artikuliert werden, die Wissen zugunsten oder in Komplizenschaft mit zeitgenössischen anti- und dekolonialen politischen Kämpfen produzieren.

dekolonialer Perspektive zu diskutieren, besteht in diesem Fall also in dem Versuch, Solidarität aus einer radikal anderen Perspektive als der meinen zu verstehen. Denn »[d]er Kampf gegen die koloniale Welt ist [...] die leidenschaftliche Behauptung der Kolonisierten, dass ihre Welt grundlegend anders ist« (Fanon 2008: 6). Auf diese Weise soll dieses Buch als ein Ort des Dialoges verstanden werden, an dem verschiedene kritische dekoloniale Stimmen von Mapuche-Autor*innen, Intellektuellen und Aktivist*innen miteinander ins Gespräch kommen.

Dies sollte mit einer Forschungsmethodik erreicht werden, welche sowohl für die Machtungleichgewichte und die Situiertheit der Wissensproduktion gleichermaßen sensibel ist. Dazu gehört es, sowohl die Parteilichkeit der Perspektiven privilegierter Akteur*innen als auch das epistemische Potenzial der Erkenntnisse von politisch engagierten und betroffenen Akteur*innen anzuerkennen. Auf diese Weise wurden die Beziehungen, Begegnungen und Erfahrungen der Solidarität zwischen Mapuche und nicht-indigenen Unterstützenden, als eine Ethnografie über Solidarität, zum Gegenstand dieser Forschung. Parallel dazu positionierte ich mich während des gesamten Forschungsprozesses, sei es als Unterstützer der Mapuche-Diaspora in Europa oder als Menschenrechtsbeobachter in Chile, selbst in möglicher Solidarität mit Wallmapu.

Zusammenfassend schlage ich daher einen empirisch und theoretisch fundierten Begriff von (internationaler) Solidarität mit dem Konzept einer ›verwenden Solidarität‹, das sowohl konfliktiv, kreativ und vergemeinschaftend ist. Konfliktiv, weil Solidarität erstens als ein kritischer Moment der Begegnung zwischen den verschiedenen beteiligten Akteur*innen und als die Ko-Präsenz verschiedener Verständnisse von Solidarität artikuliert wird, welche diese Akteur*innen in die Begegnungen hineintragen. Zweitens ist verwebende Solidarität kreativ, weil sie ständig neu erschaffen wird und die unterschiedlichen Ergebnisse von Solidaritätspraktiken in Form von nicht vollendeten rhizomatischen Netzwerkstrukturen und Beziehungen sichtbar macht. Schließlich ist sie vergemeinschaftend, weil sie die verschiedenen Möglichkeiten ethischer Solidaritätsbeziehungen über Differenzen hinweg und darüber hinaus aufzeigt. Daher beschreibt verwendende Solidarität die Herstellung neuer sozialer Gefüge als kontingente, rhizomatische und unvollendete Beziehungen. Diese sind das Ergebnis der konfliktiven, kreativen und sich gegenseitig konstituierenden Dynamik ihrer entsprechenden Praktiken und Begegnungen. Die Metapher des Webens ist dabei von den kulturellen Praktiken und dem Wissen über das Weben bei den Mapuche inspiriert.

Die konfliktive Dimension dieses Konzepts ergibt sich aus dem kritischen Verständnis von Begegnungen und Praktiken der Solidarität zwischen Akteur*innen mit unterschiedlichen Positionierungen, Privilegien, Ressourcen und Motivationen. Im Gegensatz zu traditionellen und hegemonialen Debatten in der Solidaritätsforschung gelingt es mit postkolonialen, dekolonialen, rassismuskritischen und feministischen Perspektiven, diese konfliktive Dimension hervorzuheben und so dazu beizutragen, die Unterschiede innerhalb der Solidarität zu theoretisieren. Auf diese Weise wird Solidarität nicht als eine Beziehung unter Gleichen vordefiniert und verengt. Vielmehr wird Solidarität in ihrer politischen und sozialen Dimension als ein konflikthafter Moment der Begegnung verstanden, der unterschiedliche Menschen und Gruppen durch ihr politisches Handeln in Beziehung bringt. Im Rahmen dieser Begegnungen verhandeln die beteiligten Akteure ihre Hierarchien, Kompetenzen und Wissensperspektiven und schaffen schließlich neue politische oder soziale Zusammenschlüsse. In dieser konfliktreichen Dimension der Solidarität wird der Begriff des compromiso besonders relevant. Denn die wechselseitig verbindliche Verpflichtung der beteiligten Akteur*innen schafft dauerhafte Räume, in denen potenzielle Konflikte ausgehandelt und bewältigt werden können. Diese Art des Engagements verlangt von den privilegierten Akteur*innen dieser Begegnungen eine radikale Form der Passivität und einen Respekt vor der Autonomie der betroffenen Gruppe. Trotz ihrer Konfliktivität können diese Begegnungen auch ein hohes Maß an Intimität und gegenseitigem, nachhaltigem Vertrauen beinhalten. Das bedeutet, dass die konfliktive Dimension innerhalb von Solidaritätsbeziehungen ausgetragen und für eine mögliche Transformation produktiv gemacht werden sollte, anstatt sie zu ignorieren.

Denn solidarische Begegnungen beinhalten ein kreatives Potenzial, das die zweite Dimension des Konzepts der verwenden Solidarität darstellt. Wie gezeigt wurde, verbinden solidarische Beziehungen die Akteur*innen über Unterschiede hinweg und verändern ihre Beziehung, indem sie ihre heterogenen soziokulturellen und politischen Erfahrungen berücksichtigen. Solidarität als transformative und kreative Beziehung ist somit offen und ohne Garantien, hat aber das Potenzial, auf kreative Art und Weise neue Beziehungen zu schaffen, die auf Gegenseitigkeit, Reziprozität und Horizontalität beruhen. Wenn diese Beziehungen in enger Interaktion und dauerhaft aufrechterhalten werden, entstehen neue und heterogene soziale Gebilde zwischen den beteiligten Akteur*innen. Die Praxis des Teilens, compartir, entspricht diesem kreativen Potenzial und beinhaltet den Austausch von Geschenken und den gemeinsamen Zeitvertreib. Solidaritätsbeziehungen zwischen Mapuche und nicht-indigenen Akteur*innen beinhalten daher Praktiken des Teilens, die beide Parteien in eine dauerhafte, wechselseitige und – im besten Fall – horizontale Beziehung bringen. Diese schöpferische Dimension der Solidarität drückt sich somit in den vielfältigen Möglichkeiten und Ergebnissen des Teilens von Zeit, Gegenständen und Begegnungsräumen zwischen denjenigen aus, die in Solidarität zusammenkommen.

Die dritte Dimension der verwenden Solidarität »gestattet es, nach gemeinschaftlichen zu fragen, ohne sie vorauszusetzen« (Tsing 2018: 40) und macht die sozialen und vergemeinschaftenden Beziehungen sichtbar, die in solidarischen Begegnungen über Unterschiede hinweg entstehen. Diese gemeinschaftliche Dimension der Solidarität verdankt sich den Mapuche-Begriffen keyuwvn und mingako, die gegenseitige Hilfe oder gemeinschaftliche Arbeit auf horizontaler und reziproker Basis beschreiben. Diese Begriffe verlangen, Solidaritätsbeziehungen als Teil der sozialen Beziehungen zu verstehen und nicht als außerhalb oder unabhängig von ihnen stattfindend. Insbesondere jene Praktiken, die üblicherweise als internationale Solidarität bezeichnet werden, werden erst möglich, wenn diese gemeinschaftliche Dimension zwischen Akteur*innen aus verschiedenen geografischen Orten hergestellt ist.

Den Begriffen keyuwvn und mingako sollte hier unbedingt mehr Bedeutung beigemessen werden, weil sie eine entscheidende dekoloniale Intervention in den Debatten über Solidarität darstellen. Erstens tragen sie dazu bei, ein kritisches Licht auf eurozentrische Vorstellungen von Solidarität zu werfen, welche die gegenwärtigen Solidaritätspraktiken prägen und beispielsweise Paternalismus legitimieren, weiße Handlungsfähigkeit festschreiben oder koloniale Stereotype reproduzieren. Zweitens fordern sie uns heraus, Solidarität jenseits eurozentrischer

Kategorien zu denken und stattdessen auf anderen kosmologischen und epistemologischen Begriffen zu gründen. Drittens haben keyuwvn und mingako einen im Wesentlichen nicht-instrumentellen Charakter und widersprechen damit eurozentrischen Auffassungen von Solidarität als »lobenswert, aber nicht verbindlich« (Bayertz 1998: 14). Im Gegensatz dazu verpflichtet die vergemeinschaftende Dimension zur Solidarität, da sie auf die Reproduktion gemeinschaftlicher Bindungen abzielt. Viertens besteht weiteres Potenzial darin, die Gemeinsamkeiten zwischen Mapuche-Kosmologie und heterodoxem marxistischen und anarchistischen Denken in den Debatten über Solidarität aufzudecken. Zunächst ähnelt die Logik mechanischer Formen der Solidarität der Mapuche den Ausführungen des peruanischen Soziologen José Carlos Mariátegui (2007) aus der ersten Hälfte des 20. Jahrhunderts. Mariátegui plädierte für einen möglichen historischen Übergang von mechanischen Formen der Solidarität zu einem nicht-eurozentrischen Sozialismus, der auch auf indigenen Perspektiven zurückgreifet. Auch in einer europäischen heterodoxen marxistischen und anarchistischen Tradition wird die »hier und heute praktizierte Solidarität [...] zu einem Stück gelebter Utopie« und (in Anlehnung an Albert Camus[91]) »die Erzeugung und der Ursprung aller Gemeinsamkeit« (Bayertz 1998: 47–48). Ein weiterer Grund, warum keyuwvn und mingako besondere Aufmerksamkeit verdienen, ist, dass sie die teleologische und eurozentrische Annahme widerlegen, dass organische Formen der Solidarität, also jene der arbeitsteiligen Industriegesellschaften, allmählich mechanische Formen, also jene sogenannter ›traditioneller‹ Gesellschaften überlagern. Im Gegensatz dazu scheint es im vorliegenden Fall eher so, dass es gerade die Nicht-Mapuche-Akteur*innen sind, die in die (mechanischen) sozialen Solidaritätsnetzwerke der Mapuche verwoben werden.

Daraus lässt sich schließen, dass unterschiedliche Auffassungen von Solidarität nebeneinander bestehen können und dass sich politische Solidaritätsbeziehungen sich in soziale Solidaritätsbeziehungen verwandeln. Diese Dimension ist sowohl in der Solidaritätsforschung als auch in der

91 »Die Solidarität der Menschen gründet in der Bewergung der Revolte, und sie findet ihrerseits die Rechtfertigung nur in dieser Komplicenschaft [sic]« (Camus in Bayertz 1998: 48)

Forschung über soziale Bewegungen weitgehend übersehen worden. Im Gegensatz zu historischen Lücken oder Sequenzen zwischen Solidaritätsbeziehungen beobachte ich vielmehr eine »historisch-strukturelle Heterogenität« (Quijano 2014a) von Solidaritäten. Diese Ko-Präsenz schafft folglich eine Vielzahl neuer sozialer und gemeinschaftlicher Bindungen und Zusammenschlüsse zwischen den beteiligten Akteur*innen. Schließlich erreicht das Konzept der verwebenden Solidarität eine kritische Haltung gegenüber Machtverhältnissen, theoretisiert und erkennt (koloniale, rassifizierte und geschlechtsspezifische) Unterschiede an und beleuchtet die soziale Dimension der Solidarität. Auf der einen Seite wird dadurch deutlich, wie paternalistische Praktiken, ungleiche Positionen und koloniale Stereotype das Potenzial von Solidaritätsaktionen einschränken. Andererseits wird auch ersichtlich, wie wirklich ethische Solidaritätsbeziehungen hergestellt werden können.

Diese Elemente einer Idee verwebender Solidarität sind nur greifbar, indem der Kampf und die Autonomie der Mapuche zum Ausgangspunkt der untersuchten Bemühungen gemacht und ein Verständnis internationaler Solidarität auf der Grundlage der politischen Philosophie der Mapuche artikuliert wird. Dieser Ansatz zielte darauf ab, das Handeln weißer, meist privilegierter Akteur*innen aus dem Globalen Norden zur Unterstützung der Kämpfe von Minderheiten, Subalternen, indigenen Bevölkerungen oder Geflüchteten zu dezentrieren. Stattdessen wird deren Protagonismus zum Ausgangspunkt für das Verständnis ihrer eigenen Kämpfe gemacht, ohne dass ein westliches Subjekt im Zentrum stehen muss. Die transnationale neue Bewegungsforschung blickt nur selten auf translokale Kämpfe, die in keinem unmittelbaren Verhältnis zu dominanten Gruppen und zum Zentrum des kapitalistischen Weltsystems im Globalen Norden stehen – beispielsweise Solidaritätsbewegungen von Migrant*innen, Geflüchteten oder indigenen Bevölkerungen, die nicht von einflussreicheren Akteur*innen unterstützt werden. Solche Ansätze reproduzieren dabei eine koloniale Repräsentationsstrategie, in der ›die Anderen‹ lediglich insofern die Bühne der Geschichte betreten, wenn es die eigene ist (Coronil 1992: 9).

Genau das war, diese Selbstkritik soll hier erlaubt sein, der ursprüngliche Ansatz dieser Studie: Internationale Solidarität mit den Mapuche muss eine Solidarität von nicht-indigenen Akteur*innen sein. Ganz im

Gegenteil begann ich zu Beginn meiner Forschungsarbeit zu verstehen, dass die internationale Solidarität mit den Mapuche in erster Linie eine Solidarität unter den Mapuche ist. Aus diesem Grund war es möglich, das Feld der Solidaritätsaktionen in Europa seit den 1970er-Jahren durch das Wirken und den Protagonismus der Mapuche-Akteur*innen zu rekonstruieren, ob sie nun im Exil leben oder als Delegationen nach Europa reisen. Dabei gelingt es ihnen, ihre Autonomie gegenüber (nicht-indigenen) internationalen Organisationen und Unterstützenden zu wahren, ein dezentralisiertes und rhizomatisches Unterstützungsnetz zu weben und den Kampf in Wallmapu zu transnationalisieren. Mapuche-Akteur*innen sind somit nicht nur Teilnehmer*innen oder Protagonist*innen in einem bereits bestehenden Solidaritätsnetzwerk, sondern vielmehr dessen Architekt*innen. Dies widerspricht der kolonialen Vorstellung, dass indigene Bevölkerungen von der herrschenden Gesellschaft oder Kultur assimiliert oder in sie eingegliedert werden. Im Gegenteil: Das Solidaritätsnetzwerk der Mapuche ist Ausdruck ihres erfolgreichen Kampfes um Autonomie und ihrer eigenen transkulturalisierenden Kraft gegenüber außenstehenden Gesellschaften.

Die Erfahrungen und Praktiken der Mapuche zeigen, dass sie in der Lage sind, ihre Autonomie in einem transnationalisierten politischen Kampf zu bewahren und gleichzeitig Allianzen mit Nicht-Mapuche-Unterstützenden zu schmieden. Folglich schließt die Autonomie einer betroffenen Gruppe in einem politischen Kampf die Möglichkeit der Solidarität mit anderen nicht aus, sondern ist vielmehr deren Grundlage. Die Erforschung neuer, transnationaler sozialer Bewegungen, die für koloniale, rassifizierte und geschlechtsspezifische Machtverhältnisse und Unterschiede sensibel sein will, muss die Handlungsfähigkeit und den Protagonismus der betroffenen Gruppe, sowohl im epistemologischen als auch politischen Sinne in den Mittelpunkt ihrer Forschung stellen. Eine Möglichkeit, eine solche Sensibilität zu erreichen, besteht, wie hier vorgeschlagen, darin, in einen Dialog mit den politischen und philosophischen Perspektiven zu treten, welche die betroffene Gruppe mitbringt. Statt den eigenen eurozentrischen Blick solchen Kämpfen aufzuzwingen, schlägt dieser Ansatz vielmehr vor, die epistemologischen und kosmologischen Perspektiven der Bewegung selbst zu privilegieren und mit ihren Theorien zu arbeiten. Im Fall der Mapuche verstehe ich die (Kämpfe um)

Autonomie als das zugrunde liegende theoretische Schlüsselkonzept, das sich historisch bis hin zum Widerstand der Mapuche gegen die spanische Krone und später den chilenischen Staat zurückverfolgen lässt und in den zeitgenössischen Mobilisierungen und intellektuellen Diskussionen der Mapuche aktualisiert wird. Daher stehen die Vorstellungen von Autonomie im Zentrum der politischen Kultur der Mapuche und bestimmen die Organisationslogik ihres transnationalen Solidaritätsnetzes. Kritische und dekoloniale Ansätze in der Erforschung (neuer) sozialer Bewegungen sollten daher nicht nur von der Handlungsfähigkeit und dem Protagonismus der betroffenen Gruppe ausgehen, sondern auch von ihrer politischen Philosophie und Kosmologie, die die Grundlage solcher Kämpfe bilden.

KAPITEL 16
Epilog: Eine Rekonstitution anstatt einer neuen Verfassung

Im Oktober 2019 markierte ein sozialer Aufstand in Chile, der sogenannte *estallido social*, den Beginn der tiefsten Krise der institutionellen und politischen Ordnung des Landes seit Jahrzehnten. Aufgrund der Erhöhung der U-Bahn-Tarife um dreißig chilenische Pesos (umgerechnet ca. 0,03 €) begannen soziale Proteste aus verschiedenen sozialen, politischen und kulturellen Bereichen, sich gegen das politische Establishment, insbesondere die politischen Parteien und die neoliberalen Grundlagen ihrer Gesellschaft zu mobilisieren; sie behaupteten, es gehe nicht um dreißig Pesos, sondern um dreißig Jahre Neoliberalismus nach der formalen Rückkehr zur Demokratie.

Indem sie ihren Protest an die Institutionalisierung und Vertiefung des neoliberalen Gesellschaftsmodells knüpften, ist dem landesweiten Aufstand gelungen, was in dreißig Jahren postdiktatorischer Demokratie nicht möglich war: die neoliberale Hegemonie zu erschüttern. Dazu gehören die Forderungen nach Abschaffung des privatisierten Renten- und Gesundheitssystems, nach einer Reform des Bildungssystems inklusive der horrenden Kosten für Universitäten, nach einem Ende der hohen Preise für Strom und öffentliche Verkehrsmittel, der privatisierten Wasserversorgung, der Landkonzentration, des patriarchalen Konservativismus und des ökologisch katastrophalen Extraktivismus (Liebermann und Garbe 2020).

Während verschiedene soziale Sektoren ihre Beteiligung und Unterstützung der Proteste durch ihre Ablehnung von dreißig Jahren neoliberaler Demokratie begründeten, reihten eine sehr aktive Mapuche-Jugend in den städtischen Zentren des Landes, die ›Mapurbe‹, Mapuche-Gemeinden und Organisationen den Protest in 300 Jahre Widerstand gegen die koloniale Verfasstheit der Gesellschaft ein. In diesem Sinne legte der soziale Aufstand in Chile nicht nur die Krise des Neoliberalismus in Lateinamerika offen, sondern kann vielmehr als ein Phänomen der »tiefen Krise der globalen Kolonialität der Macht« (Quijano 2014c: 852) angesehen werden.[92] Denn das, was seit dem Beginn des sozialen Protests in Chile sichtbar geworden ist, »hat sich in Wallmapu schon vor langer Zeit ereignet, aber breitet sich jetzt in allen Territorien aus« (Brito 2021: 86). Dies betrifft sowohl auf die staatliche Repression und die systematischen Menschenrechtsverletzungen auf nationaler Ebene im Zuge der Proteste seit Oktober 2019 als auch auf die Bildung alternativer gemeinschaftlicher Zusammenschlüsse jenseits neoliberaler und kolonialer Vergesellschaftung zu.

Der vorläufige Erfolg dieses Protestzyklus war die Wahl eines Verfassungskonvents im Mai 2021 mit einer überwältigenden Mehrheit für linke und progressive Kandidat*innen sowie der Wahl der Mapuche-Linguistin Elisa Loncón als Vorsitzende. Während der Verfassungskonvent seine Arbeit aufnahm, kam es zu einem überraschenden Duell für die Wahl zum neuen Präsidenten Chiles in der zweiten Jahreshälfte. In der Stichwahl im Dezember 2021 stand der von einem breiten Linksbündnis unterstützte ehemalige Studierendenführer Gabriel Boric plötzlich einem rechtsextremen Kandidaten, José Antonio Kast, gegenüber. Vor allem mit jungen und weiblichen Stimmen konnte sich Boric letztendlich deutlich gegenüber Kast durchsetzen und erhielt dabei die meisten jemals bei einer Präsidentschaftswahl gewonnen Stimmen von knapp 4,5 Millionen. Während die Wahl des jungen und charismatischen Boric die Euphorie des estallido wieder entfachte und, in seinen eigenen Worten in der Nacht des Wahlsiegs, »die Hoffnung die Angst besiegt hat«, begegneten ihm progressive und linke Sektoren der sozialen Bewegungen mit Vorsicht. Der Philosoph und politische Beobachter Pablo Abufom (2021) fragte daher, auch in Hinblick auf die erwartete neue Verfassung, treffend, ob Boric der letzte Präsident des alten Chiles oder der erste Präsident des neuen Chiles werde. So standen sich Ende 2021 zwei »Pole des

---

92 Darunter kann der progressive Protestzyklus des letzten Jahrzehnts zwischen 2010 und 2020 gefasst werden, worunter die antineoliberalen (teilweise institutionalisierten) Bewegungen in Reaktion auf die globale Finanzkrise 2008/2009 wie Podemos Syriza oder die Gelbwesten, der Arabische Frühling, die antiautokratischen Proteste von Hong Kong über die Türkei und Belarus bis nach Guatemala, die »feministische Internationale« (Gago 2022) mit #metoo und #niunamenos, antirassistische und dekoloniale Proteste und Bewegungen wie #blacklivesmatter gefasst werden können.

transformatorischen Feldes« (ebd.), auf der einen Seite Boric und sein *Apruebo Dignidad* Bündnis und die progressiveren sozialen und indigenen Bewegungen auf der anderen, welche in der verfassungsgebenden Versammlung stark vertreten waren, gegenüber. Und tatsächlich wurde 2022 deutlich, inwiefern sich Boric und seine Regierung, auch wegen fehlender parlamentarischer Mehrheit, als noch weniger progressiv als erwartet entpuppte. Davon zeugten das Bekenntnis der Regierung zu ›Stabilität und vernünftigem Wandel‹, sein neoliberal geprägtes Kabinett, die Verwässerung von neuen Gesetzen durch Konsense mit der Rechten in Senat und Parlament, die Ablehnung von Verstaatlichung und weiteren progressiven Reformen oder auch das mangelnde Bekenntnis zu indigenen Rechten und die Übernahme des Diskurses von ›Terrorismus in der Araucanía‹.

In derselben Zeit kristallisierte sich allerdings auch das progressive Potenzial der neuen Verfassung heraus. So stimmte der Verfassungskonvent im Januar 2022 dafür, Chile zu einem plurinationalen und interkulturellen Staat zu erklären und im Februar wurde der erste Artikel der möglichen neuen Verfassung, der sich zu einem pluralistischen Rechtssystem und daher zur Plurinationalität bekennt, angenommen. Diese ersten hoffnungsvollen Anzeichen konkretisierten sich schließlich im ersten fertigen Entwurf der neuen Verfassung im Juli 2022, welche »Chile als Avantgarde« (Brand 2022) für Demokratisierung, ökologische Transformation und soziale Gerechtigkeit im 21. Jahrhundert machen sollte.[93] Mindestens fünf Besonderheiten machten diesen Entwurf zu einem bemerkenswerten Verfassungstext[94]: Erstens wurde die Verfassung im Gegensatz zu den meisten modernen (und kolonialen) Nationalstaaten nicht von vermeintlich politischen und juristischen Expert*innen, sondern von Vertreter*innen aus sozialen, indigenen, feministischen, ökologischen und studentischen Bewegungen entworfen und trägt unmissverständlich deren Handschrift. Zweitens sah der Entwurf nicht nur Abwehrrechte, sondern »robuste und gerichtlich durchsetzbare soziale und wirtschaftliche Rechte« vor (Kuppe 2022: 21). Anstelle des sozialen

93 Bereits der erste Artikel der Verfassung lautete: »Chile ist ein sozialer und demokratischer Rechtsstaat. Er ist plurinational, interkulturell, regional und ökologisch.«

94 Siehe dazu die Analysen von Kuppe (2022) und Brand (2022)

Schutzes vor Krankheit, Armut, Arbeitslosigkeit etc. wurden somit das *Recht auf* Gesundheit, Bildung etc. festgeschrieben. Drittens war die Verfassung explizit feministisch ausgelegt und forderte unter anderem die paritätische Besetzung aller politischer und öffentlicher Gremien, das Recht auf Abtreibung sowie die Anerkennung von *care* Arbeit. Viertens sah sie als ökologische Verfassung den Schutz allen Lebens und insbesondere Rechte der natürlichen und nicht-menschlichen Umwelt vor, wodurch unter anderem Wasser oder auch Luft zum Gemeingut werden sollten. Schließlich sollte sie als plurinationale Verfassung mit dem Selbstverständnis einer zentralistischen, mononationalen und ethnisch homogenen, allen voran *weißen*, Nation brechen, die indigene Bevölkerung Chiles als Nationen anerkennen und ihnen Kollektivrechte, wie zum Beispiel das Recht auf Territorium, Selbstbestimmung oder eigene Sprache, garantieren. Dies beinhaltete auch die Möglichkeit der Rückgabe von Ländereien an die Mapuche und damit das Potential zur Befriedung des jahrhundertelangen Konfliktes zwischen der chilenischen Nation und den Mapuche (Minga 2022a).

Der in dieser Verfassung entworfene Horizont eines neuen demokratischen und inklusiven Chiles verdunkelte sich abrupt. Im September 2022 lehnte eine überraschend deutliche Mehrheit den Entwurf ab und verwandelte die Ende 2019 entfachte kollektive Hoffnung in einen Zustand des Schocks und der Enttäuschung. Der Titel des ergreifenden und vor dem Plebiszit fertiggestellten Dokumentarfilms des chilenischen Regisseurs Patricio Guzmán über den estallido, *Mi país imaginario* – das Land meiner Träume, – wurde so zu einer traurigen, selbsterfüllenden Prophezeiung. Was waren nun die Gründe für die breite Ablehnung der Verfassung? Zunächst führten die politische Rechte, private Medien und ökonomische Elite des Landes einen für sie erfolgreichen Abwehrkampf gegen die progressive gesellschaftliche Dynamik. So kamen 99% der finanziellen Hilfen der Kampagne gegen den Verfassungsentwurf zugute und wie bereits in der Wahlkampagne 2021 von José Antonio Kast wurden gesellschaftliche Ängste vor sozialem Abstieg und ökonomischer Unsicherheit mobilisiert. Dabei wurde unermüdlich vor einem *Chilezuela*, Chile könne sich in ein ›neues Venezuela‹ verwandeln, gewarnt. Dazu gehörte ebenso eine gut orchestrierte *fake news* Kampagne der rechten Medien, dass die neue Verfassung das Privateigentum abschaffe, indigene

Menschen mehr Rechte als andere Staatsbürger*innen bekommen oder sich von Chile abspalten würden. Tatsächlich waren »Plurinationalismus und indigene Autonomie der am zweithäufigsten genannte Grund für die Ablehnung des Verfassungsentwurfs. 35 Prozent der Befragten nannten dies als einen ihrer Gründe, 16 Prozent nannten es sogar als ersten Grund.« (Bauer 2022) Abseits dieser teilweise absurden und rassistischen Vorwürfe wurden der Verfassungskonvent und seine Mitglieder auch zunehmend delegitimiert, indem behauptet wurde, dass die Verfassung generell ›zu radikal‹ und ihre Verfasser*innen ›zu unprofessionell‹ seien. Schließlich ist die Ablehnung der Verfassung aber auch als Reaktion auf eine gesamtgesellschaftliche Krisenkonstellation, ausgelöst durch Pandemie und Inflation, zu lesen, in der die Verfassung abgelehnt wurde, um die Regierung abzustrafen.

Während sich die sozialen Bewegungen des estallido und die progressiven Sektoren der chilenischen Gesellschaft an einer (selbst-)kritischen Analyse über die verpasste Gelegenheit bemühten, rangen die politischen Parteien in Parlament und Senat während der zweiten Jahreshälfte um die nächsten Schritte hin zu einer neuen Verfassung. Schließlich einigte man sich im Dezember 2022 parteiübergreifend auf einen neunen, von den Parteien dominierten und von einer Expert*innenkommission herauszuarbeitenden, »verfassungsgebenden Prozess 2.0« (Heiss 2022) für das Jahr 2023: Die Expert*innenkommission besteht dabei proportional zum Stimmanteil der politischen Parteien aus je zwölf Vertreter*innen aus Parlament und Senat und erarbeitet einen unverbindlichen Verfassungsvorschlag, der einem im Mai 2023 aus den 50 Wahlbezirken der Senator*innen gewählten und beratender Verfassungsrat vorgelegt werden soll und über den in einem Referendum im Herbst 2023 abgestimmt wird. Der progressive Horizont der abgelehnten Verfassung scheint dabei jedoch in weite Ferne zu rücken. So setzten sich unter anderem zwar eine Geschlechterparität, aber keine verpflichtenden Sitze für Indigenenvertreter*innen sowie ein von Technokrat*innen dominierter und von der Bevölkerung und den sozialen Bewegungen entkoppelter neuer verfassungsgebender Prozess durch. Die Politologin Claudia Heiss (2022) resümiert daher: »Die Entscheidung liegt heute beim Kongress und bei den Parteien, Institutionen, die in der Bevölkerung wenig Rückhalt genießen. Es bleibt abzuwarten, ob der neue verfassungsgebende

Prozess eine Form der Bürger*innenbeteiligung in Betracht ziehen wird, um seine Legitimität zu stärken.«

Trotz einer überwältigenden Mehrheit für einen Verfassungskonvent im Oktober 2020, der Wahl einer großen Zahl unabhängiger, progressiver und linksgerichteter Kandidat*innen in den Verfassungskonvent im Mai 2021 sowie der Wahl von Gabriel Boric im Dezember 2021 stellt sich die Frage, ob und inwiefern die Entwicklungen in Chile seit 2019 einen tiefgreifenden politischen, soziokulturellen und wirtschaftlichen Wandel im Land angestoßen haben, der auch positive Effekte auf die Beziehungen zwischen chilenischem Staat und Gesellschaft auf der einen und der Mapuche-Gesellschaft auf der anderen Seite hat. Ein Blick auf das Verhältnis zwischen der aktuellen Regierung und der Mapuche Gesellschaft sowie die Rolle von Mapuche Vertreter*innen im gescheiterten Verfassungsprozess kann dabei erste Antworten liefern.

Während die Wahlergebnisse in Chile und anderen lateinamerikanischen Ländern der letzten Jahre einen neuen progressiven Zyklus in der Region vermuten lassen (Brand/Dietz 2022), erlebt die Mapuche-Gesellschaft diese neue politische Konjunktur deutlich widersprüchlicher. Dies ist vor allem darauf zurückzuführen, dass im Wallmapu die staatliche Repression nun innerhalb einer gesamtgesellschaftlichen Spaltung im Land und der Ausformung neuer Kräfteverhältnisse zwischen linken und rechten Strömungen im Parteienspektrum fortgeführt wird und der versprochene Wandel zwischen der chilenischen Regierung und den Mapuche abermals ausbleibt. So wurde der Ausnahmezustand in der Araucanía zwar durch die Regierung Boric bei seiner Amtsübernahme aufgehoben, aber später wieder eingeführt und mehrmals verlängert. Zudem wurde Ende 2022 ein Gesetzesvorschlag eingebracht, der es erlaubt, den Ausnahmezustand über einen längeren Zeitraum als bisher möglich einzusetzen. Und auch unter Boric gibt es weitere Todesopfer aufseiten der Mapuche (das CAM-Mitglied Pablo Marchant und der Ehemann der ermordeten Macarena Valdes, Rubén Collío) zu beklagen und eine Fortführung der Repression und Verfolgung gegen gewisse Sektoren der Mapuche-Bewegung, allen voran der CAM. Diese Repressionswelle führte unter anderem zur Festnahme ihres Sprechers, Hector Llaitul, der Ende 2022 während seiner Haft einen Hungerstreik mit anderen politischen Gefangenen begann. Dadurch lässt sich in einer vorläufigen Bilanz eine symbolische Missachtung der Mapuche durch die neue Regierung und dadurch eben kein neues Verhältnis mit den indigenen Gesellschaften im Land feststellen. Vielmehr geht der koloniale Chauvinismus, der im Grunde für alle Regierungen seit der Rückkehr zur formalen Demokratie 1990 charakteristisch ist, weiter. Dies zeigte sich unter anderem bei einem Besuch von Boric im Wallmapu im November 2022, bei der er martialisch von chilenischen Spezialkräften empfangen wurde und wiederholt von »Terrorismus in der Araucanía« durch »kriminelle Gruppen« sprach (Seiwerth 2022). Auch die politische Kehrtwende von einer angestrebten plurinationalen Öffnung des Landes hin zu einer mononationalen Rhetorik sowie die Diktion von ›Unsicherheit und Gewalt im Süden‹ deuten eher auf eine Öffnung zur politischen Mitte und Rechten hin: »Obwohl diese Erklärungen zweideutig waren, ließen sie die Wähler*innen vermuten, dass die Regierung ihre Bemühungen um die Anerkennung der Rechte indigener Bevölkerungen erheblich einschränken würde, um Bedenken hinsichtlich der Spaltung und Sicherheit zu zerstreuen.« (Bauer 2022)

Trotz der Wahlniederlage der neuen Verfassung und der Enttäuschung über die neue Regierung geht der soziale, kulturelle und politische Wandel, der seit Oktober 2019 angestoßen wurde, über die institutionellen Zwänge einer Verfassungsreform und die Wahlentscheidungen über politische Ämter hinaus, wie die Aktivistinnen Alondra Castillo und Javiera Manzi von der chilenischen *Coordinadora Feminista 8M* zu bedenken geben: »Wir denken, dass es um einen viel tieferen und radikaleren konstituierenden Sinn geht; dass wir uns als Bewegung, als Bevölkerung konstituieren; dass wir uns neu konstituieren in der Möglichkeit, uns zu politisieren, uns ein anderes Leben vorzustellen« (Castillo und Manzi 2021: 31). An diese Idee anknüpfend, kann der seit 2019 angestoßene politische und soziale Wandel in Chile und Wallmapu über den gescheiterten Verfassungsvorschlag von 2022 hinaus gedacht werden und vielmehr in die langfristigen Prozesse gesellschaftlicher Rekonstitutierung eingeordnet werden. Vor diesem Hintergrund kann abschließend danach gefragt werden, welche Herausforderung sich für die Mapuche-Gesellschaft aus den jüngsten politischen und sozialen Entwicklungen in Chile von dem Beginn der Proteste Ende 2019, über die Wahl von Gabriel Boric zum Präsidenten 2021 und bis zur Ablehnung des Verfassungsentwurfes 2022 ergeben. Und wie kann eine Perspektive, welche die Erfahrungen in Wallmapu und die politischen Forderungen der Mapuche nach Autonomie und Plurinationalität in den Mittelpunkt stellt, zu einem besseren Verständnis dessen beitragen, was im ganzen Land vor sich geht? Wie kann also ein Blick auf Wallmapu helfen, die Grenzen und Möglichkeiten eines generellen sozialen, politischen und kulturellen Wandels in Chile zu beleuchten?

Die brutale Repression gegen den sozialen Aufstand seit Beginn der Proteste sorgte national und international für Empörung. Innerhalb von etwas mehr als einem Monat wurden mehr als 12.000 Menschen ins Krankenhaus eingeliefert, etwa 2.000 hatten Schussverletzungen und unzählige Demonstrant*innen berichteten von sexuellen und anderen Formen des Missbrauchs durch die Sicherheitskräfte (Gaudichaud 2021). Auch mehrere Demonstrant*innen, die in den ersten Wochen der Repression tödlich verletzt oder getötet wurden, müssen in die Liste der Opfer aufgenommen werden (Tinta Limón 2021: 9–12). In einem abschließenden Bericht des INDH (2019) werden insgesamt 26 Morde und versuchte Morde, 347 Fälle von Teilverlust der Sehkraft oder Erblindung, 568 Fälle von unmenschlicher Behandlung oder Folter und 809 sexuelle Übergriffe aufgeführt. Aufgrund dieser Vorfälle wurde im Frühjahr 2023 ein Verfahren gegen den damaligen Präsidenten, Sebastián Piñera, wegen mutmaßlicher Verbrechen gegen die Menschheit eingeleitet (Roth 2023). Diese bitteren Zahlen erinnern an die dunkelsten Jahre der chilenischen Diktatur, und die Bilder der Militärpolizei, die während der Ausgangssperre in den Straßen von Santiago de Chile patrouillierte, lösten nationale und internationale Empörung über die repressive Reaktion der Regierung aus. Während diese Wochen bei einer ganzen Generation von Chilen*innen traumatisierende Erinnerungen weckten, hörten die Repressionen und Menschenrechtsverletzungen in Wallmapu nie wirklich auf. Mit anderen Worten: »Alles, was wir seit Oktober [2019] im Zentrum der Städte erlebt haben (Militarisierung, Repression, Ermordungen usw.), hat die Region Araucanía als Laboratorium von Anfang 1997 bis heute gehabt« (Zapata 2021: 146). Damit bezieht sich Claudia Zapata auf die Ereignisse von 1997 in der kleinen Stadt Lumaco im Süden Chiles, wo Mapuche-Gemeinden gegen das Holzunternehmen *Forestal Arauco* protestierten. Auf ihren Protest folgte eine Welle der Verfolgung, Unterdrückung und Kriminalisierung, wie es sie in Zeiten der Demokratie noch nie gegeben hat. Deshalb können die Ereignisse in Lumaco von 1997 als Wendepunkt zu einer neuen Konfliktdynamik zwischen privaten (neo-)extraktivistischen Unternehmen, dem chilenischen Staat und Mapuche-Organisationen und -Gemeinden interpretiert werden. Der einzige Unterschied besteht darin, dass sich diese Konfliktdynamik nach Claudia Zapata nun auf die städtischen Zentren und die meist nicht-indigene Bevölkerung ausgeweitet hat.

Gleichzeitig hat sich nicht nur die Repression in Wallmapu auf das chilenische (Stadt-)Territorium ausgeweitet, sondern auch das Potenzial für Widerstand und Transformation. Denn die jungen Mapuche, die im urbanen Chile sozialisiert wurden, haben einen wichtigen Beitrag zum sozialen Aufstand geleistet. Auf diesem Wege hat die aktuelle Entwicklung eine dekolonisierende Dynamik, der den Prozess der Kolonisierung seit dem 19. Jahrhundert umgekehrt; jetzt gibt es »eine Eroberung der [sogenannten] aufgeklärten Stadt durch die ›Barbarei‹ (der Marginalisierten der Stadt und des [neoliberalen] Modells)«, wie der Mapuche-Historiker Fernando Pairican scharfsinnig analysiert (2021: 178). Während der Proteste wurden nicht nur Statuen der ehemaligen Kolonisatoren von Wallmapu enthauptet, sondern auch die wenufoye anstelle der chilenischen Flagge zum sichtbaren Symbol des sozialen Aufstands.

Aber auch jenseits der Repräsentationsebene wurden konkrete Forderungen und Praktiken, die ihren Ursprung in Wallmapu haben, auf das chilenische Territorium übertragen. Ein Beispiel ist die territoriale Rückeroberung, die von Mapuche-Organisationen und Gemeinschaften seit den 1960er-Jahren bis heute kontinuierlich, unter anderem in jenen autonomen Gemeinden im Widerstand, die ich für diese Forschung besuchte, praktiziert wird. Dabei handelt es sich um die Besetzung kleiner Landstücke in Wallmapu, indem die Gemeinden ihr historisches Recht auf dieses Gebiet, meist unter Bezugnahme auf die títulos de merced, beanspruchen. Der berühmteste Ausdruck für die Übernahme dieser territorialen Zurückeroberung als Proteststrategie war die Besetzung der *Plaza Italia* in Santiago de Chile, der von den Demonstrant*innen in *Plaza Dignidad* (Platz der Würde) umbenannt wurde. Ein weiteres Beispiel dafür, wie politische Forderungen aus der Mapuche-Bewegung in den estallido einflossen, ist der Aufruf zur Neugründung der chilenischen Militärpolizei – der *Carabineros* – durch ein breites Bündnis aus sozialen Bewegungen, politischen Parteien und Gewerkschaften Anfang 2021 (NODAL 2021). Die Entmilitarisierung von Wallmapu ist bereits seit vielen Jahren und auch im Rahmen der internationalen Solidaritätsaktionen eine zentrale Forderung von Mapuche-Organisationen und Gemeinden. Die jüngsten Schritte der autonomen Gemeinde von Temucuicui in Richtung territorialer Autonomie zeigen, dass Mapuche-Organisationen und Gemeinden bereits vor den Forderungen des landesweiten Aufstandes an diesem politischen Ziel arbeiteten. Sie haben nicht nur Maßnahmen ergriffen, um ihre Gemeinde vor der COVID-19-Pandemie zu schützen, indem sie den Zugang zu ihrem Territorium kontrollierten, sondern sie haben auch frühzeitig die Gründung einer eigenen, demokratisch kontrollierten Gemeindepolizei Anfang 2021 angekündigt (Stuardo 2021).

Die Frage nach der Beteiligung an dem institutionellen Prozess des Verfassungskonventes und der Ausarbeitung der schließlich abgelehnten Verfassung sorgte für große Kontroversen innerhalb der Mapuche-Gesellschaft und verdient eine genauere Betrachtung, weil in diesem Zuge auch das generelle Verhältnis zum chilenischen Staat verhandelt wurde. Innerhalb des Konvents waren insgesamt siebzehn Sitze für die zehn in Chile lebenden indigenen Nationen reserviert, sieben davon für die Mapuche. Bemerkenswert ist, dass alle für die Mapuche reservierten Sitze von unabhängigen und meist selbst finanzierten Kandidat*innen gewonnen wurden, die mit autonomistischen und territorialen Rückgewinnungsbewegungen verbunden sind. Besonders hervorzuheben sind die erfolgreichen Kampagnen der machi Francisca Linconao und der Mapuche-Anwältin Natividad Llanquileo, die den ersten und zweiten Platz belegten (Equipo de Trabajo por Derechos Colectivos 2021). Der Weg zur Wahl des Verfassungskonvents war jedoch von mindestens drei Kontroversen über die Teilnahme der Mapuche-Kandidat*innen geprägt. Die erste betrifft die Tatsache, dass das Gesetz, das den Prozess der Verfassungsreform regelt, das *Acuerdo por la paz social y la nueva constitución* (Abkommen für den sozialen Frieden und eine neue Verfassung), das im November 2019 verabschiedet wurde, keine vorherige, freie und informierte Konsultation der indigenen Bevölkerung, wie in der ILO-Konvention 169 gefordert, beinhaltete. Stattdessen wurde die indigene Bevölkerung durch einen *top down* Ansatz einbezogen. Zweitens entsprach die Anzahl der reservierten Sitze für die indigene Bevölkerung nicht ihrem Anteil an der nationalen Bevölkerung. Nach der Volkszählung hätten es vierundzwanzig Sitze sein müssen, weshalb man davon ausgehen kann, dass die Verteilung dieser reservierten Sitze »keine Frage der Mathematik, sondern des Rassismus« war (Tricot 2020). Die letzte Kontroverse bezieht sich auf die Tatsache, dass nur diejenigen für indigene Kandidat*innen stimmen konnten, die offiziell und vorher als Indigene beim CONADI oder den Wahlbüros registriert waren. Dies schloss eine beträchtliche Anzahl von Indigenen mit einer eher autonomen Vision aus, für die eine Anmeldung im nationalen Wahlregister eine koloniale Unterwerfung darstellen würde.

In der Beteiligung der Mapuche-Gesellschaft am Verfassungskonvent sollten allerdings trotzdem die außergewöhnlichen Kampagnen der Mapuche-Kandidat*innen aus den autonomen Sektoren ihrer Gesellschaft sowie die Prominenz der Mapuche-Kandidatinnen anerkannt werden. Neben der erwähnten machi Francisca Linconao und Natividad Llanquileo stechen die erfolgreiche Kampagne der Mapuche-Juristin Elisa Loncón und die Kandidatur der ehemaligen Sprecherin der machi Francisca Linconao, Ingrid Conejeros, hervor. Viele der Mapuche-Kandidatinnen kommen nicht nur aus den autonomen Sektoren ihrer Gesellschaft, sondern waren zum Teil selbst von staatlicher Gewalt, Unterdrückung und Verfolgung betroffen. Darüber hinaus nannten zwölf Mapuche-Kandidat*innen für den Verfassungskonvent im Februar 2021 in einem trawvn ausdrücklich den »Wiederaufbau der Mapuche-Nation, Wallmapu« als ihr Ziel (Koyagtun Koz-Koz 2021). Doch hier ist der Haken: Entgegen der autonomistischen Haltung dieser Kandidat*innen zeigte eine repräsentative Umfrage von Anfang 2020, dass »die Möglichkeit der indigenen Bevölkerungen einen von Chile unabhängigen Staat bilden zu können, keine große Unterstützung findet« (CIIR 2020: 41), weder bei indigenen noch bei nicht-indigenen Teilnehmer*innen. Dieses Umfrageergebnis sowie die oben dargestellte breite Ablehnung indigener Plurinationalität im Rahmen des Verfassungsreferendums lässt sich allerdings auf eine weitverbreitete Unwissenheit und koloniale Ignoranz gegenüber der Idee der Plurinationalität zurückführen, welche durch die politische und mediale Kampagne für die Ablehnung des Verfassungsentwurfes auf unnachgiebige Art und Weise in die chilenische Gesellschaft hineingetragen und popularisiert wurde. Dadurch wurden Plurinationalität und andere Forderungen der indigenen Bewegungen erstens als Sicherheitsrisiko für Staat und Gesellschaft und zweitens als antidemokratisch, da durch indigene Kollektivrechte die liberal-demokratischen Rechte des Individuums verletzt werden würden, gerahmt. (Bauer 2022) Schließlich bedeutet Plurinationalität keine Abspaltung einer Gruppe innerhalb eines Staates, sondern dass der Staat »als Ausdruck eines neuen Sozialvertrages zwischen mehreren vorweg bestehenden Nationen neu konstituiert wird.« (Kuppe 2022: 21)

Entgegen dieser Desinformationskampagne lohnt es sich also zu fragen, worin die Ideen eines plurinationalen Chiles als eine der zentralen Forderungen des estallido und der dabei artikulierten Stimmen aus der Mapuche-Bewegung bestehen (Pairican 2021). Welche Rolle spielt also das Konzept der Plurinationalität in der Mapuche-Gesellschaft und worauf beruht es? Die Forderungen nach Plurinationalität lassen sich mit Rückgriff auf die politische Philosophie der Mapuche verstehen, welche eine »radikale Dezentralisierung der Macht« (Marimán/Valenzuela/Cortés 2021: 282) und eine kulturelle Politik der Autonomie (siehe Kapitel 3) fordert. Auch die politische Praxis der territorialen Rückeroberung als »embryonische Formen von Autonomie und Befreiung" (Llaitul und Arrate 2012) begründen die Forderungen nach juristischer und exekutiver Pluralität. Dadurch lässt sich feststellen, dass die plurinationale und regionale Autonomie von fast allen *think tanks* der Mapuche-Gesellschaft als die politischer und juristischer für ihre Gesellschaft und im Verhältnis zum chilenischen Staat betrachtet wird (Marimán/Valenzuela/Cortés 2021). Allerdings sind die Positionen innerhalb dieser geteilten Vision nach wie vor heterogen und teilweise unfertig: für Rosa Catrileo und Elisa Loncón, beide ehemalige Mapuche-Mitglieder des Verfassungskonvents, würde Plurinationalität die indigene Bevölkerung Chiles als Rechtssubjekte konstitutionell anerkennen und gleichzeitig eine Brücke für einen Dialog mit der Nicht-Mapuche Welt (siehe Kapitel 10) bedeuten. Auf der anderen Seite lehnten autonomistische Sektoren, unter anderem die CAM, die Beteiligung der Mapuche am Verfassungskonvent und eine potenzielle Neugründung des chilenischen Staates als Unterwerfung unter die koloniale Herrschaft ab. (Pairican 2021b)

Die Entwicklungen seit um den estallido führten zwar zu einer breiten Debatte rund um Plurinationalität innerhalb der Mapuche-Gesellschaft (ebd.) aber blieben hinter der eigenen Forderung, Plurinationalität müsse konkret werden (Minga 2022b), weitestgehend zurück. Die erste Gesetzesinitiative zur Anerkennung der indigenen Bevölkerungen und Plurinationalität (Catrileo et. al. 2021) während des Verfassungskonvents verweist aber dennoch auf einige interessante Aspekte: so bezogen sich die Verfasser*innen nicht nur auf die internationalen Rechtsrahmen zur Anerkennung indigener Bevölkerungen wie zum Beispiel die Konvention 169 der ILO oder die UN-Deklaration der Rechte indigener Völker, sondern auch zunehmend auf interne Quellen, Kenntnisse und Konzepte der Mapuche-Gesellschaft. Zudem wurde explizit die Bewahrung des Territoriums als Zielvorgabe einer plurinationalen Verfassung festgeschrieben und der Entwurf sollte Zugeständnisse an die autonomistischen Sektoren der Mapuche-Bewegung möglich machen. In diesem Verständnis sollte

> das Projekt des plurinationalen Staates zu einem strategischen Schirm [werden], um die Formalisierung der Rechte der indigenen Bevölkerungen voranzutreiben und indem es die Existenz von unterschiedlichen Nationen (nicht nur der chilenischen) auf diesem Gebiet anerkennt, verpflichtet es den Staat, neue Räume zu finden, zu definieren und bereitzustellen, damit sich all diese Nationen vertreten fühlen und an der Konstruktion eines sozialen und politischen Projekts, so wie es in der Tat der Staat selbst ist, teilzunehmen (Figueroa Huencho in Catrileo et. al. 2021: 6).

Mit anderen Worten ist Plurinationalität »eine Form der Konvivialität verschiedener Nationen unter demselben Verfassungssystem und demselben Staat, die unter gleichen Bedingungen leben« (Salvador Millaleo Hernández in ebd.).

Im Zuge der gesellschaftlichen Entwicklungen seit 2019 entstand also für die Mapuche nicht nur die Chance, ihr Verhältnis zur chilenischen Gesellschaft, sondern auch ihre eigene zu rekonstituieren. Dass dabei »das Tor zu einem neuen Chile« (Rosa-Luxemburg-Stiftung 2022) auch für die Mapuche-Gesellschaft immer noch offen steht, darf allerdings unter der aktuellen Restauration des Verhältnisses des chilenischen Staates gegenüber den Mapuche durchaus bezweifelt werden. Vielmehr zeichnet sich aktuell ab, dass sich die mononationale Hegemonie im Land stabilisiert und die Vorschläge zur Plurinationalität vorerst nicht mehrheitsfähig sind. Die Reaktionen aus der Mapuche-Gesellschaft betonen zwar die Notwendigkeit, Plurinationalität weiter zu debattieren, aber verstehen die aktuelle politische Konjunktur seit der Ablehnung der Verfassung eher als eine innerchilenische Auseinandersetzung, in der die nicht-indigenen Sektoren der Bevölkerung um ihr Verhältnis zu den indigenen Nationen im Land ringen. Es scheint aktuell so, als dass die Mapuche-Gesellschaft vorerst abwartet, bis sich die Türen für ein neues Chile wieder öffnen.

Während eine Neubestimmung des Verhältnisses der Mapuche zum chilenischen Staat vorerst ausgesetzt ist, lassen die internen Entwicklungen der Mapuche-Gesellschaft der letzten Jahre etwas hoffnungsvollere Überlegungen zu. Gerade die Überlebensstrategien der Mapuche innerhalb des chilenischen Staates wurden durch eine Rekonstitution von unten reaktiviert und kanalisiert. Die ständige Rekonfiguration ihres soziokulturellen Gefüges trotz staatlicher Verfolgung und wirtschaftlicher Benachteiligung, ist es, was die Mapuche-Gesellschaft letztlich auch im Zuge von Krisen neu zusammensetzt und sie gleichzeitig durch Transkulturalisierungsprozesse in die dominante chilenische Gesellschaft einwebt. In Bezug auf die zentrifugale und zentripetale Kraft ihrer Autonomiepolitik zeigt die aktuelle Dynamik also auch, wie »die Mapuche-Gesellschaft begann, Strategien zur Akkumulation von Kräften zu entwickeln, zunächst zum Überleben, dann zur Infiltration« (Lincopi 2021). Durch die Wahlsiege der autonomistischen Mapuche-Kandidat*innen drangen sie so weit wie nie zuvor in den »Maschinenraum der Konstitution« (Gargarella 2014) und den institutionellen Machtapparat des chilenischen Staates vor. Auf soziokultureller Ebene hat der Mapuche-Widerstand der letzten Jahrzehnte, der im Rahmen des estallido zunehmend im Fokus der chilenischen und internationalen Aufmerksamkeit steht, bereits weiter an Boden gewonnen: So zeigen die Daten einer kürzlich durchgeführten Studie, dass die Selbstidentifikation als Indigene von 12.8 Prozent im Jahr 2017 (Instituto Nacional de Estadísticas 2017: 16) auf 28 Prozent im Jahr 2020 (CIIR 2020: 41) gestiegen ist. In der gleichen Studie befürwortet eine überwältigende Zahl (92 Prozent) Bildung in indigenen Sprachen, sowohl für Indigene als auch für nicht-Indigene (ebd.). Während diese

Zahlen auf den ersten Blick überraschend erscheinen mögen, haben sich die Mapuche, im Sinne der in Kapitel 10 beschriebenen Mapuchisierung, »immer ein anderes Land mit kultureller Vielfalt usw. vorgestellt«. (Zapata 2021: 148). In diesem Sinne »befindet sich eine politische Kultur und eine Machtstruktur in der Krise, auf die sich die indigenen Bewegungen [in Chile] seit Jahrzehnten vorbereitet haben« (Lincopi 2021).

Das bedeutet, dass der von Mapuche-Organisationen und Gemeinden geführte politische Widerstand und die soziokulturelle Rekonstruktion auch auf Veränderungen innerhalb der politischen Institutionen der chilenischen Nation drängen. Die Saat, die jahrzehntelang gepflanzt wurde, geht nun in den landesweiten Debatten über interkulturelle Rechte, Selbstbestimmung und Plurinationalität auf (Pairican 2021: 174). Trotz des Rückschrittes durch die Ablehnung der Verfassung und der politischen Restauration durch Boric wird gerade aufgrund der interkulturellen Verfasstheit der Proteste von 2019 ein Horizont sichtbar, der eine tiefgreifende, nachhaltige und dekolonisierende Rekonstitution der chilenischen Gesellschaft ermöglichen kann. Inspiriert von einer Praxis der Mapuche-Gemeinden in den 1960er und 70er-Jahren, welche die von ihnen beanspruchten Gebiete durch Verschieben der Zäune zurückeroberten, scheint es heute nach wie vor möglich zu sein, auch innerhalb des chilenischen Staates »den Zaun zu verschieben« (Millabur in Pairican 2021: 174). Jenseits dieses Zauns wartet möglicherweise ein befreites Wallmapu, das gemeinsam mit der chilenischen Gesellschaft gestaltet werden kann.

Literatur

Abufom, Pablo (2021): Gabriel Boric, ¿último presidente de lo viejo o primer presidente de lo nuevo? https://vientosur.info/chile-gabriel-boric-ultimo-presidente-de-lo-viejo-o-primer-presidente-de-lo-nuevo/ (21.04.2023).

Ahmed, Sara (2004): Declarations of Whiteness: The Non-Performativity of Anti-Racism. In: Borderlands 3 (2): S. 1–59.

Alcoff, Linda (1992): The Problem of Speaking for Others. In: Cultural Critique 20 (20). S. 5–32.

— (1998). What Should White People Do? In: Hypatia: A Journal of Feminist Philosophy 13 (3). S. 6–26.

Alianza Territorial Mapuche, Fundación Anide, and CEJIL (2016): Informe sobre violencia policial contra niños, niñas y adolescentes Mapuche e impunidad. https://www.cejil.org/sites/default/files/informewebninos_mapuches.pdf (11.03.2020)

Alvarez, Sonia E. / Dagnino, Evalina / Escobar, Arturo (Hg.) (1998): Cultures of Politics/Politics of Cultures: Re-Visioning Latin American Social Movements. Boulder: Westview Press.

Anderl, Felix (2022): Broken solidarities: how open global governance divides and rules. Bristol: Bristol University Press.

Antileo, Enrique (2014): Lecturas en torno a la migración Mapuche. Apuntes para la discusión sobre la diáspora, la nación y el colonialismo. In: Alejandro Fielbaum, Renato Hamel, und Ana López Dietz (Hg.): El Poder de la cultura. Espacios y discursos en América Latina. Santiago de Chile: Facultad de Filosofía y Humanidades, Universidad de Chile. S. 261–287.

Antileo Baeza, Enrique et al. (2015): Violencias coloniales en Wajmapu. Temuco: Ediciones Comunidad de Historia Mapuche.

Attia, Iman (2009): Die »Westliche Kultur" und ihr Anderes: Zur Dekonstruktion von Orientalismus und antimuslimischem Rassismus. Bielefeld: transcript.

Auswärtiges Amt (2023): Chile: Reise- und Sicherheitshinweise. https://www.auswaertiges-amt.de/de/aussenpolitik/laender/chile-node/chilesicherheit/201230#content_1. (01.05.2023)

Balsen, Werner / Karl Rössel (Hg.) (1986): Hoch die Internationale Solidarität: Zur Geschichte der Dritte-Welt-Bewegung in der Bundesrepublik. Köln: Kölner Volksblatt-Verl.

Bangert, Yvonne (2015): Der lange Arm der chilenischen Carabiñeros reicht bis nach Belgien. https://gfbvblog.wordpress.com/2015/06/15/der-lange-arm-der-chilenischen-carabineros-reicht-bis-nach-belgien/. (01.05.2023)

Bauer, Kelly (2022): Untangling Elite Opposition to Indigenous Rights in Chile. https://nacla.org/elite-opposition-indigenous-rights-chile?utm_source=pocket_saves. (21.04.2023)

Bayertz, Kurt (1998): Begriff und Problem der Solidarität. In: Kurt Bayertz (Hg.): Solidarität – Begriff und Problem. Frankfurt am Main: Suhrkamp. S. 11–53.

Becerra, Sandra et al. (2017): Recreated practices by Mapuche women that strengthen place identity in new urban spaces of residence in Santiago, Chile. In: Ethnic and Racial Studies 41 (7). S. 1–19.

Behr, Alexander (2022): Globale Solidarität: wie wir die imperiale Lebensweise überwinden und die sozial-ökologische Transformation umsetzen. München: oekom Verlag.

Bengoa, José (2000): Historia del pueblo Mapuche: Siglos XIX y XX. Santiago de Chile: LOM.

Berkhofer, Robert (1979): The White Man's Indian: Images of the American Indian from Columbus to the Present. New York: Vintage Books.

Berreta, Marta / Cañumil, Darío / Cañumil, Tulio (2008): Wixaleyiñ: Mapuzugun-Wigkazugun Pici Hemvlcijka. Buenos Aires: los autores.

Bischöfliche Aktion Adveniat e.V. (2017): Jahresbericht 2015–2016. https://www.adveniat.de/fileadmin/user_upload/Ueber-Uns/jahresbericht_2015_2016.pdf (11.03.2020)

Bob, Clifford (2005): The Marketing of Rebellion. New York: Cambridge University Press.

Bonfil Batalla, Guillermo (1972): El concepto de Indio en América: una categoría de la situación colonial. In: Anales de Antropología 9. S. 105–24.

Brand, Ulrich (2022): Chile als Avantgarde – Eine Verfassung für das 21. Jahrhundert. In: Blätter für deutsche und internationale Politik 9 (2022). S. 81–86

Brand, Ulrich / Kristina Dietz (2022): Chile, Kolumbien, Brasilien: Lateinamerika vor einer neuen Linkswende? In: Blätter für deutsche und internationale Politik 3 (2022). S. 99–108

Brito, Sofía (2021): El proceso constitucional tiene demasiadas trampas. In: Tinta Limón (Hg.): Chile despertó – La Revuelta Antineoliberal. Buenos Aires: Tinta Limón. S. 84–93.

Busen, Alexander / Stefan Wallaschek (2023): Theorien der Solidarität zur Einführung. Hamburg: Junius Verlag.

Cabnal, Lorena (2010): Acercamiento a la construcción del pensamiento epistémico de las mujeres indígenas feministas comunitarias de Abya Yala. In: Asociación para la cooperación con el Sur ACSUR (Hg.): Feminismos diversos: el feminismo comunitario. S. 10-25

Calloway, Colin G. / Gemunden, Gerd / Zantop, Susan (Hg.) (2002): Germans and Indians – Fantasies, Encounters, Projections. Lincoln: University of Nebraska Press.

Casagrande, Olivia (2015): Il tempo spezzato. Biografia di una famiglia Mapuche tra golpe ed esilio. Milan: Unicopli.

Cárdenas, Sergio (2016): Mapuche v/s Hidroeléctricas: La guerra por el agua está declarada en la Araucanía. http://www.elciudadano.cl/2016/01/21/249858/mapuche-vs-hidroelectricas-la-guerra-por-el-agua-esta-declarada-en-la-araucania/. (21.01.2016)

Casa-Cortés, Maribel / Osterweil, Michal / Powell, Dana E. (2013): Transformations in Engaged Ethnography. In: Khasnabish, Alex and Jeffrey Juris (Hg.): Insurgent Encounters: Transnational Activism, Ethnography and the Political. Durham: Duke University Press. S. 199–228.

Castells, Manuel (2015): Networks of Outrage and Hope. 2. Aufl. Cambridge: Polity.

Castillo, Alondra / Manzi, Javiera (2021): El estallido abrió la posibilidad de un momento de imaginación política radical. In: Tinta Limón (Hg.): Chile despertó – La Revuelta Antineoliberal. Buenos Aires: Tinta Limón. S. 22–23

Catrileo, Rosa et. al. (2021): Iniciativa Convencional Constituyente N° 94 – 1 https://www.biobiochile.cl/especial/una-constitucion-para-chile/

noticias/2022/01/27/constituyentes-aprueban-norma-que-declara-a-chile-como-un-estado-plurinacional-e-intercultural.shtml?utm_source=pocket_mylist (21.04.2023)

Cayuqueo, Pedro (2012): Solo por ser Indios. Santiago de Chile: Catalonia.

Centro de Estudios Interculturales e Indígenas (2020): Estudio de Opinión Pública: Pueblos Originarios y Nueva Constitución. http://www.ciir.cl/ciir.cl/wp-content/uploads/2020/05/Estudio-de-opinion-publica_Pueblos-originarios-y-nueva-constitucion_Librillo-Digital-1.pdf (01.05.2023)

CEPAL (2014): Los pueblos Indígenas en América Latina – Avances en el último decenio y retos pendientes para la garantía de sus derechos. https://documentop.com/los-pueblos-indigenas-en-america-latina-cepal-repositorio_59f3853b1723dd954f3e8fa6.html (11.03.2020)

Chakrabarty, Dipesh (2009): The Climate of History: Four Theses. In: Critical Inquiry 35 (2). S. 197–222.

Chihuailaf, Arauco (2002): Mapuche: Gente de la tierra. Más allá del ñuke mapu, el exilio. In: Amérique Latine Histoire & Mémoire – Les Cahiers ALHIM 5. S. 167–78.

Cole, Teju (2012): The White-Savior Industrial Complex. https://www.theatlantic.com/international/archive/2012/03/the-white-savior-industrial-complex/254843/. (20.04.2023)

Contreras Painemal, Carlos (2010): Los tratados celebrados por los Mapuches con la Corona Española, la República de Chile y la República de Argentina. Doktorarbeit, Freie Universität Berlin.

Conway, Janet M. / Dufour, Pascale / Mason, Dominique (Hg.) (2021): Cross-Border Solidarities in Twenty-First Century Contexts – Feminist Perspectives and Activist Practices. Lanham: Rowman & Littlefield.

Coronil, Fernando (1992): Beyond Occidentalism: Towards Post-Imperial Geohistorical Categories. Transformations – CSST Working Paper 72. S. 1–36.

COTAM (2003): Comisión Verdad Histórica y Nuevo Trato – Informe final de la comisión de trabajo autónomo Mapuche. Santiago de Chile. http://www.memoriachilena.gob.cl/602/articles-122901_recurso_7.pdf (01.05.2023)

Coulthard, Glen Sean (2014): Red Skin, White Masks: Rejecting the Colonial Politics of Recognition. Minneapolis: University of Minnesota Press.

Cregan, Fionuala (2016): Argentina's Mapuche Community Stands Up to Benetton in Struggle for Ancestral Lands. Truth-out. https://truthout.org/articles/argentina-s-mapuche-community-stands-up-to-benetton-in-struggle-for-ancestral-lands/. (01.05.2023)

Davis, Angela (1983): Women, Race & Class. New York: Vintage Books.

Day, Richard J. F. (2004): From Hegemony to Affinity. In: Cultural Studies 18 (5). S. 716–748.

Deleuze, Gilles / Félix Guattari (1992): Tausend Plateaus – Kapitalismus und Schizophrenie. Berlin: Merve Verlag.

Delitz, Heike (2013): Émile Durkheim zur Einführung. Hamburg: Junius.

Deloria, Vine (1988): Custer Died for Your Sins: An Indian Manifesto. Norman: University of Oklahoma Press.

DiAngelo, Robin (2011): White Fragility. In: International Journal of Critical Pedagogy 3 (3). S. 54–70.

Díaz Fernandez, José Fernando (2012): Misión y Pueblo Mapuche. Temuco: Universidad Católica de Temuco.

Doward, Jamie (2015): Revealed: Pinochet's Torture Ship Now Flies the Flag for Chile Around the World. https://www.theguardian.com/world/2015/aug/29/pinochet-torture-chile-ship. (01.05.2023)

Durkheim, Emile (2012): Über die soziale Arbeitsteilung. Frankfurt am Main: Suhrkamp.

Dussel, Enrique (2006): From Fraternity to Solidarity: Towards a Politics of Liberation. In: Journal of Social Philosophy 38 (1). S. 73–92.

Duval, Fabrice (2002): Le Palin Mapuche (Chili). In: Techniques & Culture 39 (2002). http://journals.openedition.org/tc/174 (01.05.2023)

El Siete (2023): El Pueblo Nación Mapuche presenta una petición formal de arbitraje al Estado de Chile ante la Corte Permanente de Arbitraje en La Haya. https://elsiete.cl/?p=4402. (20.04.2023)

Emmerson, Ben (2014): Report of the Special Rapporteur on the Promotion and Protection of Human Rights and Fundamental Freedoms Whilst Countering Terrorism. https://ap.ohchr.org/documents/dpage_e.aspx?si=A/HRC/25/59/Add.2. (01.05.2023)

Equipo de Trabajo por Derechos Colectivos (2021): El fin de la Constitución de Pinochet y el logro histórico de los movimientos sociales en Chile. https://www.radiodelmar.cl/2021/05/el-fin-de-laconstitucion-de-pinochet-y-el-logro-historico-de-los-movimientos-sociales-en-chile/. (01.05.2023)

Escobar, Arturo (2010): Territorios de diferencia: Lugar, movimientos, vida, redes. Popayán: Envión Editores.

Espinoza Araya, Claudio / Mella Abalos, Magaly (2013): Dictadura militar y movimiento Mapuche en Chile. In: Pacarina Del Sur. http://www.pacarinadelsur.com/callers/45-dossiers/dossier-9/815-dictadura-militar-y-movimiento-mapuche-en-chile. (01.05.2023)

European Coordination to Support the Mapuche People (2013): Trawun 2013 Declaration. https://unpo.org/article/15893?id=1589 3. (01.05.2023)

Fals-Borda, Orlando (2009): Una sociología sentipensante para América Latina. Buenos Aires: CLACSO.

Fals-Borda, Orlando / Rahman, Muhammad Anisur (Hg.) (1991): Knowledge and Action: Breaking the Monopoly with Participatory Action-Research. New York: Apex Press.

Fanon, Frantz (2008): Black Skin, White Masks. London: Pluto Press.

Featherstone, David (2012): Solidarity: Hidden Histories and Geographies of Internationalism. London: Zed Books.

Foitzik, Andreas / Marvakis, Athanasios (Hg.) (1997): Tarzan – Was nun? Internationale Solidarität im Dschungel der Widersprüche. Hamburg: Verlag Libertäre Assoziation.

Foucault, Michel (1978): Dispositive der Macht. Berlin: Merve Verlag.

Frank, Stephanie (2016): The ›Force in the Thing‹: Mauss' Nonauthoritarian Sociality in The Gift. In: HAU: Journal of Ethnographic Theory 6 (2). S. 255–277.

Frankenberg, Ruth (1997): Introduction: Local Whitenesses, localizing Whiteness. In: Ruth Frankenberg (Hg.): Displacing Whiteness: Essays in social and cultural criticism. Durham: Duke University Press. S. 1–33.

Frey, Christopher J. (2016): The White Savior in the Mirror. In: Annual Review of Comparative and International Education 30. S. 16–185.

Fukuyama, Francis (1992): The End of History and the Last Man. Harmondsworth: Penguin.

Gago, Verónica (2022): Für eine feministische Internationale – wie wir alles verändern. Münster: Unrast

Gandhi, Leela (2006): Affective Communities: Anticolonial Thought, Fin-de-Scièecle Radicalism, and the Politics of Friendship. Durham: Duke University Press.

Garbe, Sebastian (2016): Chiles Richter in alter Tradition. In: *Informationsstelle Lateinamerika 396.* S. 50-51.

— (2016a): Ein ›parlamento‹ für die internationale Solidarität. In: Analyse & Kritik 618. S. 20.

— (2020): Dekolonial – Dekolonisierung. In: Peripherie 157/158 (40). S. 151–154.

— (2022): Weaving Solidarity. Bielefeld: transcript Verlag

— (2023): An Autoethnography of and in Solidarity – Post- and Decolonial Critique and Autoethnographic Positioning Analysis. In: Qualitative Inquiry (im Erscheinen).

Garbe, Sebastian / Cárdenas, María / Sempértegui, Andrea (2018): Silvia Rivera Cusicanqui: ein »compromiso vital« als Aktivismus und emanzipatorisches Denken. In: Silvia Rivera Cusicanqui: Ch'ixinakax Utxiwa – Eine Reflexion über Praktiken und Diskurse der Dekolonisierung. Münster: Unrast. S. 7–25.

Gargarella, Roberto (2014): La sala de máquinas de la Constitución: dos siglos de constitucionalismo en América Latina (1810-2010). Madrid: Katz.

Garrido, Rodrigo / Martínez Sánchez, Francisco / Solano-Fernández, Isabel María (2011): Las TIC en las comunidades Mapuches: Un proyecto de integración de las TIC para el desarrollo social de Pueblos Originarios. In: M. P. Prendes (Hg.): Tecnologías, Desarrollo Universitario y Pluralidad Cultural. Alcoy: Marfil. S. 101–117.

Gaudichaud, Franck (2021): Der lange Abschied von Pinochet – Chile wählt endlich seinen Verfassungskonvent. In: Le monde diplomatique, April 2021. S. 11.

Georga, Uta / Mark Arenhövel (Hg.) (1992): Lateinamerika: Kontinent vor dem Morgengrauen. Münster: Unrast.

Geneva Academy of International Humanitarian Law and Human Rights (2014): What amounts to ›a serious violation of international human rights law‹? – An analysis of practice and expert opinion for the purpose of the 2013 Arms Trade Treaty. https://www.geneva-academy.ch/joomlat ools-files/docman-files/Publications/Academy%20Briefings/Briefing%20 6%20What%20is%20a%20serious%20violation%20of%20 human%20right s%20law_Academy%20Briefing%20No%206.pdf (24.05.2021)

Gilroy, Paul (2006): Postcolonial Melancholia. New York: Columbia University Press.

Glick Schiller, Nina (2016): The Question of Solidarity and Society: Comment on Will Kymlicka's Article: ›Solidarity in Diverse Societies.‹ In: Comparative Migration Studies 4 (1). S. 6.

Gould, Carol C. (2007): Transnational Solidarities. In: Journal of Social Philosophy, 38. S. 148–164.

Graeber, David (2011): Debt – The First 5000 Years. London: Penguin Books.

Große Kracht, Hermann (2021): *»Solidarität zuerst": zur Neuentdeckung einer politischen Idee.* Bielefeld: transcript.

gruppe demontage (1999): Postfordistische Guerrilla: Vom Mythos nationaler Befreiung. 2. Aufl. Münster: Unrast.

Gutiérrez Rodríguez, Encarnación (2006): *Translating Positionality on Post- Colonial Conjunctures and Transversal Understanding.* https://transversal.at/transversal/0606/gutierrez-rodriguez/en. (01.05.2023)

—. (2010) Migration, Domestic Work and Affect: A Decolonial Approach on Value and the Feminization of Labor. London: Routledge.

—. (2010a) Transculturalisation in German and Spanish Migrant and Diasporic Cinema: On Constrained Spaces and Minor Intimacies in Princesses and A Little Bit of Freedom. In: Daniela Berghahn und Claudia Sternberg (Hg.): European Cinema in Motion. Houndsmill: Palgrave Macmillan. S. 114–131.

—. (2015): Archipelago Europe: On Creolizing Conviviality. In: Encarnación Gutiérrez Rodríguez and Shirley Anne Tate (Hg.): Creolizing Europe: Legacies and Transformations. Liverpool: Liverpool University Press. S. 80–99.

Habersang, Anja / Ydígoras, Pamela (2015): El activismo internacional Mapuche: Un arma poderosa contra las violaciones de sus derechos humanos. Santiago de Chile: Ceibo.

Halbwachs, Maurice (1991): Das kollektive Gedächtnis. Frankfurt am Main: Fischer.

Hall, Stuart (2016): Kulturelle Identität und Diaspora. In: Ausgewählte Schriften 2: Rassismus und Kulturelle Identität. Hamburg: Argument.

—. (2020): Vertrauter Fremder – Ein Leben zwischen zwei Inseln. Hamburg: Argument.

Hamann, Ulrike / Karakayali, Serhat (2016): Practicing Willkommenskultur: Migration and Solidarity in Germany. In: Intersections. East European Journal of Society and Politics 2 (4). S. 69–86.

Haritaworn, Jin (2012): The Biopolitics of Mixing – Thai Multiracialities and Haunted Ascendancies. New York and London: Routledge.

Haughney, Diane (2006): Neoliberal Economics, Democratic Transition, and Mapuche Demands for Rights in Chile. Gainesville: University Press of Florida.

Hayden, Tom. (Hg.) (2002): The Zapatista Reader. New York: Thunder's Mouth Press.

Heiss, Claudia (2022): Nueva Constitución chilena: segundo intento. https://nuso.org/articulo/Chile-Boric-Constitucion/?utm_source=pocket_saves (21.04.2023)

Heuwieser, Magdalena (2015): Grüner Kolonialismus in Honduras. Land Grabbing im Namen des Klimaschutzes und die Verteidigung der Commons. Wien: Promedia.

Hill, Symon (2013): Digital Revolutions: Activism in the Internet Age. Oxford: World Changing.

hooks, bell (1986): Sisterhood: Political Solidarity Between Women. In: Feminist Review, no. 23. S. 125–138.

Huenchumil Jerez, Paula (2023): Conflicto de Statkraft con comunidades mapuche llega a Noruega y políticos de ese país exigen medidas. https://interferencia.cl/articulos/conflicto-de-statkraft-con-comunidades-mapuche-llega-noruega-y-politicos-de-ese-pais (20.04.2023)

Huinca Piutrin, Herson (2013): Reseña: José Marimán. Autodeterminación. Ideas políticas Mapuche en los albores del siglo XXI. In: Revista de Historia Social y de Las Mentalidades 17 (1). S. 225–230.

Human Rights Watch, (2011): World Report 2011: Chile. Events of 2010. https://www.hrw.org/world-report/2011/country-chapters/chile. (01.05.2023)

Instituto Nacional de Derechos Humanos (2019): Informe Annual – Sobre la situación de los Derechos Humanos en Chile en el context de la crisis social. https://bibliotecadigital.indh.cl/

bitstream/handle/123456789/1701/Informe%20Final-2019.pdf?sequence=1&isAllowed=y. (21.04.2023)

Instituto Nacional de Estadísticas (2017): Síntesis resultados Censo 2017. http://www.censo2017.cl/descargas/home/sintesis-de-resultados-censo2017.pdf. (01.05.2023)

International Federation for Human Rights (2014): Corte Interamericana de Derechos Humanos condena a Chile en caso Mapuche vs República de Chile. https://www.fidh.org/es/region/americas/chile/15839-corte-interamericana-de-derechos-humanos-condena-a-chile-en-caso-mapuche. (01.05.2023)

Joyce, Mary (Hg.) (2010): Digital Activism Decoded: The New Mechanics of Change. New York: IDEBATE Press.

Kaltmeier, Olaf (2004): Marichiweu! – Zehnmal werden wir siegen! Eine Rekonstruktion der Aktuellen Mapuche-Bewegung in Chile aus der Dialektik von Herrschaft und Widerstand seit der Conquista. Münster: Edition ITP-Kompass.

Kastner, Jens / Susemichel, Lea (2022): Unbedingte Solidarität. Münster: Unrast

Kaufmann, Julia (2010): El Mercurio und die Mapuche. Die Darstellung des Konflikts zwischen Mapuche und chilenischer Regierung in der Berichterstattung der chilenischen Tageszeitung El Mercurio. Berlin: VDM.

Keck, Margaret E. / Sikkink, Kathryn (1998): Activists Beyond Borders: Advocacy Networks in International Politics. Ithaca and London: Cornell University Press.

Kelly, Natasha (Hg.) (2019): Schwarzer Feminismus: Grundlagentexte. Münster: Unrast.

Kerkeling, Lutz (2012): ¡La Lucha Sigue! – ¡Der Kampf geht weiter! – Ursachen und Entwicklungen des Zapatistischen Aufstands. Münster: Unrast.

Khasnabish, Alex (2008): Zapatismo Beyond Borders: New Imaginations of Political Possibility. Toronto: University of Toronto Press.

— (2013): Tracing the Zapatista Rhizome, or, the Ethnography of a Transnationalized Political Imagination. In: Jeffrey S. Juris and Alex Khasnabish (Hg.): Insurgent Encounters: Transnational Activism, Ethnography and the Political. Durham: Duke University Press. S. 66–88.

Kiai, Maina (2016): Report of the Special Rapporteur on the Rights to Freedom of Peaceful Assembly and of Association on His Mission to Chile. https://www.ohchr.org/EN/HRBodies/HRC/RegularSessions/Session32/Documents/A_HRC_32_36_Add.1_en.docx. (01.05.2023)

Kimeltuwe (2018): Iñchiñ. http://kmm.cl/inchin/. (12.08.2018)

Kirche in Not (2016): Wiederholte Brandanschläge auf Kirchen. https://www.domradio.de/themen/weltkirche/2016-07-06/bischof-zu-gewaltsamen-konflikten-chile. (01.05.2023)

Kizugünewtun Independencia. 2017. La construcción del terrorismo para justificar la represión contra las comunidades Mapuche. http://werken.cl/la-construccion-del-terr orismo-para-justificar-la-represion-contra-las-comunidades-mapuche/? utm_medium=twitter&utm_campaign=Werken&utm_term=3&utm_con tent=4&utm_source=twitterfeed. (19.11.2017)

Koyagtun Koz-Koz (2021): Comunicado público. https://www.mapuexpress.org/2021/02/24/candidatos-a-constituyentes-del-pueblo-mapuche-se-reunen-en-el-parlamento-de-koz-koz-en-panguipulli/ (01.05.2023)

Kuppe, René (2022): Ein Entwurf im Geist des Neuen Konstitutionalismus. In: Lateinamerika Anders 3(2022). S.20-22

LaFramboise, Kelly Rachel (2017): ›The Wish to Become a Red Indian‹: Indianthusianism and Racial Ideologies in Germany. Doktorarbeit, University of Oklahoma.

Laitinen, Arto (2015): From Recognition to Solidarity: Universal Respect, Mutual Support, and Social Unity. In: Arto Laitinen and Anne Birgitta Pessi (Hg.): Solidarity: Theory and Practice. Lanham: Lexington Books. S. 126–154.

Land, Clare (2015): Decolonizing Solidarity: Dilemmas and Directions for Supporters of Indigenous Struggles. London: Zed Books.

Langenohl, Andreas (Hg.) (2015): Transkulturalität: Klassische Texte. Bielefeld: transcript.

Latour, Bruno (2020): Das terrestrische Manifest. Berlin: suhrkamp.

Leiva Salamanca, Ronny (2015): Las mujeres en el proceso de reconstrucción de la sociedad Mapuche. In: Revista Instituto Interamericano de Derechos Humanos 62. S. 166–197.

Lepe-Carrion, Patricio (2016): Intercultural Education in Chile: Colonial Subjectivity and Ethno-Governmental Rationality In: Sisyphus: Journal of Education 3 (3). S. 60–87.

Levanchy, Javier (1999): Conflicto y propuestas de autonomía Mapuche. http://www.mapuche.info/mapuint/lava1.html. (01.05.2023)

— (2005): La cuestión Mapuche en la era global. http://www.archivochile.com/Pueblos_originarios/estud/POestudios0011.pdf. (01.05.2023)

Liebermann, Julia / Garbe, Sebastian (2020): Chile: Neues System durch neue Verfassung? https://jacobin.de/artikel/chile-referendum-verfassungsreform-pinochet-neoliberalismus/. (01.05.2023)

Lincopi, Claudio Alvarado (2021): Es un problema político, no militar: poder mapuche, diálogos plurinacionales y Nueva Constitución. https://www.ciperchile.cl/2021/03/05/es-un-problema-politico-no-militar-poder-mapuche-dialogos-plurinacionales-y-nueva-constitucion/. (01.05.2023)

Linebaugh, Peter / Rediker, Marcus (2013): The Many-Headed Hydra – Sailors, Slaves, Commoners, and the Hidden History of the Revolutionary Atlantic. Boston: Beacon Press.

Llaitul, Héctor / Arrate, Jorge (2012): Weichan: Conversaciones con un weychafe en la prisión política. Santiago de Chile: Ceibo.

López Vergara, Sebastián / Lucero, José Antonio (2018): Wallmapu Rising: New Paths in Mapuche Studies. In: Latin American Research Review 53 (3). S. 648–654.

López-Vicent, Patricia / del Mar Sánchez-Vera, María / Solano-Fernández, Isabel María (2014): Las TIC para el desarrollo de la identidad digital y cultural de Pueblos Originarios. In: Papeles de Trabajo Sobre Cultura, Educación y Desarrollo Humano 10 (1). S. 1–18.

Lorde, Audre (2019): Alter, Race, Klasse und Gender: Frauen* definieren ihre Unterschiede neu. In: Natasha Kelly (Hg.): Schwarzer Feminismus: Grundlagentexte. Münster: Unrast. S. 109–122.

Mahrouse, Gada (2014): Conflicted Commitments – Race, Privilege, and Power in Transnational Solidarity Activism. Montreal and Kingston: McGill-Queen's University Press.

Maldonado-Torres, Nelson (2017): On the Coloniality of Human Rights. In: Revista Crítica de Ciências Sociais 114. S. 117–136.

Mapuche Coordination Europe (2015): Statement: International Conference on the Mapuche Treaties or Parliaments. http://www.mapuche.nl/espanol/conferencia-haya150505.html. (01.05.2023)

Mapuche NL (2012): Nace coordinación en Europa en apoyo al Pueblo Mapuche. http://www.mapuche.nl/espanol/amsterdam_trawun120225.html. (01.05.2023)

— (2014): Mapuche Living in Germany and the Netherlands Start a Hunger Strike. http://www.mapuche.nl/english/hunger-strike-europe140516.html. (01.05.2023)

— (2015): Michelle Bachelet and the Doctor Honoris Causa at the University of Leuven. http://www.mapuche.nl/english/mapuche-coordination-europe150610.html. (01.05.2023)

— (2016): New York: Mapuche Foundation Folil Takes Part in United Nations Conference. http://www.mapuche.nl/english/folil-un-160505.html. (01.05.2023)

Mapuexpress (2016): Exigen a ongs transnacionales terminar con certificaciones ambientales a depredadoras industrias. https://www.mapuexpress.org/2016/05/30/exigen-a-ongs-transnacionales-terminar-con-certificaciones-ambientales-a-depredadoras-industrias/. (01.05.2023)

Marañon Pimentel, Boris (Hg.) (2012): Solidaridad económica y potencialidades de transformación en América Latina: Una perspectiva descolonial. Buenos Aires: CLACSO.

Marimán, José A. (2012): Autodeterminación: Ideas políticas Mapuche en el albor del siglo XIX. Santiago de Chile: LOM.

Marimán, José / Valenzuela, Esteban / Cortés, Francisco (2021): El nuevo ciclo de movilización mapuche en Chile: la emergencia de la CAM y el proyecto autonomista para una región plurinacional. In: Araucaria. Revista Iberoamericana de Filosofía, Política y Humanidades 17 (34). S. 279–301.

Martínez, Carlos (2016): 53 proyectos de energía renovable están en carpeta para la Araucanía. https://www.biobiochile.cl/noticias/2016/05/16/53-proyectos-de-energia-renovable-estan-en-carpeta-para-la-araucania.shtml. (01.05.2023)

Mauss, Marcel (2013): Die Gabe. 10. Aufl. Frankfurt am Main: Suhrkamp.

Means, Russel (2011): Revolution and American Indians: ›Marxism is as Alien to My Culture as Capitalism‹ https://www.filmsforaction.org/

news/revolution-and-american-indians-marxism-is-as-alien-to-my-culture-as-capitalism/. (01.05.2023)

Minga (2022a): Historiador José Bengoa sobre tierras y territorios pueblos originarios en propuesta nueva Constitución: ›Se abre un horizonte de paz‹. https://www.elciudadano.com/actualidad/historiador-jose-bengoa-sobre-tierras-y-territorios-pueblos-originarios-en-propuesta-nueva-constitucion-se-abre-un-horizonte-de-paz/05/18/?utm_source=pocket_mylist. (21.04.2023)

Minga (2022b): Natividad Llanquileo: La acérrima defensora de derechos indígenas que podría llegar a la Vice Presidencia de la Convención Constitucional. https://www.elciudadano.com/especiales/proceso-constituyente/natividad-llanquileo-la-acerrima-defensora-de-derechos-indigenas-que-podria-llegar-a-la-vice-presidencia-de-la-convencion-constitucional/01/03/. (21.04.2023)

Millaleo Hernández, Salvador (2011): El conflicto Mapuche y la aplicación de la ley antiterrorista en Chile. https://www.academia.edu/3797840/El_Conflicto_Mapuche_y_la_Aplicación_de_la_Ley_Antiterrorista_en_Chile. (01.05.2023)

Ministerio del Interior (1980): Constitución política de La República de Chile. Santiago de Chile: Republic of Chile.

Miranda, Alejandro et al. (2017): Native Forest Loss in the Chilean Biodiversity Hotspot: Revealing the Evidence. In: Regional Environmental Change 17 (1). S. 285–297.

Mohanty, Chandra Talpade (1988): Under Western Eyes: Feminist Scholarship and Colonial Discourses. In: Feminist Review 30 (9). S. 61–88.

— (2003): Feminism without Borders – Decolonizing Theory, Practicing Solidarity. Durham: Duke University Press.

Moore, Jason W (Hg.) (2016): Anthropocene or Capitalocene? Nature, History, and the Crisis of Capitalism. Oakland: PM Press.

Nagel, Joane (1997): American Indian Ethnic Renewal: Red Power and the Resurgence of Identity and Culture. Cary: Oxford University Press.

Nahuelpan, Héctor (2016): Micropolíticas Mapuche contra el despojo en el Chile neoliberal. La disputa por el Lafkenmapu (territorio costero) en Mehuín. In: Mehuín, Izquierdas 30. S. 89–123.

Nahuelpan Moreno et al. (2013): Ta iñ fijke xipa rakizuameluwün – Historia, colonialismo y resistencia desde el país Mapuche. 2. Aufl. Temuco: Comunidad de Historia Mapuche Ediciones.

NODAL (2021): Organizaciones sociales, sindicales y parlamentarios exigen a Piñera la disolución de Carabineros. https://www.nodal.am/2021/02/chile-organizaciones-sociales-sindicales-y-parlamentarios-exigen-a-pinera-la-disolucion-de-carabineros/. (01.05.2023)

Olesen, Thomas (2005): International Zapatismo: The Construction of Solidarity in the Age of Globalisation. London: Zed Books.

Ongiri, Amy Abugo (2009): Spectacular Blackness: The Cultural Politics of the Black Power Movement and the Search for a Black Aesthetic. Charlottesville: University of Virginia Press.

OPAL Prensa (2016): Parlamento del Pueblo Sami defenderá la lucha del pueblo Mapuche en Europa. http://prensaopal.cl/parlamento-del-pueblo-sami-defendera-la-lucha-del-pueblo-mapuche-en-europa/. (17.11.2016)

— (2016a) Funan empresa noruega que pretende instalar una central hidroeléctrica en tierras Mapuche. http://werken.cl/funan-empresa-noruega-que-pretende-instalar-una-central-hidroelectrica-en-tierras-mapuche/. (22.11.2016)

Pairican, Fernando (2019): La bandera Mapuche y la batalla por los símbolos. https://ciperchile.cl/2019/11/04/la-bandera-mapuche-y-la-batalla-por-los-simbolos/. (01.05.2023)

— (2021): El 18 hubo una conquista de la barbarie sobre la ciudad ilustrada. In: Tinta Limón (Hg.): Chile despertó – La Revuelta Antineoliberal. Buenos Aires: Tinta Limón. S. 172–181.

— (2021a): Risse in der homogenen Republik. In: Das Argument 337. S. 222–229.

— (2021b): Los horizontes autonomistas del movimiento mapuche. https://nuso.org/articulo/los-horizontes-autonomistas-del-movimiento-mapuche/?utm_source=pocket_mylist. (21.04.2023)

Parra, Francisco (2017): La historia tras la querella por injurias a Mapuexpress, el principal medio de comunicación Mapuche del país. https://www.eldesconcierto.cl/2017/07/25/la-historia-tras-la-querella-por-injurias-a-mapuexpress-el-principal-medio-de-comunicacion-mapuche-del-pais/. (01.05.2023)

Penny, H. Glenn (2006): Elusive Authenticity: The Quest for the Authentic Indian in German Public Culture. In: Comparative Studies in Society and History 48 (4) S. 798–819.

Pérez Guerra, Arnaldo (2016): Küme Mogen: El primer banco Mapuche. http://www.mapuexpress.org/?p=9956. (02.05.2023)

Pieters, Janene (2015): Torture Survivors Protest Controversial Sail Tall Ship. https://nltimes.nl/2015/08/20/torture-survivors-protest-controversial-sail-tall-ship. (01.05.2023)

Pratt, Mary Louise (2008): Imperial Eyes: Travel Writing and Transculturation. London: Routledge.

Purcell, Mark (2003). Citizenship and the Right to the Global City: Reimagining the Capitalist World Order. In: International Journal of Urban and Regional Research 27 (3). S. 564–590.

— (2009): Hegemony and Difference in Political Movements: Articulating Networks of Equivalence. In: New Political Science 3 (3). S. 291–317.

Quijano, Aníbal (2014): Colonialidad del poder, eurocentrismo y América Latina. In: Aníbal Quijano and Danilo Assis Climaco (Hg.): Cuestiones y horizontes: De la dependencia histórico-estructural a la colonialidad/descolonialidad del poder. Buenos Aires: CLACSO. S. 777–832.

— (2014a): Colonialidad del poder y clasififcación social. In: Aníbal Quijano and Danilo Assis Climaco (Hg.): Cuestiones y horizontes: De la dependencia histórico-estructural a la colonialidad/descolonialidad del poder. Buenos Aires: CLACSO. S. 285–330.

— (2014b): El regreso del futuro y las cuestiones del conocimiento. In: Aníbal Quijano and Danilo Assis Climaco (Hg.): Cuestiones y horizontes: De la dependencia histórico-estructural a la colonialidad/descolonialidad del poder. Buenos Aires. S. 833–46.

Quijano, Aníbal (2014c): ¿Bien vivir?: entre el ›desarrollo‹ y la Des/Colonialidad del poder. In: Aníbal Quijano and Danilo Assis Climaco (Hg.): Cuestiones y horizontes: De la dependencia histórico-estructural a la colonialidad/descolonialidad del poder. Buenos Aires. S. 847–859.

Quintero, Pablo/Garbe, Sebastian (Hg.) (2013): Kolonialität der Macht – De/Koloniale Konflikte: zwischen Theorie und Praxis. Münster, Unrast.

Radio Bremen (2015): Buten Un Binnen. http://www.radiobremen.de/fernsehen/buten_un_binnen/video77684-popup.html. (12.06.2016)

Radio Mapuche (2015): Interview mit Jaime Huenchullán. 30.05.2015, Amsterdam.

Ramos, Alcida (1994): The Hyperreal Indian. In: Critique of Anthropology, 14. S. 153–171.

Ramos Gutiérrez, Ricardo (2014): Experiencias de la Nación Mapuche en el uso del internet. Vortrag am Primer Congreso Latinoamericano de Estudiantes de Posgrado en Ciencias Sociales. Mexico Stadt, 26.–27. Juni.

Rebolledo, Loreto (2010): Mujeres y Mapuches cruzando fronteras. Identidades y exilio. In: Carlos Sanhueza und Javier Pinedo (Hg.): La patria interrumpida – Latinoamericanos en el exilio. Siglos XVIII-XX. Santiago de Chile: LOM Ediciones. S. 165–190.

Rosa-Luxemburg-Stiftung (2022): Das Tor zu einem neuen Chile steht immer noch offen. https://www.rosalux.de/news/id/46980/das-tor-zu-einem-neuen-chile-steht-immer-noch-offen?pk_campaign=NewsletterLateinamerika&pk_medium=06%2F2022&utm_source=pocket_reader. (01.05.2023)

Richards, Patricia (2005): The Politics of Gender, Human Rights, and Being Indigenous in Chile. In: Gender & Society 19 (2) S.199–220.

Ridington, Robert (2004): Review: Germans and Indians: Fantasies, Encounters, Projections. In: American Anthropologist 106 (2). S. 402–403.

Rivera Cuscanqui, Silvia (2018): Ch'ixinakax Utxiwa – Eine Reflexion über Praktiken und Diskurse der Dekolonisierung. Münster: Unrast.

Robbins, Bruce / Lemos Horta, Paulo (2017): Introduction. In: Bruce Robbins und Paulo Lemos Horta (Hg.): Cosmopolitanisms. New York: New York University Press. S. 1–17.

Rodenkirchen, Alina (2016): Ein exemplarischer Fall. In: Informationsstelle Lateinamerika 399. S. 14–15.

Roth, Michael (2023): Chile: Verfahren gegen Ex-Präsident wegen Verbrechen gegen die Menschheit. https://amerika21.de/2023/04/263466/chile-verfahren-gegen-pinera (21.04.2023)

Rovira, Guiomar (2009): Zapatistas sin fronteras: Las redes de solidaridad con Chiapas y el altermundismo. México: Ediciones Era.

Saavedra Peláez, Alejandro (2002): Los Mapuche en la sociedad chilena actual. Santiago de Chile: LOM Ediciones.

Said, Edward (2003): Orientalism. London: Penguin.

Salas Astrain, Ricardo / Le Bonniec, Fabien (Hg.) (2015): Les Mapuche à la mode: Modes d'existence et de résistance au Chili, en Argentine et audelà. Paris: L'Harmattan.

Salinas Cañas, Sergio (2005): Construcción identitaria en el conflicto Mapuche: Reencuentro con el mito del weichafe? In: Gilberto Aranda Bustamante und Sergio Salinas Canas (Hg.): Conflictos de identidades y política internacional. Santiago de Chile: RIL. S. 297–324.

Scholz, Sally (2008): Political Solidarity. Philadelphia: University of Pennsylvania Press.

Scott, James C. (1990): Domination and the Arts of Resistance – Hidden Transcripts. New Haven and London: Yale University Press.

Sempertegui, Andrea (2020): Decolonizing the Anti-Extractive Struggle: Amazonian Women's Practices of Forest-Making in Ecuador. In: Journal of International Women's Studies 21 (7). S. 122–138.

Segato, Rita Laura (2010): Género y colonialidad: en busca de claves de lectura y de un vocabulario estratégico descolonial. In: Aníbal Quijano und Julio Mejía Navarrete (Hg.): La Cuestión Descolonial. Lima: Universidad Ricardo Palma – Cátedra América Latina y la Colonialidad del Poder.

Seibert, Nils (2008): Vergessene Proteste: Internationalismus und Antirassismus 1964–1983. Münster: Unrast.

Seiwerth, Malte (2018): Chile: Ermittlungen gegen Militärpolizei nach Einsatz gegen Mapuche. https://amerika21.de/2018/02/195296/chile-ermittlungen-gegen-militaerpolizei. (13.02.2018)

Seiwerth, Malte (2022): Chile: Präsident Boric besucht das Mapuche-Gebiet Wallmapu https://amerika21.de/2022/11/261033/boric-im-wallmapu. (21.04.2023)

Sepúlveda, Nicolás / González, Mónica (2018): ›Operación Huracán‹: Testimonios y confesiones confirman que fue un montaje. https://ciperchile.cl/2018/03/13/operacion-huracan-testimonios-y-confesiones-confirman-que-todo-fue-un-montaje/. (01.05.2023)

Silva Tapia, Andrea (2016): Illegitimate Citizenship and Inequalities: A Contemporary Critique of the Nation-State: The Case of Mapuches in Chile and Northeasterners in India. Doktorarbeit, , Humboldt Universität Berlin.

Simpson, Leanne Betasamosake / Walcott, Rinaldo / Coulthard, Glen (2018): Idle No More and Black Lives Matter: An Exchange. In: Studies in Social Justice 12 (1). S. 75–89.

Sitrin, Marina / Colectivo Sembrar (Hg.) (2020): Pandemic Solidarity – Mutual Aid during the Covid-19 Crisis. London: Pluto Press

Skjævestad, Anne (2008): The Mapuche People's Battle for Indigenous Land. https://www.cmi.no/publications/3002-the-mapuche-peoples-battle-for-indigenous-land. (01.05.2023).

Slobodian, Quinn (2012): Foreign Front: Third World Politics in Sixties West Germany. Radical Perspectives. Durham: Duke University Press.

Smith, Linda Tuhiwai (2008): Decolonizing Methodologies: Research and Indigenous Peoples. 12. Aufl. London: Zed Books.

Snow, David A. et al. (2008): Frame Alignment Processes, Micromobilisation, and Movement Participation. In: Vincenzo Ruggiero und Nicola Montagna (Hg.): Social Movements: A Reader. London and New York: Routledge. S. 255–265.

Snow, David A (2013): Framing and Social Movements. In: David A. Snow, Donatella Della Porta, Bert Klandermans und Doug McAdam (Hg.): The Wiley-Blackwell Encyclopedia of Social and Political Movements. Oxford: Blackwell Publishing Ltd.

Spivak, Gayatri Chakravorty (1988): Can the Subaltern Speak? In: Cary Nelson und Lawrence Grossberg (Hg.): Marxism and the Interpretation of Culture. Chicago: University of Illinois Press. S. 271–313.

— (1990): The Post-Colonial Critic: Interviews, Strategies, Dialogues. New York: Routledge.

— (2004): Righting Wrongs. In: The South Atlantic Quarterly 103 (2/3). S. 523–581.

Squire, Vicki (2018): Mobile Solidarities and Precariousness at City Plaza: Beyond Vulnerable and Disposable Lives. In: Studies in Social Justice 12 (1). S. 111–132.

Stavenhagen, Rodolfo (2003): Report of the Special Rapporteur on the Situation of Human Rights and Fundamental Freedoms of Indigenous People. https://mapuche.info/mapuint/onumisionchile031100eng.doc. (11.03.202)

Steyerl, Hito / Gutiérrez Rodríguez, Encarnación (Hg.) (2012): Spricht die Subalterne Deutsch? Migration und postkoloniale Kritik. 2. Aufl. Münster: Unrast.

Stuardo, Manuel (2021): Comunidades de Temucuicui anuncian la creación de una »Policía Comunitaria Mapuche«. https://www.biobiochile.cl/noticias/nacional/region-de-la-araucania/2021/01/21/comunidades-de-temucuicui-anuncian-la-creacion-de-una-policia-comunitaria-mapuche.shtml. (01.05.2023)

Stuchlik, Milan (1999): La Vida en Mediería: Mecanismos de reclutamiento social de los Mapuches. Santiago de Chile: SOLES Ediciones.

Süß, Dietmar / Woyke, Meik (2021): Der Geruch von Weihrauch und Achselschweiß? Überlegungen zu einer Geschichte der Solidarität. In: Archiv für Sozialgeschichte 60 (2020). S. 11–27.

Tarrow, Sidney (2011): Power in Movement: Social Movements and Contentious Politics. Cambridge: Cambridge University Press.

Taussig, Michael (1993): Mimesis and Alterity. New York: Routledge.

TeleSur (2015): Interview mit Andrea Cotrena. 05.05.2015, Den Haag.

Tinta Limón (2021): Chile en llamas: de la revuelta al plebiscito. In: Tinta Limón (Hg.): Chile despertó – La Revuelta Antineoliberal. Buenos Aires: Tinta Limón. S. 8–21.

Traverso, Enzo (2019): Linke Melancholie – Über die Stärke einer verborgenen Tradition. Münster: Unrast.

Tricot, Tito (2013): Autonomía: El movimiento Mapuche de resistencia. 2 Aufl. Santiago de Chile: Ceibo.

— (2020): Escaños reservados para pueblos originarios: No son Matemáticas, es Racismo. Y Punto. https://www.mapuexpress.org/2020/12/04/escanos-reservados-para-pueblos-originarios-no-son-matematicas-es-racismo-y-punto/. (01.05.2023)

Tsing, Anna Lowenhaupt (2018): Der Pilz am Ende der Welt – Über das Leben in den Ruinen des Kapitalismus. Berlin: Matthes & Seitz.

Tzul Tzul, Gladys (2018): Gobierno comunal Indígena y Estado Guatemalteco. Guatebala: Instituto Amaq'/edicionesbizarras.

UNPO (2015): Indigenous Peoples – Invisible Peoples: Earth, Exploitation and Survival. https://unpo.org/article/18091. (11.03.2020)

— (2016): UNPO: EP Documentary Screening Highlights the Plight for Mapuche Language Revitalisation. http://unpo.org/article/19651. (01.05.2023)

UNPO / FOLIL / Asociación Tierra y Liberad para Arauco (2013): Alternative Report to CERD—Chile CERD/C/CHL/19-21. http://tbinternet.ohchr.org/Treaties/CERD/Shared Documents/CHL/Unrepresented Nations and Peoples Organisation (UNPO)_14821_E.pdf. (11.03.2020)

Usbeck, Frank (2015): Fellow Tribesmen. The Image of Native Americans, National Identity and Nazi Ideology in Germany. New York/Oxford: Berghahn.

Wall, Thomas Carl (1999): Radical Passivity – Levinas, Blanchot, and Agamben. New York: State University of New York Press.

Wolfson, Todd (2012): From the Zapatistas to Indymedia: Dialectics and Orthodoxy in Contemporary Social Movements. In: Communication, Culture & Critique 5 (2). S. 149–170.

Young, Robert J. C. (2001): Postcolonialism – An Historical Introduction. Oxford: Blackwell.

Zibechi, Raúl (2007): Autonomías y Emancipaciones – América Latina En Movimiento. Lima: Universidad Nacional de San Marcos.

Zapata, Claudia (2021): »El neoliberalismo nos quitó la memoria de la violencia política". In: Tinta Limón (Hg.): Chile Despertó. Buenos Aires: Tinta Limón. S. 144–150

Anhang
Solidarität mit Wallmapu

A: Glossar

AMCAM (Asociación de Municipalidades con Alcaldes Mapuche)	Verband der Gemeinden mit Mapuche-Bürgermeister*innen
ATM (Alianza Territorial Mapuche)	Territoriale Mapuche-Allianz
CAM (Coordinadora de Comunidades en Conflicto Arauko-Malleko)	Koordination der Gemeinden im Konflikt von Arauko-Malleko
CERD	Committee on the Elimination of Racial Discrimination
CONADI (Corporación Nacional de Desarrollo Indígena)	Die Nationale Gesellschaft für die Entwicklung der indigenen Bevölkerung in Chile
CME (Coordinación Mapuche de Europa)	Mapuche-Koordination in Europa
CTT (Concejo de Todas las Tierras)	Rat aller Länder
EZLN (Ejercito Zapatista de Liberación Nacional)	Zapatistische Nationale Befreiungsarmee
FEMAE (Federación Mapuche de Estudiantes)	Mapuche Studierendenverband
FONDECYT (Fondo Nacional de Desarrollo Científico y Tecnológico)	Der chilenische Nationalfonds für wissenschaftliche und technologische Entwicklung
GfbV	Gesellschaft der bedrohten Völker
IDNMP	Internationales Netzwerk zur Verteidigung des Mapuche Volkes
INDH (Instituto Nacional de Derechos Humanos)	Nationales Menschenrechtsinstitut
ILO (International Labour Organization)	Internationale Arbeitsorganisation
JUPIC (Justicia, Paz e Integridad de la creación en La Araucanía)	Gerechtigkeit, Frieden und Bewahrung der Schöpfung in der Araucanía

UNPO (Unrepresented Nations and Peoples Organisation)	Organisation der nicht vertretenen Bevölkerungen und Nationen

B: Wörter in Mapuzugun

Ayllarewe	ein Zusammenschluss von Mapuche-Gemeinschaften
Az mapu	der ethische und normative Rahmen der Mapuche
Jejipun	Mapuche-Ritual und meist Willkommenszeremonie
Keyuwvn	Zusammenarbeit zwischen allen/als Gemeinschaft
Koyang	Treffen oder Versammlungen mit lang anhaltenden Diskussionen und Sprechakten
Kultrun	Mapuche-Trommel
Lof	Mapuche-Gemeinschaft
Longko	Gemeindevorsteher oder Häuptling
Machi	Heiler*in oder spirituelle*r Anführer*in
Malluntu	gegenseitiger und obligatorischer Geschenkaustausch
Mapuzugun	Mapuche-Sprache
Mingako	kollektive Arbeit in der ländlichen Gemeinschaft
Mizawvn	wenn zwei (oder mehr) Menschen vom selben Teller essen, als Ausdruck eines großen Vertrauens
Nguillatun	ist vielleicht eines der wichtigsten und komplexesten Feste der Mapuche-Gemeinschaften. Es wird – höchstens – einmal im Jahr gefeiert
Ngvtram	ein Familiengespräch
Matetun	Sammeln, um Mate-Tee zu trinken
Palin	der traditionelle Mapuche-Sport
Peñi	Bruder(e)
Ragiñelwe	wörtlich »Raum der Mitte« und beschreibt »einen kulturellen Akteur, dessen Funktion es ist, zwischen den betroffenen Teilen zu vermitteln«, zum Beispiel »zwischen Personen, bei denen eine bestimmte Art von Entfremdung zu einem gewissen Grad an Ungleichgewicht führt« (COTAM 2003,1166)
Rewe	Familienverband und Ort der Zeremonie
Trafkintu	fairer und gleichberechtigter Austausch
Trawvn	Treffen oder Versammlung
Trutruka	Mapuche-Horn
Wallmapu	das historische Gebiet der Mapuche – die südlichen Teile des heutigen Chile und Argentinien

Wenufoye	die Mapuche-Flagge, die von den meisten Organisationen und Gemeinschaften akzeptiert wird
Wenuy	Freund
Werken	Gemeindesprecher*in
Wetripantu	die jährliche Feier der Mapuche zur Wiederholung des Erdzyklus um die Sonne, die mit der kürzesten Nacht auf der Südhalbkugel in der Nacht zum Juni beginnt 20
Wigka (manchmal huinca)	bezeichnet eine Nicht-Mapuche-Person oder einen Außenseiter der Mapuche-Gesellschaft in einer eher abwertenden Weise
Yanakona	Verräter*in
Zeuma iyael	die Praxis und das Wissen über die Zubereitung traditioneller Mapuche-Gerichte, vor allem durch Mapuche-Frauen

C: Liste persönlicher Interviews

Name	Datum
Alex Mora	28. November 2015
Alma	Unterhaltungen: Februar-April 2016
Amanda	Zwei Interviews: 1. Juli 2016 5. Juli 2016
Amina	27. November 2015
Andrea Cotrena	6. Juni 2017
Cecilia Necul	10. März 2016
Clarissa	22. Januar 2016
Cristián	8. März 2016
Eva	Drei Interviews: 1. Dezember 2015a 1. Dezember 2015b 29. Januar 2016
Federico Aguirre	2. März 2016
Fernando Díaz	26. März 2016
Gloria Marivil	23. Februar 2016
Greta	12. Dezember 2015
Isabel Cañet	24. Februar 2016
Isabell	9. Juni 2016
Isidora	9. Juni 2016

Jaime Huenchullán	Zwei Interviews: 18. März 2016 20. März 2016
José Luis Calfucura	Zwei Interviews: 16. Februar 2016a 16. Februar 2016b
Juan Fuenzálida	12. März 2016
Karin	22. Januar 2016
Kira	29. Februar 2016
Llanquiray Painemal	16. Juni 2017
Luis und Nadia Painefil	10. März 2016
Madelaine	6. Dezember 2015
Maike	9. Juni 2016
María Teresa Loncón	3. März 2016
Matías	28. März 2016
Mauricio Painefil	10. März 2016
Mauricio Vergaras	Zwei Interviews: 25. Februar 2016a 24. Februar 2016b
Diskussion mit der Pastoral Mapuche	6. April 2016
Peter	1. Dezember 2015
Rayen Kvyeh	1. März 2016
Rike	27. Mai 2016
Rubén Sanchez	1. März 2016
Sabrina	4. Februar 2016
Selma und Ramón Necul	11. März 2016
Sybille	26. Juni 2016
Gruppendiskussion in Den Haag	5. Mai 2015
Verena	6. Dezember 2015
Vicente Painel	Zwei Interviews: 20. Februar 2016 3. März 2016
Victor Carilaf	23. Februar 2016